Monika Specht-Tomann

Ich bleibe bei dir bis zuletzt

Monika Specht-Tomann

Ich bleibe bei dir bis zuletzt

Hilfestellung für pflegende Angehörige

Kreuz

Bibliografische Information der Deutschen Bibliothek
Die Deutsche Bibliothek verzeichnet diese Publikation in der Deutschen Nationalbibliografie; detaillierte bibliografische Daten sind im Internet über http://dnb.ddb.de abrufbar.

www.kreuzverlag.de

Umschlaggestaltung: Bergmoser + Höller GmbH, Aachen
Umschlagmotiv: © Digital Vision/www.f1online.de
Satz: de·te·pe, Aalen
Druck: freiburger graphische betriebe, Freiburg

ISBN 978-3-7831-3335-6

Inhalt

Einleitung

Wie kann es Familienangehörigen gelingen, das Versprechen »Ich bleibe bei dir – bis zuletzt« in der Begleitung und Pflege eines alten Menschen einzulösen? Wie kann verhindert werden, dass die Pflegenden selbst nicht unter den vielfältigen Belastungen zusammenbrechen? Was kann helfen, die Zeit der Pflege zu einer positiven Erfahrung für alle Beteiligten zu machen? Diese und ähnliche Fragen beschäftigen mittlerweile sehr viele Familien, da immer mehr Menschen immer älter werden. Mit zunehmendem Alter wächst die Wahrscheinlichkeit, dass Krankheit, Gebrechlichkeit oder mentale Beeinträchtigungen einem weitgehend selbstständigen Leben Grenzen setzen. Viele sind auf Unterstützung angewiesen. Dabei kann es sich um Hilfestellungen bei den täglichen Verrichtungen im Haushalt handeln, bei der Körperpflege oder bei der Gestaltung des gesamten Tagesablaufs. Die körperlichen Kräfte nehmen langsam ab, die geistige Spannkraft lässt nach und in vielen Fällen bedeutet Altwerden das stückweise Abschiednehmen von liebgewordenen Lebensformen. Die letzte Wegstrecke führt dann zwangsläufig in den komplexen Sterbeprozess, der über unterschiedliche Stationen in den Tod mündet. Oft geht dieser letzten Lebensphase eine lange Zeit der Pflegebedürftigkeit voraus, in der Menschen auf ein verständnisvolles und liebevolles Umfeld angewiesen sind, das sie in ihrer Trauer annimmt und in ihrer Freude unterstützt. Häufig tritt der Wunsch nach einer persönlichen Spurensuche auf, an deren Ende so manche Aussöhnung stehen kann; oder das Bedürfnis nach Klärung spiritueller Fragen, die ein Loslassen alles Irdischen erleichtert; oder die Sehnsucht nach menschlicher Nähe und tröstendem Da-Sein.

Menschen auf ihrer letzten Wegstrecke zu begleiten und ihnen *körperliche Pflege und seelische Zuwendung* zu schenken ist und bleibt eine große Herausforderung, der sich nur wenige wirklich gewachsen fühlen. Spätestens dann, wenn sich Anzeichen eines drastischen Nachlassens von Vitalität, Aktivität und Gesundheit mehren, tauchen bei den Betroffenen wie auch bei deren Angehörigen Fragen nach einer Pflege, Begleitung oder Betreuung auf.

Diese Zeit ist für alle Familien eine schwierige Zeit voller Fragen und notwendiger Entscheidungen, angefangen mit der Abklärung finanzieller Unterstützungsmöglichkeiten über ein effektives Management aller notwendigen Betreuungsaufgaben bis hin zur Auseinandersetzung mit den eigenen zeitlichen Möglichkeiten und Ressourcen.

Welche Form der Betreuung, Unterstützung und Pflege im Einzelfall auch zum Tragen kommt, so ist es in jedem Fall für die Angehörigen doch eine große Aufgabe, ein pflegebedürftiges Familienmitglied zu begleiten oder einem Sterbenden auf seinem letzten Lebensabschnitt nahe zu sein. Statistische Angaben belegen, dass ein Großteil pflegebedürftiger alter Menschen im familiären Umfeld von den Angehörigen betreut wird, wobei es in erster Linie Töchter oder Schwiegertöchter sind, die die Pflege übernehmen, sowie die – meist selbst schon alten – Ehepartner. Doch auch dann, wenn sich die Familie oder der Betroffene selbst für eine Fremdbetreuung entschieden haben, bleibt es Aufgabe und Chance der Familienangehörigen, die letzte Lebensstrecke begleitend mitzugehen.

Die Begleitung von schwerkranken, pflegebedürftigen oder sterbenden Menschen bedeutet für Angehörige wie für pflegende Fachkräfte die Konfrontation mit vielfältigen körperlichen und seelischen Veränderungen, mit Verfallsprozessen und schmerzlichem Abschiednehmen. Dies löst Betroffenheit aus und bringt oftmals weggeschobene und verdrängte Gedanken an die eigene Vergänglichkeit, an das eigene Alt- und Schwachwerden und an den eigenen Tod an die Oberfläche. Pflegezeiten sind auf allen Ebenen des Lebens und Erlebens sehr intensive Zeiten und erfordern einen *behutsamen Umgang* mit den eigenen *körperlichen und seelischen* Kräften.

Die Praxis zeigt, dass die Beziehungsnähe zwischen Pflegebedürftigen und deren Betreuern ein wichtiger Garant für qualitativ hochstehende Pflege ist. Was auf der einen Seite hilfreich und gut ist, kann auf der anderen Seite oft zu einer großen Belastung werden – denn je näher einem der zu begleitende Mensch steht, desto stärker berührt das die eigene Seele. Gefühle von Angst, Trauer und Hilflosigkeit können sich über viele Wochen und Monate erstrecken und eine lähmende Wirkung auf Aktivität und Entscheidungsverhalten haben. Pflegende Angehörige laufen häufig Gefahr, ihre eigene Betroffenheit und Dünnhäutigkeit zu übersehen, nehmen viel zu selten und meist zu spät Unterstützung und Hilfe an und rutschen dadurch leicht in den Zustand einer Überforderung, der auch als Burnout-Syndrom bekannt ist.

Das Buch »Ich bleibe bei dir bis zuletzt« will pflegenden Angehörigen Informationen und Hilfestellungen anbieten, die sie in die Lage versetzen, die schwierige und belastende Pflegesituation möglichst gut zu bewältigen – zum eigenen Wohl wie auch zum Wohl ihrer Lieben. Im Mittelpunkt der Ausführungen steht die *seelische Situation* der am Pflege- und Begleitprozess Beteiligten. Was bedeutet es für den Betroffenen und seine Angehörigen, wenn Pflege und Begleitung notwendig werden? Welche Belastungen kommen auf die Familie zu, wenn sie sich für die Pflege eines Angehörigen entscheiden? Wie kann man liebevolle Begleitung anbieten, wenn man selbst tief betroffen ist? Welche Lebensthemen stehen am Lebensende im Vordergrund? Wie gestaltet sich die letzte Lebensstrecke? Diese und ähnliche Leitfragen werden zu wichtigen Themen führen und beispielsweise den Prozess des Sterbens beleuchten oder Informationen über den Trauerprozess und die typischen Trauerreaktionen geben, die den Betroffenen Einsicht in seelisches Erleben erleichtern und helfen können, Wut, Scham, Trauer oder Zorn besser zu verstehen.

Auch bei den konkreten Anregungen und Impulsen steht der Umgang mit den Gefühlen und seelischen Bedürfnissen der Betroffenen im Vordergrund, während Themen wie Grundpflege, Medikamentengabe, Patientenbeobachtung, Protokollieren u. Ä. nur gestreift werden. Hierzu gibt es einschlägige Broschüren und Literatur, auf die verwiesen werden kann. Der Fokus der Ausführungen liegt auf der Begleitung alter Menschen, wenngleich viele angesprochene Aspekte auch für die Pflege anderer Altersgruppen zutreffen. Durch die Verbindung theoretischer Ausführungen mit Beispielen aus der Praxis soll versucht werden, auf häufig wiederkehrende Fragen pflegender Angehöriger Antworten zu finden, beispielsweise: *»Wie finde ich die richtige Balance zwischen Nähe und Distanz?«, »Welche Fragen öffnen Türen zu einer heilsamen Begegnung im Pflegealltag?«, »Wie kann ich eine Überforderung* *der Familienmitglieder verhindern?«, »Wie kann ich rechtzeitig bemerken, dass ich eine ›Auszeit‹ brauche?«, »Welche Informationen brauche ich, welche Organisationen, welche Menschen im Umkreis können mich entlasten?«, »Welche Kraftquellen können mich für die schwierige Aufgabe der Begleitung stärken?«*

Viele verschiedene Bausteine tragen dazu bei, dass der letzte Lebensabschnitt in Würde gestaltet und gelebt werden kann. Ein besonders wichtiger Baustein ist die Möglichkeit intensiver menschlicher Zuwendung und die Erfahrung menschlicher Nähe. Auf Dauer kann das nur dort gelingen, wo Pflegende nicht nur mit ihren pflegebedürftigen Familienmitgliedern behutsam umgehen, sondern auch sich selbst und die eigenen Bedürfnisse wahr- und ernst nehmen. Gut begleiten und effektiv helfen zu können ist nur dann möglich, wenn die Pflegenden auch mit sich selbst »pfleglich« umgehen. Dies kann umso eher gelingen, je offener über Schwierigkeiten und anstehende Probleme im Familien- und Freundeskreis sowie im Austausch mit Fachkräften gesprochen und über deren Bewältigungsmöglichkeiten nachgedacht wird. Vielleicht kann es dann leichter gelingen, nicht nur die Last der Pflege zu spüren, sondern sich auch der sinnstiftenden Tätigkeit des Pflegens immer wieder einmal bewusst zu werden und Kraft aus den vielfältigen Erfahrungen des Pflegealltags zu schöpfen. Möge das Buch in diesem Sinne vielen pflegenden Angehörigen nützliche Anregungen geben und ihnen Mut machen, nach geeigneter Unterstützung zu suchen und Hilfe in Anspruch zu nehmen.

1. Ausgangssituation: Ein Leben im Wandel – Alter und Altern

Ab wann ist es notwendig, Hilfe in Anspruch zu nehmen oder als Angehöriger klar und deutlich auf einer Betreuung oder Pflege zu bestehen? Manchmal sind es konkrete Erkrankungen, die den Betroffenen und deren Familien deutlich vor Augen führen, dass ein neuer Abschnitt des Füreinander-Daseins angebrochen ist. Doch meistens zeigt sich die Notwendigkeit einer Betreuung, Unterstützung oder Pflege alter Menschen nicht von einem Tag auf den anderen. Viel öfter vollziehen sich bei älteren oder alten Menschen die Veränderungen in kleinen, kaum wahrnehmbaren Schritten, so dass diese Veränderungen von den Betroffenen selbst entweder nicht so deutlich erlebt oder aber zunächst überspielt werden. *»Kleine Ungeschicklichkeiten, kleine Vergesslichkeiten – das ist noch kein Grund, dauerhaft begleitet oder betreut zu werden!«* – so argumentieren viele, die aus Angst oder Scham auf fremde Hilfe verzichten, die ihre Familienangehörigen nicht belasten wollen oder bei denen die Vorstellung, in einer betreuten Wohnsituation zu leben, Panik und Schrecken auslöst.

Die Übergänge von einem »rüstigen« alten Menschen zu einem, der auf Hilfe und Unterstützung angewiesen ist, sind fließend. Eine angemessene Situationseinschätzung fällt auch deshalb sehr schwer, weil in den allermeisten Familien kein offener Umgang mit sogenannten »letzten Fragen« möglich ist und weil das Bedürfnis groß ist, alte Angehörige möglichst lange in ihrer Rolle zu belassen. Dies geschieht zum einen aus Angst, etwas falsch zu machen. Man will den alten Menschen nicht kränken, wenn man die Unzulänglichkeiten, Missgeschicke und wahrgenommenen Veränderungen bemerkt, oder ihn nicht sogar aktiv darauf aufmerksam machen. Zum anderen würde ein rasches und angemessenes Eingehen auf veränderte Situationen eine ganze Kette von weiteren Gesprächen, Gedanken und Handlungen nach sich ziehen, die die eigenen Lebensperspektiven und das Familienleben nachhaltig beeinflussen, sei es finanziell, organisatorisch oder emotional.

Das Sprechen über negative Aspekte des Alters und Alterns fällt vielen Menschen – unabhängig von ihrem eigenen Alter – schwer, rührt es doch an Bereiche, die persönlich wie gesellschaftlich in Tabuzonen fallen. Die aktive Auseinandersetzung mit dem Altwerden des eigenen Partners, der eigenen Eltern oder Schwiegereltern und anderer Menschen des sozialen Umfeldes setzt nicht nur Mut und Sensibilität im Umgang mit anderen voraus, sondern auch die Bereitschaft, sein eigenes Leben unter den Gesetzen von Veränderung und Anpassung zu sehen. Oft gilt es, Abschied zu nehmen von den inneren Bildern eines *»für immer«* starken und Schutz gebenden Vaters, einer Mutter, die *»in jeder Situation für mich da ist und mir hilft«*, eines Ehepartners, *»der alle Dinge des alltäglichen Lebens regelt, immer Bescheid weiß«,* oder eines Großvaters, *»der für uns alle immer ein Vorbild ist und dessen Meinung unangefochten war«*. Doch nur wenn diese inneren Bilder bewusst verabschiedet und als Teil der eigenen Lebensgeschichte erinnernd aufbewahrt werden, kann jene notwendige Neuorientierung gelingen, die Voraussetzung für eine wirkungsvolle Hilfe und Unterstützung ist.

Was bedeuten Alter und Altwerden in unserer dynamischen Welt, in der Geschwindigkeit, Tempo, Leistungsfähigkeit und Schwung die treibenden Kräfte sind? Wer ist denn überhaupt alt, wer braucht wann und wie viel Pflege und Unterstützung – jenseits der von Pflegeversicherungen erhobenen und klar definierten Pflegestufen? Wie lauten die inneren Gesetzmäßigkeiten, nach denen sich der Wandel im Leben von Menschen vollzieht? Was bedeutet Pflege, was ist zu bedenken und zu beachten? Wie wird in der Öffentlichkeit und im sozialpolitischen Bereich mit dem Thema umgegangen? Spätestens dann, wenn ein Familienmitglied seinen Alltag nicht mehr alleine bewältigen kann, wenn Krankheit und Schmerzen so massiv in alle Lebensbezüge eingreifen und der Einzelne sich nicht mehr zu helfen weiß, tauchen für die Angehörigen Fragen über Fragen auf, die alle nach einer Antwort suchen, mit der die Betroffenen und ihr Umfeld leben können. Es ist hilfreich, sich bereits in »guten Tagen« mit dem einen oder anderen Aspekt zu befassen, um besser verstehen zu können, wenn konkrete Veränderungen auf einen zukommen. Im Folgenden sollen daher einige Aspekte angesprochen werden, die etwas Licht in den Bereich Alter und Altern bringen, den Umgang mit der einen oder anderen Folge von Altersprozessen erleichtern und eine *persönliche Auseinandersetzung* ermöglichen sollen.

Schritt für Schritt in einen neuen Lebensabschnitt

Was kann Pflegenden helfen, die Welt aus der Sicht der Pflegebedürftigen sehen zu lernen? Was kann helfen, die eine oder andere Verhaltensweise besser zu verstehen oder zu deuten? Eine Möglichkeit besteht im Wissen um bestimmte Gesetzmäßigkeiten in der Entwicklung von Menschen. Im Laufe des Lebens kündigen sich immer wieder Entwicklungsschritte an, die zu Veränderungen führen. Es sind dies Veränderungen in der Art und Weise, wie soziale Kontakte gepflegt werden, wie man sich und seine Umwelt wahrnimmt, welche Empfindungen und Einstellungen man wesentlichen Lebensfragen gegenüber hat, wie man mit den eigenen Kräften umgeht und wie viel Energie zu Verfügung steht. Während diese Prozesse in der Jugend immer mehr Entwicklungs- und Entfaltungsmöglichkeiten gewährleisten, stehen im Alter andere Dinge im Vordergrund. Ein besseres Begreifen der Situation alter Menschen durch ihre Begleiter kann das Klima zwischen allen am Pflegeprozess Beteiligten verbessern. Im Folgenden wird aus unterschiedlichen Blickwinkeln auf die psychosoziale Situation alter Menschen eingegangen.

Der Lebensbogen

Jeder Lebensabschnitt hat eine ganz besondere Bedeutung, in jedem steckt gleichermaßen Chance wie Gefahr und jeder hält bestimmte Aufgaben bereit, die es zu bewältigen gilt. Zu dieser Ansicht kommen jene Wissenschaftler, die sich mit der lebenslangen Entwicklung des Menschen beschäftigen.[1] Besonders die Arbeiten von Erik Erikson[2] liefern einen wichtigen Beitrag zum Verständnis des Lebensganzen auf dem Hintergrund einzelner Abschnitte. Er nähert sich beschreibend jedem Entwicklungsabschnitt und versucht die momentane Situation auf dem Hintergrund der gelebten Jahre und in Hinblick auf die Zukunft zu erfassen und zu erklären. In Bezug auf soziale Kontakte bedeutet dies beispielsweise, dass in jedem Abschnitt andere Menschen und Menschengruppen für die Bewältigung der Entwicklungsaufgaben wichtig sind und große soziale Bedeutung haben. Sie können die jeweiligen Bedürfnisse befriedigen und positive Spuren hinterlassen – sie können aber auch weniger gute Begleiter sein und negative Spuren zurücklassen. Am Ende des Lebens wird oftmals deutlich, wie gut die jeweiligen Entwicklungsaufgaben gemeistert wurden! Ob sich pflegebedürftige Menschen voller Vertrauen in pflegende Hände begeben oder misstrauisch reagieren, hängt in vielen Fällen nicht so sehr von der Beziehung zur Pflegeperson ab als viel mehr von Erfahrungen, die weit, weit zurückreichen. Für Pflegende kann diese Sichtweise vielleicht hilfreich sein, um die Lebensgeschichte des pflegebedürftigen Angehörigen in seiner Gesamtheit zu verstehen und das aktuelle Verhalten besser einordnen zu können. Auch lässt sich so die Frage leichter klären, wo der alte Mensch gerade in seinem augenblicklichen Erleben steht und mit welchem Lebensabschnitt seiner Geschichte er besonders in Kontakt ist.

Wie lassen sich die Hauptthemen auf dem Weg vom Säugling zum alten Menschen zusammenfassen? Als Ich-Botschaften können sie wie folgt beschrieben werden:

Themenschwerpunkte in unterschiedlichen Lebensphasen

»Ich bin, was man mir gibt.« (Säuglingsalter)
»Ich bin, was ich will.« (Kleinkindalter)
»Ich bin, was ich mir vorstellen kann, zu werden.« (Spielalter)
»Ich bin, was ich lerne.« (Schulalter)
»Ich bin, was ich bin.« (Pubertät)
»Ich bin, was mich liebenswert macht.« (Frühes Erwachsenenalter)
»Ich bin, was ich bereit bin zu geben.« (Erwachsenenalter)
»Ich bin, was ich mir angeeignet habe.« (Spätes Erwachsenenalter)

1: Lebensbogen

Die Vorstellung, dass das Leben sich wie ein Bogen von der Geburt bis zum Tod darstellen lässt (vgl. »Lebensbogen«), verweist auf »aufsteigende« und »absteigende« Tendenzen in der Entwicklung jedes Einzelnen. Dabei geht es durchaus nicht nur um ein »Mehr« an Aktivität, Können, Wissen, Fähigkeiten, sondern um Entfaltung und Veränderung. In der Anpassung jedes Einzelnen an die unterschiedlichen Aufgaben jeder Entwicklungsstufe und in der Überwindung spezieller Umbruchssituationen – Erikson spricht auch von »Lebenskrisen« – liegt die eigentliche Leistung im Verlauf der persönlichen Lebensgeschichte.

Welche Besonderheiten und Merkmale kennzeichnen nun die späten Lebensabschnitte? Das späte Erwachsenenalter wird als eine Zeit beschrieben, in der es vor allem im Bereich der zwischenmenschlichen Beziehungen zu drastischen Umstellungen kommt. Bei Ehepaaren, die Kinder haben, bricht die Zeit an, in der diese sich aus dem Familienverband der Kernfamilie lösen und eigene Wege gehen. Doch auch andere Abschiede kennzeichnen diese Lebensphase. Berufstätige sehen das Ende ihrer Erwerbstätigkeit nahen und müssen sich auf das Ende selbstverständlich gewordener Kontakte mit Kollegen vorbereiten. Das kann in einigen Fällen entlastend sein – meist jedoch entsteht durch den Wegfall regelmäßiger kollegialer Kontakte eine Leere, die nur durch aktives Handeln überwunden werden kann. Es gilt nun, die sozialen Kontakte selbst zu initiieren, sich aus freien Stücken und ohne beruflich bedingte Vorgaben mit den Menschen zu treffen, die einem wichtig sind. Die sozialen Kontakte spielen sich in diesem Lebensabschnitt in aller Regel mit gleichgesinnten Menschen ab, mit denen man Ideen, Vorstellungen und Interessen teilt und die eine ähnliche Weltanschauung vertreten. Auf der körperlichen Ebene machen sich viele kleine und größere Einschränkungen bemerkbar. Auch das seelische Erleben wird immer öfter durch die Vorgänge im Zusammenhang mit dem Altwerden und dem Näherrücken des Todes bestimmt. Die Vergänglichkeit liegt gleichsam »in der Luft« und führt oft zu dem Bedürfnis, das eigene Leben noch einmal Revue passieren zu lassen, die Ernte des Lebens zu betrachten, es erzählend neu zu beleben oder in schriftlicher Form für die kommende Generation zu bewahren. In der Rückschau auf das gelebte Leben können Zufriedenheit und Dankbarkeit im Vordergrund stehen – oder auch Verzweiflung über all das, was nie mehr möglich sein wird. Die beschriebenen Merkmale des späten Erwachsenenalters lassen sich folgendermaßen zusammenfassen:

Merkmale des späten Erwachsenenalters

- Wird die Umbruchssituation (»Krise«) positiv überwunden, gelangt der alte Mensch zu einer größeren Lebenserfülltheit; wenn die Veränderungen nicht akzeptiert und verarbeitet werden, stellt sich Verzweiflung ein (»Erfüllung oder Verzweiflung«).
- Wichtige Bezugspersonen, die stabilisierend oder destabilisierend wirken können, sind Familienmitglieder und Freunde, aber auch Menschen, die in einer ähnlichen Situation sind oder denen man sich geistig nahe fühlt (»Menschen meiner Art«).
- Die persönlichen Erfahrungen und daraus gewonnene Lebensweisheiten dienen als Orientierungshilfen im sozialen Miteinander (»Meine persönlichen Lebensweisheiten«).
- Im Mittelpunkt seelischen Erlebens stehen Bemühungen, das leben und umsetzen zu können, was einem die Fülle der gelebten Erfahrungen anbietet (»Sein, was man geworden ist«).
- Gelingt eine positive Auseinandersetzung mit diesem Lebensabschnitt, stellt sich eine innere Sicherheit ein (»individuelle Weisheit«).

Wenn sich der Lebensbogen neigt, tritt der alte Mensch in jene Phase ein, die auch mit dem Begriff »Greisenalter« umschrieben wird. Häufig ist dies jener Lebensabschnitt, in dem die meisten Menschen einer Pflege bedürfen. Der persönliche Umkreis, in dem sich soziale Kontakte abspielen, bleibt oft auf Betreuer, Pfleger und Begleiter beschränkt – ob zu Hause, in einem Heim oder einem Krankenhaus. Die freie Wahl sozialer Ansprechpartner fällt ebenso weg wie viele andere Möglichkeiten, das Leben nach eigenen Vorstellungen zu gestalten. Der hochbetagte alte Mensch muss sehr viele Verrichtungen rund um seine ureigensten Wünsche und Bedürfnisse an andere abgeben – das fällt oft sehr schwer und stellt eine große seelische Belastung dar. Nach und nach treten Zeichen ein, die auf ein Abnehmen der Körperfunktionen hindeuten. Es ist mühsam, Arme und Beine zu koordinieren, das Sprechen wird langsamer, und viele Dinge, die früher leicht und wie selbstverständlich zu erledigen waren, werden zu unüberwindbaren Hürden. Manchmal treten auch jene Wesensmerkmale verdichtet bis überzeichnet hervor, die man für diesen Menschen als typisch bezeichnet hat. Aus einer sparsamen kann eine geizige alte Frau werden, aus einem aufschäumend temperamentvollem ein wütend-aggressiver alter Mann, aus einer schüchternen Frau eine alles erduldende alte Frau … Ein Begleiter drückte das in einem Gespräch so aus: *»Ich hatte das Gefühl, ganz zum Schluss hat sich ihr Wesen in gewissem Sinn vollendet.«* Was sich schon Jahre zuvor als Auseinandersetzung mit den großen und kleinen Abschieden des Lebens angedeutet hatte, findet nun im bewussten Zugehen auf den Tod seine Fortsetzung. Eine aktive Auseinandersetzung mit der Umwelt wird immer seltener, die Menschen ziehen sich mehr und mehr in ihre innere Bilderwelt zurück und durchleben oft weit zurückliegende Dinge zum wiederholten Mal. Vieles, was früher wichtig war, wird gut erinnert und bekommt in der Erinnerung neuen Glanz. Demgegenüber fällt jedoch alles, was im Augenblick erlebt wird, rasch ins Vergessen. Die für diesen letzten Lebensabschnitt typischerweise beschriebenen Merkmale lassen sich folgendermaßen zusammenfassen:

Merkmale des Greisenalters

- In der Auseinandersetzung mit der letzten psychosozialen Umbruchssituation (»Krise«) können alte Menschen zu einer inneren Zufriedenheit gelangen; wo das nicht gelingt, stellt sich Verbitterung ein (»Zufriedenheit oder Verbitterung«).
- Die Menschen, die den für das seelische Erleben so bedeutsamen personalen Umkreis bilden, sind in erster Linie die Betreuer und Begleiter, unabhängig davon, ob sie in einem Bekannten- oder verwandtschaftlichen Verhältnis stehen (»Menschen, die mich pflegen und begleiten«).
- Ein wichtiges Element für ein soziales Miteinander ist die Fähigkeit, sich in seiner Hilfsbedürftigkeit einem anderen Menschen anzuvertrauen (»Sich-anvertrauen-Können«).
- Im Mittelpunkt seelischen Erlebens stehen das Erinnern

und die Beschäftigung mit der eigenen Endlichkeit (»Wissen, dass man einmal nicht mehr sein wird«).

- Werden die letzten Lebensaufgaben positiv bewältigt, kann es zu einer großen inneren Ruhe, zu Weisheit und einer versöhnlichen Grundhaltung kommen (»Versöhnung«).

Den Gedanken, dass menschliches Leben in verschiedenen Abschnitten verläuft und wir immer wieder herausgefordert sind, Altes und Vertrautes aufzugeben und loszulassen, um uns neuen Aufgaben und Herausforderungen zu stellen, hat Hermann Hesse in seinem Gedicht »Stufen« auf eindrucksvolle Weise dargestellt.

Stufen

Wie jede Blüte welkt und jede Jugend
Dem Alter weicht, blüht jede Lebensstufe,
Blüht jede Weisheit auch und jede Tugend
Zu ihrer Zeit und darf nicht ewig dauern.
Es muß das Herz bei jedem Lebensrufe
Bereit zum Abschied sein und Neubeginne,
Um sich in Tapferkeit und ohne Trauern
In andre, neue Bindungen zu geben.
Und jedem Anfang wohnt ein Zauber inne,
Der uns beschützt und der uns hilft, zu leben.

Wir sollen heiter Raum um Raum durchschreiten,
An keinem wie an einer Heimat hängen,
Der Weltgeist will nicht fesseln uns und engen,
Er will uns Stuf' um Stufe heben, weiten.
Kaum sind wir heimisch einem Lebenskreise
Und traulich eingewohnt, so droht Erschlaffen,
Nur wer bereit zu Aufbruch ist und Reise,
Mag lähmender Gewöhnung sich entraffen.

Es wird vielleicht auch noch die Todesstunde
Uns neuen Räumen jung entgegen senden,
Des Lebens Ruf an uns wird niemals enden …
Wohlan denn, Herz, nimm Abschied und gesunde!

Hermann Hesse

Altersdefinitionen

»Altsein ist keine Frage von Jahren«, meint Maria, *»alt fühle ich mich, wenn ich keine Aufgabe mehr habe«*, sagt Josef, *»Alter ist doch keine Krankheit!«*, ruft Andrea, *»Alter – na ja, wenn ich pflegebedürftig bin, nicht mehr alleine gehen kann, dann bin ich wohl wirklich alt«*, grübelt Simon … Es gibt viele Zugänge zu diesem Thema und jeder Mensch wird wohl jenseits von offiziellen Definitionen seine eigene Einstellung entwickeln. Die oftmals gehörte Unterscheidung zwischen »jungen Alten« und »alten Alten« zieht als wichtiges Kriterium das Vorhandensein bzw. Fehlen von altersbedingten Krankheiten, Behinderungen oder Einschränkungen heran, während die Weltgesundheitsorganisation (WHO) die Zahl der Lebensjahre als Kriterium für die Einteilung in die Gruppen der älteren Menschen (60–70 Jahre), der alten Menschen (75–90 Jahre), der Hochbetagten (älter als 90 Jahre) und jener, die älter als 100 Jahre sind, wählt.

»Alter« als eigenständigen und klar definierten Begriff gibt es, geschichtlich gesehen, noch nicht lange; er steht mit der Einführung des Pensions- und Rentenwesens moderner Industriestaaten in Zusammenhang. Die gesetzlich festgelegten Grenzen der Erwerbstätigkeit sind im öffentlichen Bewusstsein weitgehend mit »Altsein« assoziiert und es fällt den meisten schwer, sich seelisch und gedanklich von dieser gesellschaftlich definierten »Schwelle« zu distanzieren. Es ist nicht leicht, sich den von außen auferlegten Altersdefinitionen zu entziehen, auch wenn man sich »eigentlich noch gar nicht alt« fühlt! Gesellschaftliche Wertvorstellungen fließen in die aktuelle Lebensgestaltung ein, ob einem das recht ist oder nicht – angefangen mit den Konsequenzen, die der Ausstieg aus der Erwerbstätigkeit für die Alltagsgestaltung hat, und bis hin zu den offenen oder versteckten Botschaften, die sozial, kulturell oder freizeitorientiert über die Medien unserer Zeit gesendet werden. Egal, wie sich Menschen fühlen, wie fit sie geistig und körperlich sind oder welche Ressourcen in ihren Erfahrungen und ihrem Wissen für die Umwelt auch liegen mögen: Der gesellschaftlich geregelte Ausstieg aus der Erwerbstätigkeit stellt eine wesentliche Zäsur im individuellen Leben von Menschen und deren Familien dar. Die Welt der Gebenden, Tatkräftigen, Aufbauenden muss verlassen werden und neue »Welten« sind zu erschließen. Manch einer spricht von »den goldenen Jahren«, von »geschenkter Zeit« oder »der wohlverdienten Rente«. Andere können sich damit nicht so gut arrangieren, klagen über den Verlust an Ansehen und Gestaltungsmöglichkeit und versuchen alles zu tun, um die Spuren des Alterns zu verwischen.

Im Zusammenhang mit der Frage nach dem Umgang mit den alten Menschen im Laufe der Geschichte und mit neuen Aufgaben in der Altenversorgung wird immer wieder auf einen Wandel der Altersstruktur hingewiesen. Sieht man auf demographische Daten der Altersverteilung in der Gesamtbevölkerung westlicher Industriestaaten über die Jahre, kann man eine drastische Veränderung bemerken. Über einen langen Zeitraum zeigte die Verteilung die Form einer Pyramide, deren breite Basis einen hohen Anteil an jungen Menschen symbolisiert. Diese Form verändert sich immer stärker. Der Gestaltwandel hängt mit dem deutlichen Rückgang der Geburtenraten zusammen, verbunden mit einem gleichzeitigen Anstieg der Lebenserwartung. Das bedeutet ganz konkret, dass immer mehr Menschen älter werden. Der Gruppe vitaler alter Menschen steht jene Gruppe gegenüber, die zwar durch den Fortschritt in der Medizin lange am Leben bleiben können, durch den Verlust an Kräften oder durch Erkrankungen jedoch auf die Hilfe anderer angewiesen sind. Und so führen demographischer Wandel und medizinischer Fortschritt dazu, dass immer mehr Familien sich mit Fragen einer Pflegesituation für eines ihrer Mitglieder auseinandersetzen müssen. Dabei tauchen bereits im Vorfeld, noch lange bevor eine konkrete Pflegesituation eintritt, viele Fragen auf. Sie stehen häufig im Zusammenhang mit den wahrgenommenen Abbauprozessen, altersbedingten Defiziten oder Einschränkungen. Darüber hinaus geht es oft auch um die Klärung, wie innerhalb der Familie grundsätzlich mit den alternden und alten Menschen umgegangen wird. Ein besonders berührender Text der Gebrüder Grimm, der den Umgang mit alten Menschen reflektiert, zeigt, dass dies nicht erst heute für Familien relevant ist. In dem Märchen »Der alte Großvater und der Enkel« heißt es:

Es war einmal ein steinalter Mann, dem waren die Augen trüb geworden, die Ohren taub, und die Knie zitterten ihm. Wenn er nun bei Tische saß und den Löffel kaum halten konnte, schüttete er Suppe auf das Tischtuch, und es floss ihm auch etwas wieder aus dem Mund. Sein Sohn und dessen Frau ekelten sich davor, und deswegen musste sich der alte Großvater endlich hinter den Ofen in die Ecke setzen, und sie gaben ihm sein Essen in ein irdenes Schüsselchen und noch dazu nicht einmal satt; da sah er betrübt nach dem Tisch und die Augen wurden ihm nass.

Einmal auch konnten seine zittrigen Hände das Schüsselchen nicht festhalten, es fiel zur Erde und zerbrach. Die junge Frau schalt, er sagte nichts und seufzte nur. Da kaufte sie ihm ein hölzernes Schüsselchen für ein paar Heller, daraus musste er nun essen. Wie sie da so sitzen, so trägt der kleine Enkel von vier Jahren auf der Erde kleine Brettlein zusammen. »Was machst du da?«, fragte der Vater. »Ich mache ein Tröglein«, antwortete das Kind, »daraus sollen Vater und Mutter essen, wenn ich groß bin.« Da sahen sich Mann und Frau eine Weile an, fingen endlich an zu weinen, holten ab sofort den alten Großvater an den Tisch und ließen ihn von nun an immer mitessen, sagten auch nichts, wenn er ein wenig verschüttete.

Was macht alte Menschen im Umgang »schwierig?« Welchen Einfluss auf das Erleben und das subjektive Wohlbefinden alter Menschen haben das Verhalten der Umwelt im Allgemeinen und das ihrer Lieben im Besonderen? Die Erkenntnisse entwicklungspsychologischer und soziologischer Arbeiten erleichtern es, die Besonderheiten dieses Lebensabschnitts zu erfassen und können Türen zu einem besseren Verständnis der jeweiligen Lebenssituation hilfs- und pflegebedürftiger Menschen öffnen. Im Folgenden geht es um subjektiv empfundene Kränkungen, die durch spezifische Lebensumstände im Alter zu erklären sind, und um die Frage, welche Aspekte entscheidend dazu beitragen können, dass Menschen am Ende ihres Lebens »trotz allem« zufrieden sein können.

Was das Altern schwer machen kann: Vom Umgang mit Kränkungen

Im Laufe der gelebten Jahre entwickelt jeder Mensch seine ganz eigenen Vorstellungen von sich selbst. Dieses – auch als Identität – bezeichnete Bild der eigenen Person betrifft alle Lebens- und Seinsbereiche. Petzold[3] hat in diesem Zusammenhang auch von den tragenden Säulen der Identität gesprochen und benennt sie mit »Leiblichkeit, soziale Bezüge, Arbeit und Leistung, materielle Sicherheit und Werte«. Solange der Lebensbogen eine aufsteigende Tendenz hat, sind diese Säulen bei den meisten Menschen stark und tragfähig und bekommen durch individuelle Erfahrungen ihre ganz eigene Form. Aber was geschieht, wenn der Zenit des Lebensbogens überschritten ist? Was geschieht, wenn der Lebensbogen sich neigt? Meistens sind es kleine Anzeichen im körperlichen Bereich, die auf das langsame Brüchigwerden der Lebenssäulen hindeuten: Der Körper kann sich nicht mehr so rasch regenerieren, die Anfälligkeit gegenüber Krankheiten und Verletzungen steigt oder die Beweglichkeit einzelner Körperteile lässt drastisch nach. Auch die Konzentrationsfähigkeit ist nicht mehr »die alte« und das Gedächtnis weist die eine oder andere Lücke auf. Nach und nach haben diese Veränderungen auch ihre Auswirkungen auf den Arbeitsbereich und die Leistungsfähigkeit des Einzelnen. Schließlich bleibt auch das soziale Netz nicht davon verschont, brüchig zu werden. Wichtige Freundschaften, die über viele Jahre des Lebens gehalten haben, verlieren ihre Kraft und Stärke durch den Verlust einzelner Mitglieder. An die Stelle eines steten Zuwachses an haltgebenden Kontakten tritt eine Abnahme nicht nur an Quantität, sondern oft auch an Qualität der Beziehungen. Das Thema »Vergänglichkeit und Endlichkeit« tritt ganz konkret in das Bewusstsein und bleibt nicht länger mehr nur ein Gedankenspiel.

Die individuellen Reaktionen alternder Menschen auf die unterschiedlichen Veränderungen und Einbrüche können recht verschieden ausfallen. Während die einen sehen können, dass beispielsweise das Ende einer bestimmten Aktivität einer anderen Tür und Tor öffnet – z.B. *»Ich kann jetzt nicht mehr regelmäßig*

Sport betreiben, dafür habe ich jetzt mehr Zeit und lese meinen Enkeln Bücher vor« – kann bei anderen tiefe Verzweiflung ausgelöst werden – z. B.: *»Ich kann nicht mehr gut sehen und hören, da ist es wohl das Beste, zu Hause zu bleiben, was soll ich da noch unter Menschen?«* Doch jenseits individueller Unterschiede werden sich Menschen im letzten Abschnitt ihres Lebens immer wieder der vielen Veränderungen bewusst, die unweigerlich darauf hindeuten, dass ihr Weg zu Ende geht. Rainer Maria Rilke fängt in seinem Gedicht »Ende des Herbstes« diese Stimmung auf besondere Weise ein:

Ende des Herbstes

Ich sehe seit einer Zeit
wie alles sich verwandelt.
Etwas steht auf und handelt
und tötet und tut Leid.
Von Mal zu Mal sind all
die Gärten nicht dieselben;
von den gilbenden zu der gelben
langsamem Verfall:
wie war der Weg mir weit.
Jetzt bin ich bei den leeren
und schaue durch alle Alleen.
Fast bis zu den fernen Meeren
kann ich den ernsten schweren
verwehrenden Himmel sehn.

Rainer Maria Rilke

Häufig genannte Belastungsmomente im Alter sind Einsamkeit, das Fehlen eines Ziels, Langeweile, körperliche Gebrechlichkeit, Schwierigkeiten, sich auf Neues einzustellen, und schließlich das unausweichliche Herankommen des eigenen Sterbens. Das alles macht traurig. Alte Menschen müssen von vielem Abschied nehmen – manchmal sogar von allem, was ihnen einmal wichtig war.

Veränderungen, die mit dem Abschiednehmen verbunden sind: z. B. der Abschied ...

- von Fähigkeiten und Fertigkeiten *(»Ich kann nicht mehr alleine gehen«, »Ich brauche Hilfe beim Ankleiden«...)*,
- von Ideen und Träumen (*»Ich werde mein Haus nicht mehr umgestalten können«, »Ich werde keine Pilgerreise mehr machen«...*),
- von aktiven Handlungsmöglichkeiten (*»Ich muss mein Hobby aufgeben«, »Ich kann nicht mehr frei über meine Zeit verfügen«...*),
- von sozialen Spielräumen (*»Ich kann meine Freunde nicht mehr besuchen gehen«, »Ich habe keine Möglichkeit, meine Gesprächspartner selbst auszuwählen«...*),
- von geliebten Menschen und vertrauten sozialen Umwelten (*»Nach und nach sterben alle meine Freunde weg«, »Meine Generation – da gibt es nicht mehr viele!«...*).

Je weitreichender die Einschnitte sind, die der Einzelne erlebt, und je schwieriger die Gesamtsituation ist, desto häufiger kann man schwere Abweichungen von einem sogenannten normalen Lebensverhalten feststellen. Das Interesse an der Umwelt scheint zu erlahmen und auch die Fähigkeit, sich jemandem liebevoll zuzuwenden, schwindet. Verbunden ist dieser Zustand mit einer starken Verminderung der Leistungsfähigkeit, was bei sehr alten Menschen oft mit einer allgemeinen Inaktivität verbunden ist. Im Extremfall kann es zu einer tiefen und schmerzlichen Verstimmung kommen.

Wie muss Menschen zumute sein, die sich unerwünscht und nutzlos vorkommen, die sich eingeschränkt und überfordert fühlen und die gleichzeitig sehr intensiv erleben, wie die kostbare Lebenszeit verrinnt und der Tod näher rückt? Bei allen Schwierigkeiten, die in Pflegesituationen auftreten können, ist es manchmal hilfreich, sich mit dem einen oder anderen der nachfolgenden Sätze auseinanderzusetzen und nachzuspüren, welche Gefühle in einem selbst entstehen und welche Möglichkeiten einem einfallen, diesen belastenden Gedanken und Gefühlen etwas entgegenzusetzen.

Anregungen für eine persönliche Auseinandersetzung

Was lösen diese Sätze in Ihnen aus und was könnte Ihnen helfen?

»Ich bin doch nur unerwünscht, mich braucht keiner.«

»Ich kann ja nicht mehr mit anpacken, ich bin einfach nur noch nutzlos.«

»Auch wenn sie es gut mit mir meinen, ich kann mich an die neue Situation nicht gewöhnen – einen alten Baum soll man halt nicht mehr verpflanzen!«

»Alle meine alten Freunde sind gestorben, von den alten Nachbarn lebt auch keiner mehr – die Nächste werde wohl ich sein.«

Welche Reaktionen aus der Umwelt könnten helfen, die Not zu lindern? Wenig sinnvoll ist es, mit einem *»Aber das ist doch nicht so«* oder *»So darfst du gar nicht denken!«* zu reagieren. Ein erster Schritt könnte darin bestehen, diese Sätze anzuhören, ohne sich selbst schuldig oder angegriffen zu fühlen. Manchmal hilft es dem pflegebedürftigen Menschen schon, wenn es jemanden gibt, dem er solche Sätze »zumuten« kann und der es aushält, seine innere Not mit anzusehen. Auch wenn es in vielen Fällen tatsächlich wenig zu verändern gibt, können menschliche Nähe und das Gefühl, wahrgenommen zu werden, ein wenig Linderung bringen. Bleiben Menschen jedoch mit ihren belastenden Gedanken und den damit verbundenen Gefühlen allein, kann sich rasch eine tiefe Resignation einstellen und eine Negativspirale kommt in Bewegung, an deren Ende der gesamte Lebenszustand als eine einzige große Kränkung und Zumutung erlebt wird.

Durch unterschiedliche Einflüsse von außen, persönliche Anlagen und die individuelle Gestaltungsgabe, aber auch durch spezifische Krankheitsbilder kann der Lebensabschnitt Alter einen – gemessen an der Situation der meisten Menschen – normalen Verlauf nehmen, einen optimalen oder einen krankhaften. Als Parameter werden körperliche Prozesse ebenso herangezogen wie die persönliche Einschätzung der Situation durch die Betroffenen oder deren Betreuer. Verlässt man den Boden exakt gemessener

2: Negativspirale, die zur Aussage führt:
»Alter ist eine einzige Kränkung«

Werte von Körper- oder Denkfunktionen, stellt sich die Frage: Was macht alte Menschen zu zufriedenen Alten? Subjektives Wohlbefinden scheint trotz erheblicher Einschränkungen möglich, und zwar dann, wenn Menschen aktive »Zukunftsbemühungen« anstellen. Das bedeutet, sich mit den vielfältigen Veränderungen auseinanderzusetzen und in einer Art von Voraussicht Schritte zu setzen, die einem das Gefühl vermitteln, wenigstens zu einem kleinen Teil »Baumeister« der eigenen Lebensumstände zu sein. Diese Erkenntnis, die vor allem den Arbeiten von Rosenmayr[4] zu verdanken ist, ist für alle, die mit der Pflege und Begleitung alter Menschen betraut sind, von großer Bedeutung. Auch wenn der Handlungsspielraum kleiner und kleiner wird, auch wenn die Umsetzung der einen oder anderen »Zukunftsbemühung« den Pflegealltag erschwert, sollten Menschen dabei unterstützt werden, jede noch so kleine Chance zur »Selbstverwirklichung« und Lebensgestaltung zu ergreifen. Professionelle Pflegekräfte sprechen in diesem Zusammenhang von »aktivierender Pflege« oder »aktivierender Förderung«.[5]

Wenn die eben erwähnten Zukunftsbemühungen zu einem frühen Zeitpunkt innerhalb des Lebensabschnitts Alter beginnen, stehen vor allem finanzielle Dinge, gesundheitliche Aspekte und die aktive Pflege sozialer Kontakte im Vordergrund. Nach und nach verringern sich die konkreten Gestaltungsmöglichkeiten und beschränken sich auf das unmittelbar erreichbare und überschaubare Umfeld. Besondere Bedeutung kommt der aktiven Auseinandersetzung mit unterschiedlichen Lebensformen zu, die für den Lebensabschnitt Alter möglich sind. Sich beizeiten mit den Vor- und Nachteilen der unterschiedlichen Betreuungsangebote beschäftigen zu können führt zu einer größeren Sicherheit für jene Zeitspanne, vor der sich die meisten fürchten – *»wenn es alleine nicht mehr so gut geht.«*

Folgende Wohn- und Lebensformen stehen Senioren – zumindest in größeren Städten – zur Verfügung: Betreutes Wohnen, Seniorenzentren, Mehrgenerationenhäuser, Wohngemeinschaften, Alten- und Pflegeheime. Der Hauptunterschied zwischen den einzelnen Wohnformen besteht im Ausmaß der angebotenen Betreuung (fließende Übergänge von einer selbstständigen Versorgung bis hin zur Übernahme einer Vollpflege) und der zu Verfügung stehenden Infrastruktur (z.B. Barrierefreiheit, Notruf, Essensdienst, Reinigungsdienst, Pflege bei Bedarf). Informationsmaterial ist beispielsweise über die regionalen Stellen der Caritas, des Roten Kreuzes, über das Diakonische Werk und die Diözesen oder über lokale Pflegeberatungs- bzw. Wohnberatungsstellen zu erhalten. Einen ersten Überblick kann man sich auch unter den Adressen der jeweiligen Institutionen über das Internet verschaffen (z.B. bei Anfragen an die Caritas: www.caritas.de für Deutschland oder www.caritas.at für Österreich).

Neben einer Beschäftigung mit Aspekten der Gegenwart und der gedanklichen Planung der Zukunft spielt für das subjektive Wohlbefinden auch die Möglichkeit eine Rolle, die Gedanken in die Vergangenheit wandern zu lassen. Es wird von älteren Menschen zumeist als sehr bereichernd erlebt, jemandem unter dem Motto »was hat mir geholfen« davon zu erzählen, wie man »damals« Zukunft gestaltet hat. Es tut ganz offensichtlich nicht nur gut, tatsächliche Zukunftsgestaltung vorzunehmen, sondern auch mit einem Menschen über das zu sprechen, was einst wichtig und möglich war und was dem Leben Sinn und Freude verlieh. Vielleicht lässt sich auch leichter entdecken, welche kleinen Wünsche man doch noch umsetzen kann – in der Realität oder zumindest in Gedanken. An dieser Stelle sei auch auf die große *Bedeutung von Zufriedenheit* und einer positiven Lebensbilanz hingewiesen. »Positiv« meint nicht, dass das Leben rückblickend nur als schön, einfach und gut beschrieben wird, »positiv« bedeutet vielmehr, dass der Mensch zu diesem seinem gelebten Leben steht und einen inneren Sinnzusammenhang herstellen kann, wie es beispielsweise im Text »Der Clown« zum Ausdruck kommt:

Der Clown

Am Ende des Lebens
glücklich:
Das Scheitern
war der Weg.
Wolfgang Schuster

Die altersbedingten Veränderungen werden es in jedem Fall notwendig machen, in der Lebensgestaltung eine klare Auswahl (**S**elektion) der anzustrebenden Ziele zu treffen, genau zu überlegen, wie man sie am ehesten erreichen kann (**O**ptimierung) und wie man dabei bestimmte Schwächen oder Ausfälle geeignet ersetzen kann (**K**ompensation). Dieser »SOK-Prozess« findet ein Leben lang statt,[6] erhält allerdings im Alter durch das Ausmaß an Veränderungen, die zu bewältigen sind, eine besondere Bedeutung. Da das Selbstbild eines Menschen über die Jahre hin relativ stabil bleibt, kann man nie früh genug damit beginnen, sich bewusst und sorgfältig mit den aktuell nötigen Anpassungsprozessen zu befassen, die jeweils neue Lebensbedingungen erfordern. So kann beizeiten einer Überforderung vorgebeugt und ein Lernprozess in Gang gesetzt werden, der zu einem gesteigerten Wohlbefinden in jeder Altersphase führt. Gespräche mit Menschen, die noch im hohen Alter zu erstaunlichen Leistungen imstande sind, unterstreichen die Richtigkeit dieses Vorgehens, wie das nachfolgende Beispiel zeigt.

Aus der Praxis

Frederike war ihr ganzes Leben lang eine gute Musikerin und Sängerin. Mit zunehmendem Alter – sie war zum Zeitpunkt des Gesprächs knapp 80 Jahre alt – merkte sie ein deutliches Nachlassen ihrer Hör- und Merkfähigkeiten. Auch hatte sie Probleme beim Gehen, die es ihr immer schwerer machten, an den regelmäßigen Musiziertreffen teilzunehmen. Aber die heißgeliebte Musik aufzugeben – nein, das konnte und wollte sich Frederike gar nicht vorstellen. Doch etwas musste getan werden! Frederike hat sich dann entschlossen, einen kleinen Kreis von Musikern zu regelmäßigen Treffen zu sich nach Hause einzuladen und die Auswahl der Stücke auf einige wenige zu beschränken. Um auch einen entsprechend wertvollen Beitrag im Chor zu liefern, übte Frederike mehr als bisher, und dieses zusätzliche Üben erfüllte sie mit großer Freude. Der Schwierigkeit, sich neue Stücke zu merken oder sie zu erlernen, ging sie insofern aus dem Weg, als sie ihre Kolleginnen und Kollegen bat, doch »unsere guten alten Stücke« zu spielen oder nur solche einzuüben, die »so ähnlich sind«. Frederike folgte unbewusst jenem Prinzip der Selektion (es wurden nur einige wenige Musikstücke ausgewählt), Optimierung (sie übte auch außerhalb der gemeinsamen Abende) und Kompensation (exaktes Wiedergeben von »Altem« ließ die Schwierigkeiten beim Einstudieren neuer Stücke verblassen). Die gesamte Vorgehensweise von Frederike kann als »kompensatorische Maßnahme« betrachtet werden und ist ein bemerkenswertes Beispiel einer aktiven Auseinandersetzung mit altersbedingten Defiziten und der Suche nach Lösungsmöglichkeiten.

Viele altersbedingte Veränderungen machen es für den alten Menschen schwer, persönliche Ziele und Erwartungen nach seinen Vorstellungen zu erreichen und zu erfüllen. Und so macht sich oft Enttäuschung breit, wenn die Abstimmung der »Erwartungen an das Leben« auf die realen persönlichen Möglichkeiten nicht gelingt. Auch das kann als Kränkung erlebt werden. Wie können Begleiter helfen, diese seelischen Verletzungen aufzufangen? Zunächst können Gespräche über die aktuelle Situation eine Entlastung mit sich bringen. In diesen Gesprächen sollte alles seinen Platz haben, was den alten Menschen gerade beschäftigt und bewegt – Erinnerungen an früher, Trauer, dass alles nicht mehr so ist wie damals, Ängste, Hoffnungen, Weinen und Lachen. Die Rolle der Zuhörer beschränkt sich in einem ersten Schritt lediglich auf ein achtsames Zuhören. Nach und nach können dann die heiklen Fragen einer notwendigen Anpassung an die realen Möglichkeiten angesprochen werden. Mithilfe eines einfühlsamen Begleiters kann es dem alten Menschen leichter gelingen, die persönlichen Erwartungen und das eigene Anspruchsniveau auf ein realistisches und umsetzbares Maß einzupendeln. Besonders wichtig ist es, keinen zeitlichen Druck auszuüben. Für alte Menschen ist es meist sehr schwer, sich den stets verändernden körperlichen, geistigen, seelischen und sozialen Bedingungen anzupassen! Oft braucht es eine geraume Zeit, alte Vorstellungen von sich und Erwartungen an sich loszulassen und sich neu zu orientieren. Manchmal ist es auch notwendig, noch einmal an die eigenen Grenzen zu kommen und von bestimmten Möglichkeiten der Lebensgestaltung Abschied zu nehmen. Wird von Begleitern eine rasche Anpassung und ein rasches Akzeptieren der Defizite gefordert, führt dies bestenfalls in eine Scheinanpassung. Während in einem solchen Fall nach außen hin der Eindruck vermittelt wird, der alte Mensch habe sich mit seiner Situation arrangiert, schreitet hinter dieser Maske der Prozess der Vereinsamung rasant voran und führt nicht selten zu einem raschen körperlich-geistigen Verfall oder in seelische Leere.

2. Wenn es alleine mühsam wird …: Unterstützung, Betreuung, Pflege

Den meisten alten Menschen – aber auch deren Angehörigen – fällt es sehr schwer, richtig einzuschätzen, wann aus einem Gefühl von »Es ist mühsam« ein Gefühl »Es ist *zu* mühsam« wird. Dies hängt vor allem damit zusammen, dass sich der Übergang vom »rüstigen« zum »pflegebedürftigen« alten Menschen oft langsam und kaum merklich vollzieht. Im Alter machen sich viele verschiedene Veränderungen bemerkbar: körperliche Einschränkungen, ein Nachlassen der inneren Spannkraft und Leistungsfähigkeit oder das Schwinden wichtiger sozialer Kontakte. All dies kann früher oder später dazu führen, dass eine Unterstützung bei der täglichen Lebensführung nötig wird. Wann das sein wird, lässt sich nur schwer vorhersehen. Zu Beginn stehen vielleicht Beobachtungen, dass der Vater beim Gehen immer wieder leicht stolpert; oder dass die Mutter offensichtlich schlecht hört und viele Sätze nicht verstanden werden; oder dass der Ehepartner größte Mühe hat, sich die Schuhe anzuziehen. Manchmal sind es auch ausgesprochene Klagen und Feststellungen der alten Menschen selbst, die die Familienangehörigen hellhörig werden lassen: *»Ach, es ist so lange gutgegangen, und jetzt merke ich, wie alles so mühsam wird …«,* klagt Anton S., der so stolz auf seinen kleinen Haushalt war, den er viele Jahre nach dem frühen Krebstod seiner Frau alleine führte. *»Ich fühle mich eigentlich noch rüstig und gut, aber außer Haus zu gehen, das wird immer anstrengender …«,* berichtet Maria D., für die es wichtig ist, einmal in der Woche das

Grab ihrer Familie zu besuchen. *»Der Garten war mein ganzer Stolz – und jetzt? Ich habe Kreuzschmerzen, wenn ich nur daran denke, die Leiter aus dem Keller zu holen …«*, erzählt Rudolf G., der erst dann einer Hilfe für die Gartenarbeit zustimmt, als er nach einem Sturz von der Leiter mit einem gebrochenen Bein das Bett hüten muss. Oft ist nicht nur die Frage nach dem richtigen Zeitpunkt für eine Unterstützung und regelmäßige Betreuung schwer zu klären, sondern auch, wie man diese Hilfestellungen anbietet und konkret umsetzt. Meistens ist es für die Betroffenen wie für deren Angehörige ein langsames Herantasten an die neue Situation und kann mit einigen Konflikten verbunden sein, wie beispielsweise im Fall der Familie K.:

Aus der Praxis

Frau Katarina, die Mutter von Frau K., ist 75 Jahre alt, verwitwet und lebt allein in einer kleinen Wohnung am Rande der Stadt. Körperlich gesund und geistig rege, führt sie ihren Haushalt selbstständig, versorgt ihre Katze und betreut zwei Familiengräber am nahegelegenen Friedhof. Einmal in der Woche fährt sie zu ihrer Tochter und deren Familie in die Stadt. Die drei Kinder lieben ihre Großmutter und freuen sich jedes Mal, wenn sie zu Besuch kommt. Meistens bringt sie einen selbstgebackenen Kuchen mit. Bei einem ihrer Besuche bittet sie ihre Tochter, einen Arzttermin auszumachen, sie möchte zu einer Vorsorgeuntersuchung. Die Ergebnisse der Untersuchung geben keinen Anlass zur Sorge.

Monate vergehen und Frau K. stellt fest, dass ihre Mutter immer öfter ihren Besuch absagt. Anfangs schenkt Frau K. diesen Vorkommnissen keine große Bedeutung. Doch mit der Zeit wird Frau K. doch unruhig, zumal ihre Mutter öfter einen zerstreuten Eindruck macht und nicht mehr so sicher zu gehen scheint. Sie bespricht sich mit ihrem Mann und beide beschließen, die Mutter abzuholen und sie nicht mehr mit dem Bus fahren zu lassen. Bei dieser Gelegenheit sieht Frau K., dass sich bei ihrer Mutter alte Essensreste anhäufen und die Bügelwäsche im falschen Korb liegt. Darauf angesprochen, wird Frau Katarina ärgerlich und schickt ihre Tochter weg – nein, sie wolle nicht auf Besuch kommen, und überhaupt sei das Autofahren viel zu anstrengend für sie …

Die Zeit vergeht, ein Jahr ist um und Frau K. macht sich große Sorgen. Ihre Mutter meldet sich kaum von sich aus und in den Telefongesprächen wirkt sie abweisend und will von Besuchen nichts wissen. Nur die Enkelkinder will Frau Katarina sehen und lässt sich deshalb überreden, wenigstens einmal im Monat in die Stadt zu kommen. Der Familie fällt auf, dass sie keinen Kuchen mehr mitbringt, sich kaum an den Gesprächen am Tisch beteiligt und sehr unsicher auf den Beinen ist. Doch von einer Mithilfe im Haushalt oder einem regelmäßigen Besuch will sie nichts wissen – »Kümmere du dich um deine Sachen, ich komme gut zurecht!« Erst als eine Nachbarin Alarm schlägt, beschließt Frau K., ein klares Wort mit ihrer Mutter zu reden. Es wird ein langes und schwieriges Gespräch. Frau Katarina kämpft mit den Tränen und kann kaum zugeben, dass sie es einfach nicht mehr schafft, die Wohnung alleine in Schuss zu halten, die Katze zu versorgen – die Grabpflege hat sie ohnehin schon dem Friedhofsgärtner übertragen. Frau K. ist sprachlos und ein bisschen gekränkt, dass ihre Mutter sich nicht an sie um Hilfe gewandt hatte. Am Ende des Gesprächs steht fest: Frau K. kommt jeden zweiten Tag zu ihrer Mutter, und gemeinsam wollen sie sehen, was zu tun ist und wer was tun kann. Frau Katarina fällt es sehr schwer, in die Rolle der Hilfe Annehmenden zu schlüpfen. »Ich bin doch kein kleines Kind – ich kann meine Sachen doch selbst in Ordnung halten!«, »Du vergisst, dass das meine Wohnung ist und ich sehr genau weiß, wo die Zahlscheine liegen!«, »Ich brauche ganz sicher kein frisches Brot – das musst du mir nicht sagen!« – mit diesen und ähnlichen Sätzen machte sie ihrem Unmut und Zorn Luft, die gleichzeitig auch Ausdruck einer gewissen Traurigkeit sind. Nach einer schweren Erkältung verliert Frau Katarina an Kräften und hütet die meiste Zeit das Bett. Wenn ihre Tochter kommt, will sie nicht aufstehen und ist froh, dass sie das Essen ans Bett bekommt.

Der Herbst vergeht, der Winter kommt und Frau Katarina zeigt kein Interesse, sich an den gemeinsamen Familienaktivitäten zu beteiligen. Zu Weihnachten will sie zuerst allein in ihrer Wohnung bleiben, und nur auf heftiges Drängen ihrer Enkelin kommt sie doch in die Stadt. Alle sind froh und doch sehr traurig. Frau Katarina hat sich in den letzten Monate sehr verän-

dert, ihre Schritte sind noch unsicherer – wenngleich sie einen Stock vehement ablehnt! –, ihre Stimme ist sehr leise, ihr Blick scheint immer wieder abzuschweifen. Hin und wieder spricht sie über »alte Zeiten«, doch meistens sitzt sie am Fenster und schaut dem Treiben der Schneeflocken zu.

Nach Weihnachten stellt sich für die Familie die Frage, was man mit Oma tun solle. Die Familie überlegt, und schließlich sind sich alle einig, dass Frau Katarina nicht mehr allein in ihrer Wohnung bleiben soll. Aber wer soll es ihr erklären? Und wie soll die Übersiedlung über die Bühne gehen? Wie können die Kinder zusammenrücken, um Oma ein Zimmer zu geben? Wer wird einen Teil seiner Zeit für die Betreuung und Pflege bereitstellen? Wird Frau K. ihre Halbtagsstelle noch behalten können? Welche finanziellen Auswirkungen wird diese Umstellung haben und was muss alles geregelt werden? … Viele Fragen müssen geklärt werden! Und es scheint, als würde jeder Tag neue Fragen bringen.

Frau Katarina reagiert auf die Veränderungen ihres Lebens verstört und weint oft. Doch nachdem viele Einrichtungsgegenstände – Bilder, die alte Kommode, ein Spiegel – in ihrem neuen Zimmer Platz gefunden haben, legt sich ihr Ärger und ihre Orientierungslosigkeit lässt nach. Auch die Katze der Familie macht der alten Frau große Freude und sie genießt es, das schöne weiche Fell zu streicheln. Nach einem kurzen Aufblühen verschlechtert sich jedoch in den nachfolgenden Wochen ihr körperlicher Zustand. Frau K. findet immer öfter ein nasses Bett vor und sieht sich mit dem Thema Inkontinenz konfrontiert. Die veränderten Umstände und die immer deutlicher werdende Pflegesituation bringt auch einen Wandel in der Beziehung zwischen Frau K. und ihrer Mutter mit sich. Irgendwann bemerkt Frau K., dass sie zu ihrer Mutter nicht mehr »Mutter« sagt, sondern »Oma«. Katarina kann sich nicht mehr selbst waschen und versorgen, Katarina nimmt vom Familienleben kaum Notiz, Katarina lebt mehr und mehr in ihrer eigenen Welt…

Viele Wochen sind vergangen – es ist schon Sommer –, als Frau K. zu einer Freundin sagt: »Stell dir vor, jetzt ist es wirklich so weit: Ich pflege meine Mutter. Wer hätte das jemals gedacht!«

Diese Entwicklung ist insofern typisch, als sich eine Pflegesituation meistens nicht plötzlich einstellt, sondern viele Familien nach und nach in diese Situation gleichsam »hineinschlittern«. Was zu Beginn noch Hilfestellung und Unterstützung ist, wird nach und nach Betreuung und Pflege. Aber wie kann man erkennen, wann Hilfe nicht nur angenehm wäre, sondern unverzichtbar ist? Und mit welchen Aspekten kann man sich schon im Vorfeld sinnvollerweise auseinandersetzen? Im Folgenden werden einige Aspekte angesprochen, die den Angehörigen Mut machen sollen, sich mit der »Situation Pflege« zu beschäftigen.

»... was wäre wenn?«: Bewusste Auseinandersetzung mit dem Thema Pflege

In einigen Familien wird offen über das Thema Alter gesprochen und werden gemeinsam mit älteren Familienangehörigen mögliche Szenarien für »den Tag x« durchgespielt. Man macht sich Gedanken, wie es wäre, wenn Oma oder Opa nicht nur zu Besuch käme, sondern ständiges Mitglied des Familienalltags würde. Oder man spricht über verschiedene Altenheime, holt sich den einen oder anderen Prospekt und schaut sich einzelne Einrichtungen vielleicht sogar von innen an. Doch so ein offener Umgang ist eher die Ausnahme als die Regel. Meistens werden Gesprächsthemen im Zusammenhang mit altersbedingten Veränderungen und daraus resultierenden Umstellungen gemieden und jeder – Angehörige wie Betroffene – hofft, dass es schon irgendwie gehen wird, dann, wenn »es« so weit ist. Hinweise, sich beizeiten mit der Frage zu beschäftigen, ob man selbst bereit und in der Lage wäre, ein pflegebedürftiges Familienmitglied bei sich aufzunehmen, bleiben in aller Regel bloß ein gutgemeinter Ratschlag.

Doch auch die andere Seite, die älteren Familienangehörigen, ist selten bereit oder in der Lage, ihre Wünsche und Gedanken mit jemandem zu besprechen. Immer wieder hört man in Beratungsgesprächen, dass sich viele Menschen durchaus der Dringlichkeit bewusst sind, über »später«, »dann, wenn ...« zu sprechen und im Vorfeld Absprachen zu treffen. Doch leider fehlt oft der Mut, eine Aussprache behutsam herbeizuführen. Man möchte die alten Eltern doch nicht kränken – das ist die eine Seite. Man möchte den Kindern doch keine Sorgen bereiten – das ist die andere Seite. Auch fällt es vielen erwachsenen Kindern schwer, das Bild der eigenen Eltern an ihre jeweilige Alterssituation anzupassen. Es ist nicht leicht, sich die eigene Mutter hilfsbedürftig vorzustellen. Es macht Angst, dem lebensfrohen Vater möglicherweise als Dementem begegnen zu müssen. Hinzu kommt noch die Scheu so vieler, sich mit einem Lebensabschnitt zu befassen, der einem auch die eigene Endlichkeit deutlich vor Augen führt.

Das Thema »Pflege von Angehörigen« sollte in sogenannten »guten Zeiten« besprochen werden, in denen die aktuellen Belastungen durch Betreuung oder Unterstützung noch gering sind und die seelische Situation noch nicht zu angespannt ist. Die nachfolgenden Fragen sollen helfen, relevante Aspekte unter dem Motto: »Was wäre, wenn…« durchzudenken und im Rahmen eines offenen und ehrlichen Austauschs innerhalb des Familienkreises zur Sprache zu bringen.

Fragenbereiche für ältere Menschen

- Welche Wünsche habe ich für die Zeit, wenn ich nicht mehr so gut alleine zurechtkomme (z. B.: Wer soll mich unterstützen und betreuen, wo soll dies geschehen: in der eigenen Wohnung, in der Familie/dem Verwandtenkreis, im Altenheim, in Form eines betreuten Wohnens, in einem Seniorenzentrum, in einer Senioren-Wohngemeinschaften …)?
- Welche Menschen könnte ich mir gut als Begleiter vorstellen (z. B.: Familienangehörige aus der gleichen Generation, jüngere Angehörige, Freunde, professionelle Begleiter …)?
- Möchte ich so lange wie möglich in meinen eigenen vier Wänden bleiben und nur im äußersten Notfall anderwärtig untergebracht werden? Oder möchte ich selbst die Übersiedlung in ein Heim o. Ä. bzw. in die Wohnung von Angehörigen organisieren?

- Mit welchem Menschen möchte ich mich über verschiedene Aspekte einer Pflegesituation (z.B.: finanzielle, medizinische, soziale, seelische Fragen) aussprechen (Hausarzt, Experten bei der zuständigen Krankenkasse, Mitglieder des Pfarrteams/Seelsorger, Partner/in, Freunde, Angehörige, Nachbarn …)?
- Welchen Menschen möchte ich eine Vollmacht erteilen (Vollmacht für das Konto, Vorsorgevollmacht für bestimmte Aufgabenbereiche) und wo möchte ich meine letzten Wünsche deponieren (Patientenverfügung für medizinische Behandlungen oder deren Unterlassung, Testament)?

Fragenbereiche für Angehörige älterer Menschen

- Unter welchen Bedingungen kann ich mir eine intensive Unterstützung oder Pflege vorstellen (z.B.: nur im eigenen Haushalt oder nur im Haushalt des pflegebedürftigen Menschen, allein oder nur im »Team Familie«, unter Beteiligung professioneller Unterstützung, zeitlich begrenzt oder unbegrenzt, unter der Bedingung, dass eine klare finanzielle Regelung besteht …)?
- Mit welchen Familienangehörigen muss/soll ich mich absprechen und klärende Gespräche führen (z.B.: Mitglieder der eigenen Familie – Ehepartner, Kinder, entferntere Verwandte; Angehörige des pflegebedürftigen Menschen …)?
- Wie kann/soll die Pflege verteilt werden (z.B.: Wer wird die Hauptpflegeperson, welches Familienmitglied kann welche Aufgaben übernehmen, wer kann verbindlich welche Zeiteinheiten zu Verfügung stellen, wie viele Betreuungspersonen sind dem pflegebedürftigen Menschen zuzumuten…)?
- Welche pflegerelevanten Aspekte der Betreuung könnte ich im Vorfeld abklären (z.B.: Übernahme von Kosten durch die Pflegeversicherung, Information über Hilfsdienste vor Ort und deren Einsatzmöglichkeiten, Informationen über Versicherungsschutz, Informationen über technische Pflege-Hilfsmittel und deren Finanzierung, befristete Arbeitsfrei-

stellung und Bedingungen hierfür, Angebot von Pflegekursen vor Ort, Zusammenstellung relevanter Adressen …)?

- Was hilft mir in schwierigen Situationen und welche Kraftquellen kann ich nützen (z. B.: Gespräche mit dem Partner, Austausch mit Menschen in ähnlichen Situationen, Kontakt zu professionellen Begleitern, Aktivitäten mit Freunden, bewusst gewählte Auszeiten, Einhalten des Tag-Nacht-Rhythmus, Sport, Musik, Gebete …)?

Nicht alle Fragen werden sich ausreichend und zur Zufriedenheit aller Beteiligten beantworten lassen. Bei einigen Themen braucht man Geduld und Zeit, um eine Antwort zu finden, mit der alle Familienmitglieder gut leben können. Manchmal kann es vorkommen, dass man zu persönlichen Einsichten kommt, die man nicht für möglich gehalten hätte. Frau M. beispielsweise, für die es immer »selbstverständlich« war, dass sie ihre alte Mutter einmal bei sich pflegen werde, berichtet sehr betroffen davon, wie sie nach eingehender Prüfung aller relevanter Aspekte zur Einsicht kam, ihre Mutter nicht bei sich aufnehmen zu können. Nein, sie könne sich das einfach nicht vorstellen, ganz konkret Tag für Tag die Pflege zu übernehmen, immer angebunden zu sein und ihrem Beruf nicht mehr nachgehen zu können. Gedanklich suchte Frau M. nach Alternativen und fand auch den Mut, dies mit ihrer Mutter offen zu besprechen. Anders verhielt es sich bei Frau Z., die eigentlich immer für eine »Unterbringung im Heim« war, wenn sie an den letzten Lebensabschnitt ihrer Eltern dachte. Doch bei näherer Beschäftigung mit dem Thema wurde ihr bewusst, dass es doch auch andere Möglichkeiten gab, und sie legte sich einen Plan zurecht, auf welche Weise sie eine Pflege zu Hause bewältigen und organisieren könnte …

Wie die Situation im Einzelfall dann letzen Endes aussehen wird – solche Gedanken wirken im Vorfeld entlastend für nachfolgende Pflegeszenarien. Es kann dadurch eher gelingen, sich mit einer gewissen Selbstverständlichkeit dem Tabuthema »Alter und Pflegesituation« zu nähern. Ohne die Last einer konkreten Pflege fällt es zudem auch leichter, organisatorische Dinge durchzudenken, wichtige Informationen einzuholen und Rahmenbedin-

3: Kraftquelle Natur

gungen auszumachen, die eine Betreuung und Pflegeübernahme ermöglichen könnten. Die Einschätzung der seelischen und sozialen Belastungen oder gar eine persönliche Vorbereitung darauf ist demgegenüber viel schwieriger. Präventiv kann man diesbezüglich nur darauf achten, seine Belastbarkeit gut im Auge zu behalten und jene Anzeichen herauszufinden, die einen persönlich darauf aufmerksam machen, dass man mit seinen Kräfte am Limit ist. Auch ein Bewusstmachen der persönlichen Kraftquellen kann im Vorfeld beruhigen und jene Sicherheit bringen, die man in chaotischen und belasteten Zeiten dringend braucht.

Erkennen, wann Hilfe nötig ist

Verschiedene Umstände können dazu führen, dass Familien mehr oder weniger vorbereitet zu pflegenden Angehörigen werden. Die Situationen unterscheiden sich nicht nur durch das jeweilige Ausmaß an erforderlicher Unterstützung, Betreuung oder Pflege, sondern geben den Angehörigen wie den Betroffenen selbst mehr oder weniger Zeit, sich auf die neue Lage einzustellen. Auch sind die Anzeichen, ob und wie viel Pflege benötigt wird, je nach Ausgangslage sehr unterschiedlich. Prinzipiell lassen sich drei verschiedene Ausgangssituationen unterscheiden:

Ausgangssituationen für die Übernahme einer Pflege

- eine plötzliche Erkrankung oder ein Unfall, die gleichsam über Nacht eine Pflegesituation nach sich ziehen (z. B.: Schlaganfall, Herzinfarkt, Unfälle),
- ein langsames Schwächerwerden, verbunden mit dem fortschreitenden Abbau der Funktions- und Leistungsfähigkeit von Organsystemen. Hier führt der Weg über mehr oder weniger intensive Unterstützung und punktuelle Betreuung allmählich in eine Pflegesituation (z. B.: Verminderung des Seh- und Hörvermögens, eingeschränkte Motorik, Nachlassen der Konzentrationsfähigkeit),
- Demenzerkrankungen (einhergehend mit einer Beeinträchtigung des Gedächtnisses und des Denkvermögens sowie Verhaltensveränderungen), die einer sorgfältigen Begleitung bedürfen und je nach Verlauf früher oder später in eine Pflegesituation führen.

Plötzlich eintretende Erkrankungen und Unfälle

Angehörige können mehr oder weniger über Nacht zu pflegenden Angehörigen werden, beispielsweise dann, wenn ein Familienangehöriger einen Schlaganfall oder einen Herzinfarkt erleidet. Solche Ereignisse bringen sehr viel Unruhe und Bewegung in die gewohnten Tagesabläufe. Viele Fragen müssen sofort geklärt werden, andere werden erst im Laufe der Zeit auftauchen. Die nachfolgende Zusammenstellung benennt die Kernfragen und gibt die jeweils relevanten Ansprechpartner an.

Fragenbereiche und relevante Ansprechpartner

- »Kann nach dem Krankenhausaufenthalt die Betreuung in den eigenen vier Wänden des alten Menschen geschehen oder muss an eine Übersiedlung gedacht werden?« – Als Ansprechpartner ist neben der betroffenen Person auch an die behandelnden Ärzte und Therapeuten zu denken.
- »Welches Familienmitglied kann eine Pflege übernehmen?« – Abklärung innerhalb der Großfamilie unter Berücksichtigung zeitlicher Ressourcen, bestmöglicher Organisation und persönlicher Wünsche der Betroffenen.
- »Welche Hilfsangebote gibt es, wie können diese organisiert und finanziert werden?« – Nach grundsätzlicher Abklärung muss ein breites Informationsangebot bei den Betreuungs- und Hilfsdiensten vor Ort eingeholt werden (Auskunft z.B. über: Rotes Kreuz, Caritas, Diakoniewerk ...).
- »Wer ist über die neue Situation zu verständigen?« – Ggf. Arbeitgeber, Krankenversicherung, Pflegeversicherung, Wohnungsvermieter, Hausarzt, Verwandte ...
- »Welche Maßnahmen können ein Leben in der gewohnten Umgebung erleichtern?« – Z.B.: Anbringen von Handläufen, Umbau der sanitären Anlagen (z.B. barrierefreie Dusche statt Badewanne), Gehhilfen, Rollator, Installation eines Notrufes...

Plötzlich eintretende Ereignisse erfordern ein spontanes und rasches Handeln. Für ausführliche Diskussionen ist kein Platz, wenn der Vater mit einem Schlaganfall in die Klinik eingeliefert wird oder die Mutter einen Herzinfarkt erlitten hat. Bei solchen Ereignissen steht ein optimales Management anstehender Aufgaben im Vordergrund und die Frage, wie es weitergehen kann, tritt zurück. Oft erlebt man, dass Angehörige in einer solchen Situation wie unter Schock stehen und erst langsam begreifen können, was geschehen ist. Nach und nach zeigen sich dann Gefühle von Angst, Verzweiflung oder Trauer. Erst wenn sich die ersten seelischen Wogen gelegt haben, wird es möglich sein, in Abstimmung mit dem Zustand des Patienten und den ärztlichen Prognosen eine

Zukunftsplanung vorzunehmen. Unterstützung und Betreuung erfolgen hier oft unter dem Aspekt der Reaktivierung – also der Bemühungen, den »alten Gesundheitszustand« wieder herbeizuführen oder zumindest eine Annäherung zu ermöglichen. Ob und in welchem Ausmaß dies gelingen kann, bleibt abzuwarten. Diese Wartezeit öffnet Angehörigen die Tür für ein gemeinsames Überdenken und Überlegen in Richtung Pflege, wie im nachfolgenden Beispiel deutlich wird.

Aus der Praxis

Herr T. lebt mit seiner Frau in einem kleinen Haus auf dem Land. Beide waren als Landwirte tätig und sind nach der Hofübergabe in die Nähe ihres ältesten Sohnes gezogen. Der Kontakt zu allen vier Kindern ist gut und das Ehepaar übernimmt immer wieder kleinere Arbeiten im Gemüsegarten oder bei der Obstverwertung. Auch als Babysitter sind sie willkommene Gäste bei Kindern und Schwiegerkindern. Obwohl beide schon auf die 80 zugehen, sind sie gesundheitlich in gutem Zustand und fühlen sich wohl. Dann und wann kommen die Töchter vorbei und helfen ein bisschen bei den groben Arbeiten. Viel Unterstützung brauchen die beiden nicht, sie kommen mit den altersbedingten Einschränkungen gut zurecht. Manchmal hilft die eine oder andere Tochter beim Hausputz oder sie bringen die Eltern in die Stadt, wenn ein größerer Einkauf oder ein Arztbesuch nötig ist. Viel mehr an Hilfestellung ist nicht nötig.

Niemand denkt daran, wie schnell sich alles ändern kann! An einem heißen Sommertag erleidet Herr T. einen schweren Schlaganfall. Sein Zustand ist bedenklich. Dieses Ereignis versetzt die Familie in einen Schock. Wie gelähmt schauen sie dem mit Blaulicht davonfahrenden Rettungswagen nach … Die folgenden Wochen werden bestimmt von der Sorge um den Vater, der Begleitung der geschockten Mutter und den Versuchen, die Situation zu begreifen. Es fällt allen sehr schwer, diesen »Blitz aus heiterem Himmel« als Realität anzuerkennen. Der Wunsch, dass alles nur ein böser Traum sei, begleitet viele Familienmitglieder, und neben aller Trauer und Sorge steht bei den Besuchen im Krankenhaus vor allem die Frage im Raum, ob der alte

Vater wieder »so wie früher« werden kann. Die Ärzte vertrösten die Familienangehörigen und meinen, dass es noch zu früh sei, darüber eine Auskunft zu geben. Nach einigen Wochen zeichnet es sich ab, dass ein längerer Aufenthalt von Herrn T. in einer Rehabilitationsklinik nötig sein wird. »Und dann? Wird Vater wieder zurück in sein Haus kommen können? Wird Mutter die Pflege übernehmen können? Wie viel Hilfe wird nötig sein, wer wird sie leisten?« Die Familie muss erst langsam in die neue Situation hineinwachsen und sich gedanklich an das Thema Pflege herantasten. Der Aufenthalt von Herrn T. in einer Rehabilitationsklinik schafft einen gewissen zeitlichen Puffer, um sich gedanklich auf die veränderten Lebensumstände einzustellen und den Trauergefühlen Raum zu geben.

Langsamer Übergang in eine Pflegesituation

Die oben angeführten Fragen stellen sich natürlich auf die eine oder andere Weise auch jenen Angehörigen, die erst langsam in eine Betreuungs- und Pflegesituation hineingeraten. Der Faktor Zeit erleichtert hier allerdings den Anpassungsprozess an neue Gegebenheiten und macht ein langsames Hineinwachsen in die Pflegesituation möglich. Doch gerade bei dieser Ausgangslage ist es sehr schwierig abzuschätzen, wie viel Betreuung notwendig ist und ab wann definitiv eine regelmäßige Pflege in Betracht gezogen werden muss. Die Aussagen der alten Menschen sind meist unzureichend. *»Ich bin doch kein Pflegefall«*, ruft Maria R. empört aus, obwohl sie sich weder alleine anziehen noch sich ausreichend mit Essen versorgen kann. *»Pflegefall, wenn ich das schon höre!«,* ruft Franz J. zornig und will von einer regelmäßigen Unterstützung nichts wissen, obwohl er kaum noch gehen kann und immer öfter die Toilette nicht rechtzeitig erreicht. Pflegebedürftigkeit scheint in den meisten Köpfen alter Menschen ausschließlich mit Bettlägrigkeit und einem Zustand verbunden zu sein, in dem man anderen Menschen vollständig ausgeliefert ist. Vielleicht steckt in dem häufig anzutreffenden Widerstand gegen die Zuschreibung »pflegebedürftig« auch viel an Trauer und Schmerz über die belastenden Seiten des Altwerdens. Behutsame

Begleitung und Zeit für intensive Gespräche, in denen alte Menschen ihre Sicht, ihre Ängste und ihre Wünsche in Ruhe darlegen, können Entlastung und eine Entschärfung so mancher angespannten Familiensituation bringen.

Doch woran sollen sich Angehörige orientieren, wenn es darum geht, Betreuungs- und Pflegemaßnahmen einzuleiten und zu organisieren? Als grobe Entscheidungshilfe können nachfolgende Aspekte herangezogen und hinsichtlich notwendiger Hilfestellungen eingestuft werden. Als Basis für eine Einschätzung sollten die eigene Beobachtung und die eigenen Erfahrungswerte herangezogen werden und weniger die Aussagen der Senioren selbst, da es da oft zu beträchtlichen Verzerrungen und »Schönungen« kommen kann. Neben dem Ausmaß an notwendigen Hilfestellungen kann auch der Aspekt der zeitlichen Veränderung herangezogen werden. Wenn sich die Hilfsbedürftigkeit innerhalb weniger Wochen drastisch verstärkt und mehr und mehr Bereiche nicht mehr selbstständig übernommen werden können, ist die Zeit der Pflegebedürftigkeit gekommen.

Orientierungshilfe zur Einschätzung der Pflegebedürftigkeit

Wie ist die Situation Ihres Angehörigen?

Sind die nachfolgenden Tätigkeiten:

(0) leicht möglich,
(1) fallen sie schwer oder
(2) sind sie gar nicht alleine durchzuführen.

Bis zu einer Punkteanzahl von 15 ist regelmäßige Unterstützung notwendig und ab 16 Punkten ist von Pflegebedürftigkeit die Rede.

- Versorgung des eigenen Haushaltes (Ordnung, Sauberkeit) (0 – 1 – 2)
- Selbstständiges Versorgen der Wäsche (0 – 1 – 2)
- Selbstständiges Einkaufen von Bedarfsgütern und Lebensmitteln (0 – 1 – 2)

- Selbstständiges Erledigen finanzieller Dinge, Behördengänge (0 – 1 – 2)
- Einhalten von wichtigen Terminen (z. B. Arztbesuche) (0 – 1 – 2)
- Selbstständiges An- und Auskleiden (0 – 1 – 2)
- Selbstständiges Aufstehen aus dem Bett (0 – 1 – 2)
- Beweglichkeit in der Wohnung (0 – 1 – 2)
- Körperpflege einschließlich Haarwäsche, Fußpflege (0 – 1 – 2)
- Wasserlassen und Stuhlgang (0 – 1 – 2)
- Selbstständiger Umgang mit Hilfen (z. B. Hörgeräte, Zahnprothesen, Gehhilfen, Sehhilfen) (0 – 1 – 2)
- Selbstständiger Umgang mit Medikamenten (Beschaffung, regelmäßige Einnahme) (0 – 1 – 2)
- Selbstständige Versorgung mit Nahrung (richtige Mengen, Einhalten des Ablaufdatums) (0 – 1 – 2)
- Aufrechterhalten und Pflege von sozialen Kontakten (0 – 1 – 2)
- Aufrechterhalten gewohnter Rhythmen (Schlafen/Wachen) (0 – 1 – 2)
- Beibehalten gewohnter Aktivitäten (z. B. Grabbesuche, Treffen mit Freunden) (0 – 1 – 2)
- Orientierungsvermögen (zeitlich, räumlich) (0 – 1 – 2)
- Erkennen vertrauter Personen (0 – 1 – 2)

Neben den subjektiven Einschätzungen gibt es in den meisten Ländern eine klare offizielle Regelung der Frage, ab wann ein Mensch pflegebedürftig ist. Eng mit dieser Frage verknüpft ist auch die Möglichkeit, in den Genuss staatlicher Unterstützung zu kommen. Bei der Einstufung in die unterschiedlichen sogenannten Pflegestufen orientiert man sich an dem Ausmaß nötiger täglicher Hilfe in den Bereichen Körperpflege, Ernährung und Mobilität. In der »Amtssprache« heißt es, dass finanzielle Leistungen dann bezogen werden können, wenn eine Pflegebedürftigkeit voraussichtlich mehr als sechs Monate andauert und ein Mindestmaß an täglichem **Zeitaufwand** besteht (in Deutschland liegt der Mindestaufwand bei täglich 90 Minuten, in Österreich bei mehr als 50 Stunden im

Monat). Die Höhe der zuerkannten Beiträge richtet sich nach dem Ausmaß der benötigten Hilfe und wird in den sogenannten Pflegestufen zusammengefasst. Viele Angehörige fühlen sich mit den bürokratischen Angelegenheiten überfordert. Pflegeberatungsstellen vor Ort stehen da für Fragen zu Verfügung und können Angehörigen bei den Anträgen behilflich sein sowie den richtigen Weg bei den Behördengängen weisen. Hilfe in Anspruch zu nehmen lohnt sich im doppelten Sinn – man fühlt sich gleich weniger überfordert und ratlos, wenn einem Spezialisten zu Seite stehen, und darüber hinaus kommt der Pflegebedürftige in den Genuss von regelmäßigen finanziellen Zahlungen. Dass das zuerkannte Geld dem Pflegebedürftigen selbst ausbezahlt wird, ist als Beitrag zu einem möglichst selbstbestimmten Leben zu sehen und soll einer finanzieller Abhängigkeit vorbeugen.

Wie wird die Pflegebedürftigkeit erfasst und welche Erfahrungen gibt es aus der Praxis? Nachdem ein Antrag gestellt wurde, wird von einem Mitarbeiter der Antragsstelle ein Hausbesuch gemacht, bei dem das Ausmaß der Einschränkungen erhoben wird. Ein Problem dabei ist, dass es vielen älteren Menschen sehr schwerfällt, einem Fremden gegenüber die eigene Hilfsbedürftigkeit zuzugeben. Das führt bei der notwendigen Begutachtung zur offiziellen Einschätzung der Pflegestufe oft zu Verzerrungen. Nicht alles, was für zehn Minuten unter Aufbietung aller Kräfte gerade noch ausgeführt werden kann, ist über einen längeren Zeitraum möglich. Hier ist es wichtig, dass Angehörige im Vorfeld mit dem alten Menschen ein Gespräch führen und ihm behutsam klarmachen, dass es nicht darum geht, ein »Held« oder eine »Heldin« zu sein und sich in der Einstufungssituation in einem »besseren Licht« darzustellen, als es im Alltag möglich ist. Vielleicht ist es hilfreich, wenn die alten Menschen an einen durchschnittlichen Tag denken, den sie meistern müssen, oder an eine lange Woche, die sie ganz allein auf sich gestellt bewältigen sollen. Vor allem aber geht es darum, ihnen nahezubringen, dass es keine »Schande« ist, Hilfe in Anspruch zu nehmen! Auch das Wort »Pflegestufe« an sich löst oft Ablehnung und Widerstand aus. Besonders groß scheint die Angst vieler alter Menschen zu sein, als »Pflegebedürftiger« nicht mehr über die eigenen Lebensabläufe bestimmen zu können. Ein hohes Maß an notwendiger Unterstützung und Betreuung bedeutet jedoch *nicht* zwangsläufig, dass der alte Mensch seinen gewohnten Lebensraum aufgeben muss. Wichtige Voraussetzungen für den Verbleib in den eigenen vier Wänden sind im Folgenden angeführt.

Günstige Voraussetzungen, um als pflegebedürftiger alter Mensch allein in der eigenen Wohnung zu leben, sind:

- Akzeptanz von Hilfe (z. B. Mahlzeiten-, Reinigungs- und Zustelldienste ...),
- geistige Klarheit,
- Zulegen eines Hausnotrufgerätes,
- Absprachen mit Nachbarn/Freunden/Familienangehörigen,
- soziale Kontakte.

Für viele Senioren ist es wichtig, möglichst lange im eigenen Haus oder in der eigenen Wohnung zu bleiben. Gerade in der Generation, die jetzt zu den Hochbetagten zählt, ist der Stolz auf die eigene Wohnung oder das eigene Haus sehr groß. Zu schwer waren die Entbehrungen und Mühen der Kriegs- und Nachkriegsjahre. Oft musste man mit Verwandten oder Nachbarn auf engstem Raum zusammenleben und hatte wenig persönlichen Spielraum. Aus diesem Erleben heraus halten so manche alte Menschen oft sogar gegen alle Vernunft an einem beschwerlichen Leben in der eigenen vertrauten Umgebung fest. Hier werden Angehörige viel Fingerspitzengefühl brauchen, um nötige Pflegemaßnahmen zum Wohl ihrer Lieben behutsam, aber klar einzuführen, wie das nachfolgende Beispiel zeigt.

Aus der Praxis

Frau W. ist 92 Jahre und lebt in dem Haus, das sie gemeinsam mit ihrem Mann unter großer Entbehrung gebaut hat. Die Jahre vor dem Hausbau musste sie mit ihrer Familie zuerst bei Verwandten in engen Verhältnissen auf dem Land verbringen. Dann zog das Paar mit den vier Kindern in eine kleine Wohnung unter dem Dach. Hier waren die Winter eiskalt und die Sommer drückend heiß. Mit den bescheidenen Mitteln einer kleinen Erbschaft erfüllten Frau W. und ihr Mann sich den großen Wunsch nach einem eigenen Heim. Jeder Pfennig wurde gespart und die Kinder erhielten nur das Allernotwendigste zum Anziehen und Spielen. Beim Hausbau packten alle mit an. Verwandte, Nachbarn und Freunde halfen, wo es nur ging, und so wurde der Traum von Frau W. Wirklichkeit. Die Familie zog in das eigene Heim. Frau W. betreute neben ihrer Arbeit so gut es ging die vier Kinder. Später, als die Kinder erwachsen waren, führte sie ein ruhiges Leben mit ihrem Mann … Jahre vergingen, Frau W. pflegte ihren Mann, der nach einer Krebserkrankung rasch an Kraft verlor. Die Pflege war mühsam, doch für Frau W. kam es nicht in Frage, ihren Mann in ein Pflegeheim zu geben. Auch die von einer Tochter organisierte Haushilfe lehnte sie ab – »wir wollen keine Fremden, das kann ich alles selbst!«

Nach dem Tod des Mannes trauerte Frau W. sehr, sie fühlte sich mit einem Mal nutzlos. Die eigenen Beschwerden wurden ihr plötzlich bewusst und immer wieder erzählte sie über schwere Träume, die sie belasteten. Nach einem Schlaganfall, der bei ihren Kindern zu einer heftigen Diskussion um die Betreuung der Mutter führte, wollte Frau W. so lange in einer Rehabilitationsklinik untergebracht werden, bis sie wieder in ihr heißgeliebtes Haus zurückkehren konnte. Die Kinder übernahmen wochenweise den »Hausdienst« und stellten auch schon einen Betreuungsplan für ihre Mutter zusammen.

Frau W. erholte sich nur schleppend von ihrem Schlaganfall und hatte große Schwierigkeiten beim Überwinden von Unebenheiten oder gar von kleineren Treppen. Doch nichts und niemand konnte sie von einer Rückkehr in ihr Haus abhalten. Die von den Kindern organisierte Hauskrankenpflege zur Unterstützung der Grundpflege wurde von Frau W. nach wenigen Tagen ebenso abbestellt wie der regelmäßige Besuch ihrer ältesten Tochter, die täglich nach dem Rechten sehen wollte. »Ich melde mich, wenn ich etwas brauche – du siehst doch, wie rüstig ich bin«, sagte Frau W. Nach einer Erkältung ließen die Kräfte der mittlerweile bereits über 90-Jährigen jedoch drastisch nach. Hilfe war an allen Ecken und Enden nötig, das sah Frau W. jetzt schon ein. Die Kinder holten den alten Betreuungsplan aus der Zeit nach dem

Schlaganfall wieder hervor. Jeder übernahm einen Teil der anfallenden Arbeit: den wöchentlichen Einkauf, den Hausputz, die Wäsche … die Grabpflege, die Geldüberweisungen, das Einlösen von Rezepten für die benötigten Medikamente … Hilfestellungen beim Duschen und Frisieren, beim Anziehen und Essen … Dies alles konnte Frau W. nach und nach annehmen. Doch wenn die Sprache auf eine Übersiedlung in ein Haus mit betreutem Wohnen oder gar in eine Pflegeeinrichtung kam, rief Frau W. empört: »Aus meinem Haus werdet ihr mich nur tot heraustragen!«

Demenzerkrankungen

Eine Sonderstellung innerhalb der Pflegesituationen nimmt die Begleitung von an Demenz erkrankten Menschen ein. Hier handelt es sich weder um eine akute Erkrankung wie beispielsweise bei einem Herzinfarkt noch um ein Phänomen, das mit dem normalen Alterungsprozess verbunden wäre, bei dem die Vitalfunktionen langsam schwächer werden. Demenz ist eine Erkrankung des Gehirns, die mit einer Beeinträchtigung des Gedächtnisses und des Denkvermögens einhergeht und bei einigen Formen auch mit massiven Veränderungen in der Persönlichkeit der Erkrankten verbunden ist.[7] Es ist ein weitverbreiteter Irrtum, dass eine Demenz mit einem normalen Alterungsprozess gleichzusetzen sei. Nicht jeder alte Mensch wird dement. Allerdings steigt mit zunehmendem Alter die Wahrscheinlichkeit, an einer Form von Demenz zu erkranken.

Woran kann man erkennen, dass jemand an Demenz erkrankt ist? Im Anfangsstadium ist es nicht einfach, die wahrgenommenen Auffälligkeiten als Anzeichen von Demenz zu interpretieren. Vergesslichkeit und zeitliche Orientierungsschwierigkeiten können durchaus auch bei alten Menschen auftreten, die *nicht* an Demenz erkrankt sind. Doch nach und nach vollziehen sich Veränderungen, die in dieser Art und Weise mit einem normalen Alterungsprozess nicht einherzugehen pflegen. Hinweise für eine Veränderung in Richtung Demenz können beispielsweise eine gesteigerte Zerstreutheit sein, in der Menschen nicht nur vergessen, den Wasserhahn zuzudrehen, sondern vergessen, dass sie überhaupt gebadet haben; oder Orientierungsprobleme, die dazu führen, dass die eigene Wohnung nicht als solche wiedererkannt wird; oder eine eingeschränkte Urteilsfähigkeit, die dazu führt, dass beispielsweise bei beißender Kälte eine leichte Sommerbluse für einen Spaziergang angezogen wird. Besonders belastend sind für Angehörige die emotionalen Veränderungen. Wenn man in einem Moment aus unerfindlichen Gründen aggressiv beschimpft wird und im nächsten Moment mit einer Tränenflut konfrontiert ist, löst das Verunsicherung aus. Stimmungsschwankungen, ein bis zu diesem Zeitpunkt unbekanntes Verhalten und Persönlichkeitsveränderungen belasten die Beziehung ebenso wie die Tatsache, dass mit fortschreitender Erkrankung vertraute Menschen nicht mehr erkannt werden und Wahnideen auftauchen, die mit Beschuldigungen einhergehen (z. B.: *»Du hast mir alles Geld gestohlen!«*). Auch die Fähigkeit, zu sprechen, lässt nach. Demente Menschen können sich nicht nur schwer ausdrücken, weil ihnen die passenden Worte mehr und mehr verlorengehen, sie können auch nicht verstehen, was man zu ihnen sagt. Am Ende dieser Entwicklung geht jede Form von Alltagskompetenz, also der Fähigkeit, den Alltag selbstständig zu bewältigen, verloren. Die Menschen sind dann schwerstpflegebedürftig, leiden an einem Gedächtnisverlust, der auch das Langzeitgedächtnis betrifft, wodurch auch die Erinnerung an »die schönen Tage der Kindheit und Jugend« wegfällt. Sie können kaum mehr einen Satz bilden und sind nicht mehr in der Lage, Verwandte und bekannte Menschen zu erkennen. Manchmal bleiben Erinnerungsfetzen, nach denen das Gehirn scheinbar wahllos greift, und bestimmen die seelische Gestimmtheit der Kranken. Welche Bausteine der Lebensgeschichte ausgewählt werden, bleibt für Begleiter ebenso ein Rätsel wie die Art der Neuzusammensetzung. Wendet sich das Erlebte zum Guten oder zum Bösen? Im nachfolgenden Text »Vertreibung« wendet es sich zum Guten – hoffen zumindest die Angehörigen!

Vertreibung

Gertrude P.
hätte niemals den Bäcker
beim Rausgeben
um einen Groschen betrogen,
dem Nachbarn schlecht nachgeredet,

niemals gelogen.
Ihrem ersten und einzigen Mann
blieb sie treu.
Nur als Achtjährige einmal
einen Apfel gestohlen,
war auch noch Fallobst,
doch konnte sie nächtelang
nicht mehr schlafen.
Jetzt holte der Engel sie ein,
zog eine Mauer
ums Paradies,
Stein für Stein,
hilflos winkten
der Mann,
ihre Kinder,
es verschwanden
ihre Namen, Gesichter,
zuletzt ihre Hände.
Flammenwacht vor dem Tor,
nichts kann hinaus,
nichts hinein.
Bald vergisst sie ihr Haus,
ihre Schritte darin,
was sie berührt,
die Menschen, die Tiere,
ihr Suchen, ihr Flehen
– der Wächter ist unbestechlich –
einzig der Birnbaum
aus Großmutters Garten
überragt noch die Mauer,
hinter dem Rücken des Wächters
schwenkt er die Zweige,
schon kahl,
doch voll goldener Früchte,
lustig,
konspirativ
hin und her.

Urte Bejick

Für Angehörige und nahestehende Menschen ist es besonders schwierig, den Veränderungen zu begegnen, die mit Demenz einhergehen, und diese auch zu benennen. Vielleicht ist es ja doch eine »normale Vergesslichkeit«, hoffen die meisten und verschließen die Augen vor besorgniserregenden Entwicklungen. Doch es ist wichtig, beizeiten ärztliche Hilfe und umfassenden Rat einzuholen. Alle einschlägigen Stellen, die sich mit Demenzpatienten beschäftigen, weisen auf die Bedeutung einer frühen und klaren Diagnosestellung durch einen Facharzt hin. Da es verschiedene Formen von Demenzerkrankungen gibt, ist eine gründliche Abklärung für die Wahl eines geeigneten Medikaments wesentlich. Auch wenn die Krankheit derzeit nicht heilbar ist, kann doch der Krankheitsverlauf positiv beeinflusst werden.

Folgende Anzeichen machen eine ärztliche Abklärung dringend nötig:

- Gehäufte Vergesslichkeit (»doppeltes Vergessen«: z. B. Herr S. vergisst nicht nur den Topf am Herd, sondern auch, dass er kochen wollte).
- Vergessen von Funktionen bestimmter Gegenstände (z. B.: Frau R. hält eine Zahnbürste in der Hand und weiß nicht, was sie damit anfangen soll).
- Zunehmende Orientierungsprobleme (Nichterkennen vertrauter Orte, Verlaufen und Verirren in bekannter Umgebung).
- Deutliche Stimmungsschwankungen (oft rascher Wechsel von heiter bis depressiv/aggressiv).
- Vernachlässigen des Äußeren (»Ungepflegtheit«).

Die Pflege und Betreuung dementer Menschen stellt eine ganz besondere Herausforderung und emotionale Belastung dar. Deshalb muss bei der Frage, ob eine Familie einen an Demenz Erkrankten bei sich aufnimmt, mit besonderer Achtsamkeit vorgegangen werden. Demenzservice-Zentren, die Alzheimer-Gesellschaft und Alzheimerforen, die auch über das Internet zu kontaktieren sind, stehen Angehörigen für Auskünfte zu Verfügung (z. B.

www.alzheimerforum.de für Deutschland oder www.alzheimer-gesellschaft.at für Österreich). Darüber hinaus gibt es für den speziellen Umgang mit dementen Menschen auch eine Reihe hilfreicher Ratgeber[8] sowie Berichte, wie es Angehörige schaffen, dem Leid zu begegnen und dabei auf die eigenen Gefühle zu achten.[9] Auch wenn jeder einzelne Mensch und jede Familie die Situation anders erlebt und erfährt, können die Beschäftigung mit Eckdaten der Erkrankung, der Hinweis auf konkrete Umgangsmöglichkeiten und ein stellvertretendes Miterleben durch Berichte von Betroffenen entlastend wirken und erste Orientierungshilfen geben. Der nachfolgende Bericht stammt von einer Frau, die sich im Rahmen einer Selbsthilfegruppe ihren Kummer von der Seele spricht.

Aus der Praxis

»Mir ist, als hätte man mir den Boden unter den Füßen weggezogen – was wird jetzt geschehen? Was wird von mir erwartet? Wie soll das alles weitergehen?« Frau M. hat schon längere Zeit den Verdacht, dass ihr alter Vater Orientierungsprobleme hat. Doch als sie mit der Diagnose »Demenz« konfrontiert wird, kann sie es nicht glauben. Ein Vater, der alt und pflegebedürftig wird, damit kann sie zurechtkommen. Doch ein Vater, der dement ist – nein, das ist zu viel! Nach dem anfänglichen Schock möchte sich Frau M. selbst ein Bild vom Zustand ihres Vaters machen und beschließt, jeden Tag zu Besuch zu kommen. Sie möchte nicht nur ihre Mutter entlasten und nach dem Rechten sehen, sondern vor allem auch die Welt mit den Augen ihres Vaters sehen lernen. Zunächst fällt ihr auf, wie geschickt ihr Vater seine »Vergesslichkeiten« vor ihr zu verbergen sucht. Viele kleine Handgriffe delegiert er einfach – er sucht nicht nach einem Pullover, wenn ihm kalt ist, er öffnet nicht den Schrank, um ein Handtuch zu nehmen, er holt sich keinen Saft aus dem Kühlschrank … er bittet Frau M., dies alles für ihn zu tun. Das würde nicht weiter auffallen, wären da nicht Schlüssel, die im Blumentopf liegen, eine Schachtel Zigaretten im Zahnputzbecher und vor allem die Checklisten, die Frau M. im Nachttisch findet. Da gibt es eine Liste »Wie ziehe ich mich richtig an« und eine »Wo finde ich wichtige Dinge« … Frau M. bricht in Tränen aus.

Ihr Vater beobachtet sie oft misstrauisch und brummt unverständliche Dinge vor sich hin. Frau M. hat sogar den Eindruck, dass er gar nicht immer sicher ist, wer vor ihm steht. Etwas verlegen stellt er Fragen, woher sie denn komme, was sie hier suche … andererseits fällt es ihm selbst immer schwerer, klare Antworten auf einfache Fragen zu geben. Bringt Frau M. ihrem Vater Blumen mit, kann es vorkommen, dass er alle zehn Minuten mit strahlendem Gesicht auf seine Tochter zukommt und meint: »Ja, woher kommen denn diese schönen Blumen!« Für Frau M. bleibt die Welt ihres Vaters fremd und unverständlich: Wer ist der angeblich fremde Nachbar mit dem grünen Hut und welche Frau legt immer ein Brötchen auf das Fenstersims? Auch seine Anweisungen ergeben keinen Sinn: »Um sechs Uhr muss ich den Brief durchlesen und unterschreiben – denk daran!« Dieser Satz – wie viele andere Sätze auch – wird nicht nur einmal ausgesprochen, nein, es kann sogar vorkommen, dass diese Anweisung stündlich wiederholt wird. »Wisst ihr, manchmal ist es 150-mal am Tag sechs Uhr«, erzählt Frau M. in einer Selbsthilfegruppe, bei der sie Rat und Trost findet. Hier sind solche Berichte keine Seltenheit, hier kann man seine Angst benennen und bekommt Anregungen, mit der Situation umgehen zu lernen. Auch wichtige Anlaufstellen und Adressen von Beratungsstellen werden unter den betroffenen Angehörigen weitergegeben. Frau M. meint: »In dieser Gruppe muss ich mich nicht für meinen dementen Vater genieren, hier können auch die verrücktesten Dinge ausgesprochen werden – das tut mir gut!«

Die Möglichkeit, über äußerst belastende Erfahrungen mit dementen Angehörigen zu sprechen, ist oft die einzige Chance, selbst den Kontakt zur Wirklichkeit nicht zu verlieren. Im Austausch mit anderen gelingt es leichter, auf dunkle Lebensabschnitte seiner Lieben zu sehen, sich mit der eigenen Schattenseite zu befassen und die Gespenster belastender Gedanken zu vertreiben.

Nachtgedanken

Jaga P. stahl vor Hunger
einmal ein Huhn
und glaubte nicht an den Sieg.
Seitdem trägt sie auftätowiert
eine Nummer am Arm.
Im Alter die Krankheit
zieht alle Register
heraus,
wirft die Tagebuchseiten
in den Fluss, da ist
Jaga schön und acht Jahre,
singt auf der Bank im üppig blühenden Garten.
Andere im selben Haus
haben an den Endsieg geglaubt
oder auch nicht,
das Vergessen steht gleichgültig still,
sie suchen ihre verschütteten Kinder
treppauf und treppab.
Ich habe Angst
vor mir selbst,
welcher Engel,
welcher Dämon
lauert in mir.

Urte Bejick

Pflegen zu Hause – eine Herausforderung

Wie wird es werden, wenn die alten Menschen, die zum Kreis der näheren Angehörigen gehören, sich einmal nicht selbst versorgen können? Schon bevor die konkrete Frage im Raum steht, ob sich eine Familie dazu entschließt, einen nahen Angehörigen zu pflegen, können sich belastende Gedanken einstellen. Die Wahrnehmung altersbedingter Veränderungen bei einem nahestehenden Menschen und die Ungewissheit, was die Zukunft bringen wird, sind für die Angehörigen die ersten Vorboten einer seelischen Belastungssituation. Nach und nach mehren sich die Zeichen, dass die alten Verwandten mehr Unterstützung und Hilfe brauchen, und irgendwann wird eine kontinuierliche Betreuung und Pflege notwendig. Spätestens dann ist es wichtig, sich ganz klar darüber zu werden, wer die Pflege übernimmt und welche Gründe ausschlaggebend dafür sind.

»Warum bin ich bereit, eine Pflege zu übernehmen?« – mit dieser Leitfrage kann man die eigene Motivation klären und gleichzeitig erste Hinweise bekommen, wo auch Gefahren für eine Überlastung liegen. Die folgende Auflistung möglicher Motive kann für eine persönliche Klärung hilfreich sein.

Ich bin bereit, eine Pflege zu übernehmen, weil …

… es meine Pflicht ist (*Verantwortungs- und Pflichtgefühl*),
… ich sie/ihn liebe (*Zuneigung, langjährige Freundschaft*),
… er/sie immer für mich da war, so viel für mich getan hat (*Dankbarkeit*),
… ich es mir nie verzeihen könnte, sie/ihn in fremde Hände zu geben (*Vermeidung von Schuldgefühlen*),
… die Pflege meinem Leben einen ganz besonderen Sinn gibt (*Lebenssinn*),
… ich anderen Menschen auch in schwierigen Situationen gerne nahe bin (*Kontaktbedürfnis*),
… ich mich gerne dieser besonderen Herausforderung stellen möchte und mir das auch zutraue (*Suche nach Selbstbestätigung*),
… es ein Gesetz der Nächstenliebe ist, für sie/ihn auch in schweren Stunden da zu sein (*christliche Wertorientierung*),
… in unserer Familie alte und pflegebedürftige Angehörige immer zu Hause gepflegt wurden (*Familientradition*),
… wir das schon in gesunden Tagen so besprochen haben und ich dieses Versprechen halten möchte (*persönliche Absprachen*).

Diese persönliche Motivabklärung ist oft der Beginn eines ehrlichen Umgangs mit den eigenen Gefühlen und Gedanken. Zudem erleichtert sie die oft notwendigen Gespräche innerhalb der Familie und stellt diese auf eine realistischere Basis. Eine Motivationsabklärung kann zu einer wichtigen Entscheidungshilfe werden. Doch auch wenn man sich bereits für die Übernahme einer Pflege entschieden hat, ist es hilfreich, sich immer wieder aufs neue die Frage nach den Motiven und Wünschen zu stellen, die hinter der eigenen Pflegebereitschaft liegen. Manchmal wird einem erst im Laufe der Pflege bewusst, wie sehr man sich körperlich überfordert fühlt, wie schwierig sich die Beziehung zu dem geliebten Menschen gestaltet und wie wenig man in der Lage ist, dem sichtbaren körperlichen Verfall zu begegnen. Ein bewusstes Innehalten und eine Neubewertung der Situation sind im Sinne einer Burnout-Prophylaxe – um einer Überlastung und dem »Ausbrennen« vorzubeugen – wesentlich. Gute Pflege zeichnet sich dadurch aus, dass Anpassung und Veränderung an die jeweilige Situation möglich sind und keine Erstarrung in eingefahrene Schemata erfolgt – dies zum Wohl sowohl der Gepflegten wie der Pflegenden, wie im nachfolgenden Beispiel deutlich wird.

Aus der Praxis

Für Franz und Annemarie H. war es »kein Thema«, über eine bevorstehende Pflege der alten Mutter von Annemarie H. zu sprechen. In beiden Familien gehörte es zu einer nie hinterfragten Tradition, dass alte und pflegebedürftige Angehörige von der eigenen Familie versorgt werden. Und so rückten alle näher zusammen, als es darum ging, die alte Mutter in der Wohnung der Familie H. aufzunehmen. Familientradition, Pflichtbewusstsein und der Wunsch, der alten Mutter nahe zu sein, leiteten einen neuen Abschnitt im Familienleben ein. Die Aufgaben im Haushalt wurden zwischen dem Ehemann und den beiden halbwüchsigen Kindern aufgeteilt, Annemarie H. konnte durch das Entgegenkommen der Kolleginnen am Arbeitsplatz günstige Arbeitszeiten erreichen und die Nachbarin stellte sich zur Überbrückung mancher »Zeitlücken« zu Verfügung, in denen kein Familienmitglied zu Hause war.

Leider verschlechterte sich der Zustand der Mutter zusehends. Während sie anfangs mithilfe eines Rollators noch selbstständig durch die Wohnung gehen konnte, wurde sie innerhalb weniger Wochen so schwach, dass sie kaum noch aus dem Bett kam. Körperpflege, Waschen, der Gang zur Toilette, die Teilnahme an gemeinsamen Mahlzeiten – all das war bald nicht mehr möglich. Annemarie H. spürte eine große Last auf ihren Schultern, litt oft unter Kopfschmerzen und Schlafstörungen und hatte Angst, dem Erwartungsdruck der Großfamilie nicht zu entsprechen. Sollte sie ihren Beruf ganz aufgeben? Konnte sie ihren Kindern noch mehr Selbstständigkeit und zusätzliche Dienste zumuten? Wie fühlte sich ihr Ehepartner? Doch alle diese Sorgen und Fragen waren unbedeutend, wenn Annemarie H. an die Beziehung zu ihrer Mutter dachte – sie wollte ihr doch nahe sein, sie wollte sie verstehen und ihr helfen, mit den vielen Einschränkungen und Veränderungen klarzukommen. Doch ihre Mutter verhielt sich ihr gegenüber abweisend und kühl. Annemarie H. hatte den Eindruck, ihrer Mutter sei nie recht, was sie tat. Einmal klagte sie über das Essen, dann war das Bett nicht richtig gemacht oder die Kinder sollten leiser sein. Annemarie H. bekam kein lobendes Wort, keine Anerkennung, keinen lieben Blick. Auch die in Gesprächen geäußerte Hoffnung, die schönen Zeiten der Vergangenheit aufleben zu lassen, musste begraben werden.

Unter dem Eindruck dieser wahrgenommenen Unzufriedenheit und Ablehnung vonseiten ihrer Mutter und der rapiden Verschlechterung des körperlichen Zustands der alten Frau überdachte Annemarie H. gemeinsam mit ihrem Mann noch einmal, wie es dazu kam, dass sie ihre Mutter bei sich aufgenommen hatte. »Das ist doch selbstverständlich!«, sagte der ältere Bruder. »Unsere Alten werden nicht abgeschoben!«, sagte die Schwägerin. »Du kennst deine Mutter doch am besten – nimm sie doch zu dir«, sagte die Cousine … Alle Meinungen liefen damals darauf hinaus, Mutter in die eigene Familie aufzunehmen. Die Erfahrungen der letzten Monate zeigten Familie H. jedoch, dass diese Entscheidung nicht nur positiv war und dass etwas geändert werden musste – und zwar zum Wohlergehen aller.

Zunächst befreite sich Annemarie H. von der Vorstellung, die ganze Pflege selbst übernehmen zu müssen – schließlich hatte sie keine einschlägige Ausbildung, war körperlich sehr zart und hatte ständig Angst, etwas falsch zu machen. Sie konnte sich auch eingestehen, dass der hautnahe Kontakt mit dem alternden Körper ihrer Mutter sie sehr belastete und Ekelgefühle in ihr auslöste. Es fiel Annemarie H. sehr schwer, mit ihrem Mann darüber zu sprechen – doch als es dann einmal ausgesprochen war, fühlte sie sich sehr erleichtert. Familie H. entschloss sich dann dazu, die Grundpflege einem mobilen Pflegedienst zu überlassen. Ein weiterer Schritt sorgte dafür, dass einerseits die Familientradition aufrechterhalten blieb (»Unsere Alten werden von der Familie betreut!«), sich aber andererseits die Last der Pflege auf mehreren Schultern verteilte: Familie H. bat andere Familienmitglieder um regelmäßige Besuchsdienste und die Übernahme einiger »Nachtwachen« bei Bedarf.

Die Situation hat sich durch das Überdenken und Hinterfragen der Ausgangsmotivation und die Bereitschaft zur Veränderung deutlich zum Positiven gewendet. Von der Sehnsucht nach einer harmonischen Beziehung zu ihrer Mutter musste sich Annemarie H. zwar dennoch verabschieden, doch hin und wieder hatten die beiden eine gute Stunde beim Betrachten alter Fotos …

Viele Belastungen, die im Zusammenhang mit einer Pflegesituation auftreten, gelangen häufig erst dann ins Bewusstsein der Betroffenen, wenn der Körper oder die Seele schon knapp vor einem »Aus« steht. Es ist wichtig, sich über die Grenzen der eigenen Belastbarkeit Gedanken zu machen, sich in der Wahrnehmung von Störmeldungen zu schulen und wirksame Gegenmaßnahmen einzuleiten. Darüber hinaus sollte aber nicht vergessen werden, dass der intensive Kontakt zum pflegebedürftigen Menschen eine Reihe positiver Erfahrungen mit sich bringen kann und durchaus auch eine Chance für eine intensive Zeit der Begegnung ist.

Beziehungen im Umbruch

Was kommt alles in Bewegung, wenn sich eine Familie dazu entschließt, einen pflegebedürftigen Angehörigen bei sich aufzunehmen? Die Pflegesituation beeinflusst nicht nur das Leben und Erleben der unmittelbar Betroffenen (Pflegebedürftiger und Hauptpflegeperson), sondern wirkt sich auch auf die Beziehung all jener Menschen aus, die mehr oder weniger an dem Geschehen beteiligt sind. Das hängt damit zusammen, dass eine Familie ein ganz besonderes Gefüge von Menschen ist – ein System –, in dem Gedanken, Gefühle, Empfindungen und Verhaltensweisen jedes Einzelnen Einfluss und Auswirkung auf alle anderen Mitglieder haben.[10] Durch die Entscheidung, die Pflege eines nahen Angehörigen zu übernehmen, geraten eingeübte Beziehungsmuster in Bewegung und das »Team Familie« muss sich neu organisieren. Unterstützung, Betreuung und Pflege von nahen Angehörigen bringen demnach eine Reihe von Veränderungen für das gesamte »System Familie« mit sich. Vergleichbar ist diese Situation am ehesten mit der eines Mobiles: Wenn ein Element weggenommen, dazugegeben oder verschoben wird, kommt das kleine Wunderwerk aus der Balance und »hängt schief«. Es bedarf einiger Umstellungen und »Umgewichtungen«, bis eine neue Balance gefunden wird. Manchmal müssen alte Elemente entfernt und durch neue ersetzt werden, manchmal genügt es schon, die Gewichtsverteilung zu verändern. Ähnlich wie bei den Spielzeugen, die die Kinderherzen erfreuen, ist es auch bei menschlichen Systemen. Veränderungen in eingespielten Beziehungen bringen Unruhe und eine Störung des Gleichgewichts mit sich, welches neu geordnet werden muss.

Aus der Praxis

Familie K. besteht aus einem Elternpaar, Anna und Johann, sowie drei Kindern, Laura, Florian und Lukas. Als die alte pflegebedürftige Mutter von Anna K. in die Familie kommt, wird die Pflege in erster Linie von Anna K. übernommen. Obwohl alle Familienmitglieder mit der Übersiedlung der alten Frau einverstanden waren und sich auch bereit erklärt haben, mitzuhelfen, gestaltet sich der Alltag mühsam. Laura fühlt sich von ihrer Mutter »ins Eck gestellt«, weil sie ihre Wäsche jetzt selbst versorgen muss und auch die Gespräche am Nachmittag immer öfter wegfallen. Florian und Lukas ergreifen jede Gelegenheit, um sich mit Freunden auf dem Fußballplatz zu treffen. Anna fühlt sich damit überfordert, ihre Söhne zum Lernen anzuhalten und dies auch wie früher zu kontrollieren. »Ich habe das Gefühl, alles entgleitet mir!«, sagt sie ratlos ihrer Freundin. Johann K. wiederum ist verunsichert und weiß nicht so recht, wo sein Platz ist. Er möchte seine Frau bei der Pflege unterstützen, doch er weiß nicht wie. Gleichzeitig fehlt ihm die gemeinsame Zeit mit seiner Ehefrau, die jetzt mehr bei ihrer pflegebedürftigen Mutter sitzt als in der gemeinsamen Stube. Das eingespielte »System Familie« ist ins Wanken geraten und der Hausfriede hängt schief. Nur langsam gelingt es, ein neues Gleichgewicht zu finden. Welche Schritte waren hilfreich? Anna K. spricht mit ihrer Tochter, hört sich ihren Kummer und ihre Wünsche an, und beide beschließen, mehr gemeinsam zu machen und führen fixe »Mama-Laura-Zeiten« ein. Das bedeutet eine Neuverteilung der gewohnten Abläufe im Haushalt und in der Freizeitgestaltung – und die Bereitschaft, auf »Klagen« zu reagieren. Johann K. greift den Wunsch seiner Söhne nach aktiver Freizeitgestaltung auf und verbringt regelmäßig Zeit mit ihnen beim Fußballspielen und Wandern. Dadurch fühlen sich Florian und Lukas wieder stärker ernst genommen. Sie bieten von sich aus immer öfter an, zu Hause mitzuhelfen, und versprechen, ihre Lernangelegenheiten »im Griff« zu behalten. Anna und Johann setzen sich zusammen, besprechen die Situation und erkennen, wie unterschiedlich sie von allen Beteiligten erlebt wird. Auf konkrete Fragen gibt es konkrete Antworten: »Wie soll ich dir helfen?« – »Bitte übernimm du den Wocheneinkauf!« Auf Bitten gibt es den Versuch, diese zu erfüllen: »Ich möchte so gerne, dass wir hin und wieder einen gemeinsamen Abend nur für uns haben!« – »Ich frage meine Schwester, ob sie wenigstens hin und wieder am Abend Mutter betreuen kann.« Langsam findet Familie K. aus ihrem Ungleichgewicht heraus, und alle Familienmitglieder können durch die Veränderung auch etwas Positives erfahren.

In der Regel kann man davon ausgehen, dass Familien relativ gut mit »normalen« Veränderungen umgehen können und immer wieder ihr sogenanntes »Fließgleichgewicht«, ihre Balance, finden. Doch der Eintritt eines Familienmitgliedes in eine – wie auch immer geartete – Pflegesituation stellt eine besondere Situation dar, die oft auch als Krise erlebt wird. Sie zeigt sich sowohl bei den

Menschen, die Unterstützung und Hilfe brauchen, als auch auf Seiten der Familie, die sich neu orientieren muss und auf die eine Fülle von Veränderungen zukommt. Eingespielte Verhaltensweisen innerhalb der Familie funktionieren nicht mehr, wenn beispielsweise die Mutter durch die Übernahme der Pflege ihres Vaters kaum ausreichend Zeit für die Unterstützung der Kinder bei den Hausaufgaben findet; oder wenn der Pflegeaufwand keinen Raum für die gewohnte Freizeitgestaltung der Ehepartner lässt; oder wenn die Kinder durch die Übernahme von Hilfsdiensten »Unordnung« in gewohnte Abläufe bringen. Auch können die Wertesysteme der jeweiligen Herkunftsfamilien zu unterschiedlichen Auffassungen von Pflege und allen damit verbundenen Fragen führen und Spannungen und Konflikte zwischen den Ehepartnern auslösen.

Ein weiterer Punkt, der oft schwer zu verkraften ist, ist die Umkehr der gewachsenen Eltern-Kind-Beziehung zwischen dem pflegebedürftigen Menschen und seinen Kindern. Zuneigung, seelische Nähe und eine klare »Rangordnung«, verbunden mit der Übernahme von Verantwortung für die Kinder, prägt viele Jahre das Zusammenleben zwischen den Generationen. Bereits im Erwachsenenalter verschieben sich normalerweise die Grenzen und die Eltern »entlassen« die Kinder in ihr eigenes Leben. In diesem Zusammenhang spricht man auch von »parentaler Reife«. Ein wichtiges Merkmal gelungener Ablösung besteht darin, dass die seelische Verbundenheit erhalten bleibt und nur die Macht- und Verantwortungsbereiche an Bedeutung verlieren. Tritt eine Pflegesituation ein, dreht sich die ursprüngliche Lage jedoch um (»Umkehr des Generationengefälles«), was meist von allen Beteiligten als schwierig erlebt wird. Viele Familien sehen sich mit einem Schlag mit der Situation konfrontiert, dass der alte Vater wie ein Kind gefüttert und gewickelt werden muss oder die pflegebedürftige Mutter nach einem Schlaganfall mühsam wieder »sprechen und gehen« lernt. Diese Veränderungen sind oft sehr schwer zu verkraften und stellen echte Entwicklungsherausforderungen dar, die nicht immer reibungslos ablaufen. Das krampfhafte Aufrechterhalten alter Strukturen, das Klammern an Macht- und Hierarchieverhältnisse vergangener Tage oder die Trauer um verlorene Möglichkeiten wird oft als große Hürde für eine positive

Pflegebeziehung genannt und erschwert den Prozess der Neuanpassung.

Manchmal stehen auch negative Erfahrungen und als verletzend erlebte Umgangsformen aus Kindertagen trennend zwischen den Betroffenen. Gespräche mit externen Beratern oder kompetenten Freunden können in diesen Fällen hilfreich sein, um alle Beteiligten dabei zu unterstützen, verhärtete Fronten aufzubrechen, und einseitige Schuldzuweisungen zu verhindern. Erfahrungen aus der Beratungspraxis machen deutlich, wie wichtig für den Prozess der notwendigen Neuanpassung ein positiver Umgang mit den vielen unterschiedlichen Gefühlen ist, die auf die Familienmitglieder einstürmen. Folgende Fähigkeiten können diesen Prozess erleichtern.

Fähigkeiten, die eine notwendige Neuanpassung angesichts einer Pflegesituation erleichtern:

- »Ich nehme meine eigenen Gefühle wahr und kann sie benennen.« (*Emotionale Kompetenz*)
- »Ich nehme die Gefühle der anderen Familienmitglieder wahr und gehe achtsam mit ihnen um.« (*Achtsamkeit*)
- »Ich versuche, die Gefühle anderer zu verstehen und die Lage gleichsam mit ihren Augen zu sehen.« (*Empathie*)
- »Ich kann über Gefühle, Erlebnisse, Wahrnehmungen … mit anderen sprechen.« (*Kommunikationsfähigkeit*)
- »Ich habe Möglichkeiten entwickelt, mit meinen Gefühlen umzugehen.« (*Regulation von Gefühlen*)

Basierend auf den oben angeführten sozialen Kompetenzen geht es darum, sich bewusst und aktiv mit dem ganzen Themenbereich *Pflege* zu beschäftigen. Dies sollte zum einen auf einer sehr persönlichen Ebene geschehen (*»Ich mit mir«*), zum anderen geht es um einen offenen Austausch zwischen den Familienmitgliedern (*»Ich mit den anderen«*) und schließlich um das Einholen eines breiten Informationsangebotes (*»Wir mit Dritten«*).

Anregungen für eine aktive Auseinandersetzung mit pflegerelevanten Fragen auf der persönlichen Ebene

Impulse für eine persönliche Auseinandersetzung:
»Welche Worte bringe ich mit ›Pflege‹ in Zusammenhang?«
»Welche Wünsche habe ich persönlich, wenn ich daran denke, selbst pflegebedürftig zu werden?«
»Pflege ist für mich wie …«
»Wenn ich an ›Pflege‹ denke, habe ich Angst vor …«.

Gespräche aller Familienmitglieder miteinander unter Berücksichtigung folgender Aspekte:
»Wie stellt sich die Pflegesituation für jeden Einzelnen dar?« *(= persönliche Sichtweise und Einschätzung der Lage, pro und contra Pflege zu Hause u. Ä.)*
»Welche Aufgaben kommen auf die Familie zu und wer sieht sich in der Lage, diese zu übernehmen?« *(= Klärung der Rollen- und Aufgabenverteilung – »wer, wann, wo, wie oft …«, Abklären vorhandener Ressourcen zeitlicher, finanzieller, emotionaler Art u. Ä.)*
»Welche Befürchtungen, Ängste … Hoffnungen verbindet jedes Familienmitglied mit der neuen Situation?« *(= Abklärung der emotionalen Seite unter besonderer Berücksichtigung von Beziehungsmerkmale wie z. B. besondere Nähe oder Distanz, Schwierigkeiten im Umgang, »Verstehen«, »Gernhaben«, Ablehnung u. Ä.)*

Einholen von Informationen:
»Welche Hilfestellungen gibt es?« (*Übersicht über Möglichkeiten von staatlich gestützten finanziellen Unterstützungen, Klärung der Versicherungssituation, Übersicht über Anbieter von Hilfsdiensten, technische Hilfsmittel, Kontakt zu einschlägigen Beratungsstellen u. Ä.*)
»Wie lassen sich die einzelnen Hilfsangebote finanzieren?« (*Kontaktaufnahme mit zuständigen Behörden und Informationsstellen*)

Wenn es irgendwie möglich ist, sollten immer beide Seiten – der pflegebedürftige Mensch und seine Angehörigen – in die Überlegungen zu einer optimalen Gestaltung der Pflegesituation einbezogen werden. Weiter ist es wichtig, dass Gespräche und ein offener Austausch zwischen allen Beteiligten nicht nur zu Beginn der neuen Situation stattfinden. Vielmehr sollte immer wieder daran gedacht werden, dass man sich regelmäßig zusammenzusetzt und über das Erlebte spricht sowie eventuell notwendige Neuanpassungen anspricht. Überall dort, wo Menschen eines Systems starr an bestimmten Verhaltensmustern festhalten, kann dies leicht zu einer chronischen Überforderung Einzelner führen. Auch verhindern erstarrte Muster eine optimale Betreuung, da die jeweilige Situation des Pflegebedürftigen nicht wirklich wahrgenommen werden kann und mögliche Handlungsspielräume nicht erkannt werden.

Wer übernimmt die Pflege: Typische Pflegesituationen

Bereits im Vorfeld einer konkreten Pflegesituation kommen Bewegung und Veränderung in das »System Familie«. Altvertraute Beziehungsmuster greifen plötzlich nicht mehr, eingefahrene Verhaltensweisen ergeben keinen Sinn mehr und die Beziehungen der Familienmitglieder untereinander werden oft kräftig durchgerüttelt. Die Vorstellung von Alter, Gebrechlichkeit und dem Herannahen des Todes taucht im Laufe der Jahre in allen Familien zwar immer wieder auf, bleibt jedoch so lange ein reines Gedankenspiel, bis der Tag X kommt und sich niemand mehr der Notwendigkeit einer persönlichen Auseinandersetzung entziehen kann.

Die Pflege zu Hause wird für die ganze Familie eine Herausforderung. Dennoch stehen die sogenannten Hauptpflegepersonen im Zentrum der Aufgabenbewältigung. Statistische Angaben zur häuslichen Pflegesituation machen deutlich, dass vor allem Töchter oder Schwiegertöchter einerseits und Ehepartner andererseits die Hauptlast einer Pflege tragen und als Hauptpflegepersonen benannt werden. Die Beziehung zwischen dem pflegebedürftigen Menschen und seinem »Hauptbetreuer« wird nicht nur durch das verwandtschaftliche Band geprägt, sondern erhält durch viele Aspekte der Pflegesituation einen ganz besonderen Charakter. Diese Beziehungen bergen eine Reihe von Chancen für eine tiefe menschliche Begegnung, aber auch etliche Gefahren der Verhärtung und Belastung.

Bei Ehepaaren, die heute der älteren Generation angehören, kann man häufig eine Situation vorfinden, in der noch eine klare Rollenverteilung besteht. Die Regelung finanzieller Angelegenheiten, die Übernahme von kleineren Arbeiten in der Wohnung, im Haus oder Garten und die Vertretung der Paarinteressen nach außen werden in den an traditionellen Familienstrukturen festhaltenden Beziehungen von den Männern übernommen. Dieser Rolle als »Außenminister« einer Beziehung steht der Aufgabenbereich der Ehefrau gegenüber, die sich als »Innenministerin« um alle häuslichen Angelegenheiten kümmert. Kochen, waschen, Ordnung halten, Gestalten von Räumen und Festen sowie die Übernahme von Pflege und Betreuung bei den kleinen und größeren gesundheitlichen Problemen sind »Frauensache«. Diese Muster, oft über Jahre eingeübt, bleiben auch im Alter erhalten, und so ist es nicht verwunderlich, dass im Falle einer notwendigen Betreuung oder Pflege der Ehemänner ihre Partnerinnen als Hauptpflegeperson zum Einsatz kommen, bevor auf andere Mitglieder der Familie zurückgegriffen wird. Seltener übernehmen Ehemänner als Hauptpflegepersonen die Betreuung und Pflege ihrer Frauen, sie ziehen eher andere Menschen hinzu oder stimmen einer Fremdunterbringung in einem Heim rascher zu. Die Vorteile einer Begleitung durch den Ehepartner liegen in der »gewachsenen Selbstverständlichkeit« im Umgang miteinander. Auch wenn es nicht immer direkt ausgesprochen wird, so haben doch viele alte Paare das Bild gemeinsamen Altwerdens vor Augen, sie hoffen auf den Genuss eines gemeinsamen Lebensabends und vielleicht sogar die Gnade, das Schicksal von Philemon und Baucis zu teilen, wie es von Ovid in den »Metamorphosen« beschrieben wird:

»... Darauf spricht Zeus mit freundlichem Munde: ›Saget, gerechter Greis, und du, deines gerechten Gatten würdiges Weib, was wünscht ihr?‹ Nachdem Philemon mit seinem Weibe sich kurz besprochen, eröffneten sie den Göttern ihren gemeinsamen Wunsch. ›Priester zu sein, wünschen wir, und euren Tempel zu hüten, und weil wir in Eintracht bisher unsre Tage verlebt, so möge uns beide eine Stunde dahinnehmen,

dass weder ich das Grab meiner Gattin sehe, noch jene mich begraben muss.‹ Ihrem Wunsche folgte die Erfüllung. Sie waren der Schutz des Tempels, solange das Leben ihnen vergönnt war. Einst, als sie, von Jahren und Alter aufgelöst, vor den heiligen Stufen standen und die Wundergeschichte des Ortes sich ins Gedächtnis riefen, da sah plötzlich Philemon seine Baucis, und Baucis sah jenen sich mit grünem Laube überdecken. Und während schon der Gipfel über beider Antlitz emporwuchs, wechselten sie noch, solange sie konnten, Worte der Liebe. ›Lebe wohl, o Gatte!‹, sprachen sie beide, und beiden deckte zugleich dichtes Laubwerk den Mund. Philemon war eine Eiche geworden, Baucis eine Linde.«

Bei Überlegungen innerhalb der Familie, welche Betreuungsform für einen pflegebedürftigen Elternteil am besten ist, sollten Vor- und Nachteile einer Begleitung im Rahmen der Zweierbeziehung (Ehedyade) bedacht und hinsichtlich einer punktuellen Unterstützung durch andere Familienmitglieder (Kinder/Schwiegerkinder/Enkel) oder professionelle Helfer (mobile Dienste, ehrenamtliche Besuchsdienste) besprochen werden.

Vorteile einer Begleitung durch die Ehepartnerin/ den Ehepartner:

- Vertrautheit im Umgang miteinander (persönliche Rituale).
- Kenntnis der Lebensgewohnheiten und Möglichkeit, darauf einzugehen.
- Persönliche Wünsche können leichter erkannt und erfüllt werden.
- Das Einhalten persönlicher Rhythmen ist leichter möglich.
- Beibehaltung der alten Rollenaufteilung – auch wenn es nur teilweise umsetzbar ist.
- Gewohnte gemeinsame Aktivitäten – auch wenn sie nur eingeschränkt möglich sind.
- Vertraute Umgebung vermittelt Geborgenheit und gibt Orientierungshilfen (im Falle einer Demenz).

Aus Gesprächen mit pflegenden Ehefrauen ist mir bekannt, wie viel Sinn sie für ihr eigenes Leben aus einer intensiven Begleitung und Pflege ziehen können. Manchmal wachsen diese Frauen geradezu über sich hinaus und entdecken neue Kräfte und Handlungsspielräume. Auch die Übernahme von Aufgaben, die bisher nur vom Ehemann erledigt wurden, steigert das Selbstwertgefühl (*z. B.: »Ich kann auch eine Firma beauftragen, die Heizung zu reparieren!« »In der Bank hat man mir genau erklärt, wie das mit den Überweisungen funktioniert – jetzt kann ich das auch!«*). Andererseits können gerade in diesem Punkt manche Konflikte zwischen den Partnern entstehen, die durch beruhigende und klärende Gespräche mit anderen Familienmitgliedern oder mit externen Betreuern entschärft werden sollten. Problematisch wird die Situation dann, wenn pflegende Ehefrauen nicht auf die Warnsignale einer Überlastung hören, Anzeichen einer Überforderung beiseiteschieben und zu wenig auf die eigene Gesundheit achten. Hier bedarf es oftmals eines sanften Drucks durch Familienangehörige oder Freunde, ärztliche Kontrollen in Anspruch zu nehmen, dann und wann an Auszeiten zu denken oder einfach nur die Interessen auf das bunte Leben in der Natur oder der näheren Umgebung zu lenken.

Belastungsmomente einer Begleitung durch Ehepartnerin/Ehepartner:

- Seelische Belastung durch zu große Nähe (*»Mitleiden«, »symbiotische Beziehungen«*).
- Körperliche Überforderung und geringe Bereitschaft, Pflege abzugeben (*»Ich schaff das schon, ich bin ihm das doch schuldig!«*).
- Schwierigkeiten, Veränderungen in der Persönlichkeit des Pflegebedürftigen zu akzeptieren (*»Ich erkenne meinen Mann nicht wieder!«*).
- Aufflackern oder Verschärfen alter, nie bereinigter Konflikte (*»Ich kann ihm das einfach nicht verzeihen …« »Jetzt zeig ich ihm einmal, wie das so ist, sich immer nach anderen richten zu müssen…«*).
- Multifaktorielle Überforderung (*»Mir ist alles zu viel!«*).

4: »… gleich Philemon und Baucis gemeinsam alt werden…«

Gerade bei der Pflege durch einen *Ehepartner* ist die ganze Familie gleichsam als begleitendes und beratendes soziales Netz gefordert. Gespräche im erweiterten Familienverband müssen beizeiten geführt werden, um das Pflegenetz bei Bedarf rasch zu erweitern (Hinzuziehen mobiler Pflegedienste, Übernahme von Pflegebereichen durch Verwandte), regelmäßige Entlastung anzubieten (Auszeiten für die Hauptpflegeperson) oder Kuraufenthalte anzuregen. Auch das Angebot einzelner Vertrauenspersonen, sich gleichsam als »Klagemauer« zu Verfügung zu stellen, der man Kränkungen und Belastungen ebenso berichten kann wie Sorgen und Freuden des Pflegedaseins, kann Entlastung in angespannte Pflegesituationen bringen.

Die zweite große Personengruppe, die mit einer Pflege zu Hause konfrontiert ist, sind *Kinder bzw. Schwiegerkinder* – und hier wiederum vor allem Töchter. Die Ausgangssituation ist im Unterschied zu Ehepaaren eine ganz andere und demnach sind auch die Vorteile und Belastungsmomente anders einzuschätzen. Welche Chancen – zusätzlich zu den bereits erwähnten Vorteilen einer häuslichen Pflege bei Ehepaaren – ergeben sich für betreuende

Kinder? In vielen Fällen führt ein bewusstes Ja zur Pflege der alten Mutter oder des pflegebedürftigen Vaters dazu, dass die eigene Lebensgeschichte noch einmal aufleuchtet und neu bewertet werden kann. Das ist nicht immer nur angenehm. Manchmal brechen alte Wunden wieder auf und müssen nochmals geheilt werden. Die veränderte Lebenslage des pflegebedürftigen Elternteils kann diesen Prozess unterstützen. Bei etwas gutem Willen auf beiden Seiten besteht die Chance zur Aussöhnung. Manchmal muss man allerdings schon mit einem »Ruhenlassen« alter Verletzungen zufrieden sein. Als große Herausforderung muss der notwendige Wandel der Beziehungen angesehen werden, der eine Umkehr der aus der Kindheit gewohnten Verhältnisse mit sich bringt, wo Eltern die Gebenden und Kinder die Nehmenden waren. Pflegende Menschen berichten oft, dass die Erfahrung großer seelischer wie körperlicher Nähe mit dem alternden und hilfsbedürftigen Elternteil tiefe Spuren im eigenen Erleben hinterlässt. Viele Gedanken begleiten die pflegenden Handlungen: Gedanken an die Jahre, in denen man selbst Kind und auf die Hilfe der Eltern angewiesen war; Gedanken an die Umkehr von Geben und Nehmen in der Beziehung; Gedanken an die eigene Vergänglichkeit; Gedanken daran, wer einmal die Pflege der eigenen Person übernehmen wird.

Chancen einer Begleitung durch Kinder/Schwiegerkinder:

- Bewusstwerden der eigenen Lebensgeschichte (»Aussöhnung«).
- Bewusster Wechsel von Geben und Nehmen innerhalb der Beziehung zum pflegebedürftigen Elternteil (»Rollenwechsel«).
- Konstruktiver Umgang mit Konflikten (Klärung, wo es möglich ist; sonst: Zurücknehmen, Abgrenzen).
- Ausloten der eigenen Belastbarkeit: Selbsterfahrung (Umgang mit negativen Gefühlen: Schuld, Aggression, Ekel …).
- Bewusste Auseinandersetzung mit »letzten Fragen«, Fragen nach dem Lebenssinn, der Lebensgestaltung und nach Prioritäten im eigenen Leben.

- Schulung der Wahrnehmungsfähigkeit (Selbst- und Fremdbeobachtung, empathischer Umgang) und Organisationsfähigkeit (Aufgabenübertragung auf andere Familienmitglieder, Einsatz externer Hilfen).

Zwei Beispiele aus der Praxis sollen unterschiedliche Aspekte der Umgestaltung der Beziehung zwischen einem Elternteil und seinen Kindern verdeutlichen, wie sie der Eintritt in eine Pflegesituation nach sich ziehen kann.

Aus der Praxis

Erstes Beispiel: »Meine Mutter«

»Mutter war immer der Mittelpunkt unserer Familie, sie war der ruhende Pol, die Kraftquelle. Ich kann es kaum ertragen, sie in ihrem jetzigen Zustand zu sehen …«, berichtet Birgit R. unter Tränen. Die Begleitung ihrer durch einen Schlaganfall ans Bett gefesselte Mutter bedeutet für diese Frau und ihre Familie nicht nur die Übernahme der Betreuung und möglicherweise den Beginn einer Pflegesituation, sondern auch eine Umgestaltung lang eingefahrener Beziehungsmuster. Mutter war die »Drehscheibe« der Familie, wusste in allen Lebensbelangen Bescheid, war immer mit Rat und Tat zur Stelle und hielt alle Fäden in ihrer Hand. Birgit muss sich nun von dem Bild ihrer tatkräftigen, bestimmenden und das Familienleben gestaltenden Mutter verabschieden. Sie muss lernen, selbst in die Rolle der Gebenden zu schlüpfen und Verantwortung in der Pflege zu übernehmen. Die alte Regel: »Mutter ist für uns da und weiß immer einen Weg«, verliert jene Bedeutung, die sie über Jahrzehnte hatte. Es müssen neue Formen der Begegnung und neue Deutungen der alten Regel gesucht werden – und zwar auf beiden Seiten. Die pflegebedürftige Mutter muss sich den körperlichen Einschränkungen und damit verbundenen Veränderungen anpassen und lernen, Hilfe anzunehmen. Einige der notwendigen Schritte hat sie noch in Tagen der Gesundheit geregelt – doch für die körperlichen Veränderungen nach dem Schlaganfall gab es kein »im Voraus regeln«. Der Sprachverlust und die starken Einschränkungen in

der Bewegung machen die alte Frau sehr traurig, und sie verliert ihre stolze, selbstbewusste Ausstrahlung. Nach anfänglicher Auflehnung gegen Hilfen aller Art scheint sie sich nach und nach auf ihren Weg des Abschiednehmens zu begeben und kann sich ihrer Tochter anvertrauen. Für Birgit R. öffnet sich durch die neue Situation die Chance, einen letzten wichtigen Schritt in ihrer Entwicklung zum Erwachsensein zu machen. Birgit legt nach und nach eingeschliffene kindliche Verhaltensmuster in der Bewältigung des Lebensalltags ab, trifft viele Entscheidungen ohne Rücksprache mit der Mutter, lässt sich auf diese neue Art von Beziehung ein und wächst so allmählich in ihre Rolle als Pflegende hinein. Immer wieder ringt sie um ihre seelische Unabhängigkeit und kämpft gegen Schuldgefühle an, wenn sie ihrer Mutter nicht alle Wünsche erfüllen kann. Doch mit der Zeit gelingt es ihr, im Umgang mit der pflegebedürftigen Mutter eine Art »fürsorgliche Autorität« zu entwickeln, die allen guttut und die Pflegesituation zu einem Gewinn für die ganze Familie werden lässt.

5: Verblüht

Zweites Beispiel: »Mein Vater«

Auch bei Peter S. geht es neben den Fragen rund um die Pflegesituation seines Vaters zusätzlich darum, wie und ob er die Beziehung neu gestalten kann, doch herrscht in dieser Familie ein angespanntes Klima und es gibt wenig emotionale Nähe: »Vater hat sich immer in mein Leben eingemischt. Er wusste immer, was ich tun und lassen sollte … nie konnte er mich loben … ich habe seinen Vorstellungen wohl nie entsprochen…«. In der Begegnung mit dem schwer pflegebedürftigen alten Mann fühlt sich Peter S. nun hilflos und wütend zugleich. Nach all den Jahren der Dominanz und »Herrschaft« ist der Vater jetzt auf fremde Hilfe angewiesen. Aber welche Erwartungen hat der alte Vater ganz konkret an den Sohn? Welche versteckten Regeln innerhalb dieses Familiensystems müssen eingehalten werden? Peter S. kann mit der neuen Situation schlecht umgehen. Ein Leben lang wollte er dem übermächtigen Vater entfliehen – und hat sich doch den offen ausgesprochenen sowie den vermuteten Vorstellungen und Regeln des Vaters gebeugt.

So seltsam es auch klingen mag, Peter S. fühlt sich nun als Gefangener eines alten, gebrechlichen und pflegebedürftigen Menschen. Er kann dem Vorschlag seiner Frau, den alten Vater bei sich aufzunehmen, nicht gleich zustimmen. Erst nach vielen Gesprächen im Kreis der Familie – auch über die alten Wunden der Vergangenheit – gelingt es Peter S., seine Kindheit und Jugend als wichtige Lebensabschnitte der Vergangenheit hinter sich zu lassen und seine Beziehung zu seinem Vater nicht nur negativ zu beurteilen. Schließlich hatte er ja auch seinen Part zur Gestaltung der Vater-Sohn-Beziehung beigetragen … Peter S. stimmt schließlich der Pflege des Vaters in seinem Haus zu. Er führt einige technische Veränderungen durch, z.B. zieht er eine zusätzliche Wand ein und ermöglicht so dem Vater einen eigenen Wohnbereich. Seelisch stellt sich Peter S. auf eine Flut von Wünschen und Forderungen seines Vaters ein. Auch rechnet er mit Konflikten und nimmt sich vor, sich auf keine Streitgespräche einzulassen. Mit Staunen bemerkt er jedoch nach Wochen des Zusammenlebens mit dem pflegebedürftigen Vater, wie sehr dieser sich verändert hat und wie wenig von dem zu spüren ist, was ihre Beziehung so belastet hat. Dankbar nimmt der alte Mann die Hilfe seiner Schwiegertochter an und findet versöhnliche Worte und Gesten, die es erleichtern, die belastete Vergangenheit zwischen Vater und Sohn ruhen zu lassen. Die seelische Veränderung des pflegebedürftigen Vaters und seine Bereitschaft, sich der neuen Situation anzupassen, beeindrucken die ganze Familie. Peter S. kann die seelischen Verletzungen der vergangenen Jahre ruhen lassen und in einem neu gewonnenen Selbstbewusstsein seinen Vater begleiten.

Nicht immer gelingt der Rollenwechsel zwischen den Generationen relativ reibungslos, nicht immer stehen Versöhnung und Verständnis im Vordergrund der Beziehung zwischen den Pflegebedürftigen und den pflegenden Angehörigen. Oft liegt der Schatten der Vergangenheit schwer über der Gegenwart. Alte Verletzungen, Ungerechtigkeiten und Konflikte, die nie wirklich ausgeräumt wurden, werden in anstehenden Pflegesituationen manchmal zu fast unüberwindbaren Hürden. Zusätzlich fällt es Menschen unterschiedlich leicht, sich notwendigen Veränderungen anzupassen. Nicht jeder alte Mensch, der in eine Pflegesituation gerät, kann sich ruhig und gelassen den Aufgaben seiner letzten Lebensphase zuwenden. Nicht jeder Erwachsene hat notwendige Ablösungsprozesse gut bewältigt und ein unbeschwert positives Verhältnis zu den älter werdenden Eltern. Und auch bei Ehepaaren, die gemeinsam ihrem Lebensabend entgegengehen, kann man nicht immer von einem reibungslosen »Hineinwachsen« in ein reifes Miteinander sprechen, wo auch Pflege Platz hat. Was kann helfen? Im Folgenden sind wichtige Aspekte angeführt, die eine neue Balance zwischen den Familienmitgliedern angesichts einer Pflegesituation erleichtern.

Im Mittelpunkt der bisherigen Ausführungen standen die Hauptpflegeperson und der pflegebedürftige Angehörige. Darüber hinaus werden natürlich alle anderen Familienmitglieder von den Ereignissen berührt und in ihrem Lebensalltag beeinflusst. Aufgabenverteilungen müssen neu geregelt und zusätzliche Aufgabenlasten verteilt werden. Unterschiedliche Formen der Rücksichtnahme, ein neues Zeitmanagement, Umstellungen in Bezug auf das Ausmaß selbstständigen Handelns der Kinder und Jugendlichen und viele andere Aspekte stellen an die ganze Familie große Ansprüche. Auf der Beziehungsebene ergeben sich durch die Pflegesituation oftmals Verschiebungen. Die Nähe zwischen der Hauptpflegeperson und dem pflegebedürftigen Menschen kann beispielsweise für andere Familienmitglieder schwer zu ertragen sein, was möglicherweise Gefühle der Eifersucht oder des Ausgeschlossenseins auslöst. Diese Entwicklungen müssen so rasch wie möglich angesprochen und ausgeräumt werden! Es geht dabei in aller Regel nicht um grundsätzliche Dinge, sondern vielmehr um kleine Gesten der Zuneigung und des Verständnisses, die jeder in diesen turbulenten Zeiten leicht vergisst.

Angesichts der vielen zusätzlichen Belastungen werden oft auch atmosphärische Dinge deutlich, die zu einem bestimmten Familienklima beitragen. Konflikte und Streitereien hören nicht

Aspekte der Beziehungsgestaltung und -umgestaltung, die den Pflegealltag erleichtern

- Klärung alter Konflikte unter dem Aspekt der Versöhnung, im direkten Gespräch mit dem Pflegebedürftigen oder symbolisch: *Versöhnung*
- Anerkennen, was war; Wertschätzung gegenüber Leistungen des Pflegebedürftigen – auch wenn sie nicht immer nur positiv zu beurteilen waren: *Wertschätzung*
- Erlangen einer emotionalen Unabhängigkeit vom Pflegebedürftigen: *Ablösung*
- Veränderungen beim Pflegebedürftigen wahrnehmen und begleiten, ohne sich selbst »aufzugeben«: *Fürsorgliche Autorität*
- Mit Wünschen und Bedürfnissen des Pflegebedürftigen respektvoll umgehen, ohne sich ganz vereinnahmen zu lassen: *Grenzen ziehen*
- Ohne Schuldgefühle gegenüber dem Pflegebedürftigen das eigene Leben gestalten und leben: *Gefühlsmäßige Unabhängigkeit*
- Seine eigenen Bedürfnisse, Grenzen und seine Belastbarkeit in der Pflegesituation wahrnehmen und erkennen lernen: *Selbstkompetenz*

einfach auf, nur weil sich die Familiensituation geändert hat – ganz im Gegenteil. Oft liegen die Nerven blank, man ist »dünnhäutig«, und zwischen den belasteten Familienmitgliedern können auch einmal die »Fetzen fliegen«. Solange dies in einem sozial verträglichen Rahmen geschieht, muss man sich keine zu großen Sorgen machen. Hilfe und Rat von außen sollten dann hinzugezogen werden, wenn sich diese Situationen häufen, wenn eine Person immer zum »Sündenbock« wird und sich festgefahrene Koalitionen bilden, beispielsweise die pflegende Tochter und ihre pflegebedürftige Mutter gegen »den Rest der Welt«. Auch dann, wenn die pflegebedürftige Person immer als Ursache, Grund oder Schuldige für auftretende Schwierigkeiten genannt wird, sollte eine neutrale Person vermittelnd, beobachtend und helfend zugezogen werden (z. B. neutrale Freunde, professionelle Familienbegleiter, [Haus-]Arzt mit zusätzlicher psychotherapeutischer Ausbildung, Seelsorger, Mediatoren).

Im Trubel der Ereignisse werden sehr oft die Kinder und Jugendlichen vergessen, die im Familienverband leben. Wie sehen sie die Situation? Wie erleben sie ihre pflegebedürftige Oma, ihren Opa …? Wie verändert sich ihr Leben und welchen Beitrag können sie leisten? Es ist wichtig, die Mitglieder der jungen Generation altersgemäß in die Entscheidungs- und Informationsprozesse einzubeziehen und ihnen Gelegenheit zu geben, ihre Wünsche zu äußeren und ihre Gefühle auszudrücken. Mit kleinen Kindern kann man zum Beispiel gemeinsam Bilderbücher anschauen, die das Thema Altwerden und Sterben aufgreifen,[11] oder man kann ihnen Anregungen geben, »Bilder zu malen«. Zeichnen, Malen und Gestalten erleichtern den Kindern den Zugang zu den eigenen Gefühlen. Zusätzlich macht es auch Freude, Oma oder Opa ein Bild zu schenken, eine Blume zu bringen – einfach »etwas tun zu können«. Doch auch bei größeren Kindern und Jugendlichen muss darauf geachtet werden, dass ihre Welt und ihre Bedürfnisse nicht vergessen werden. Sie brauchen gerade in belasteten Situationen die besondere Anteilnahme an ihren Freuden und Sorgen, an ihren Erlebnissen und Erfahrungen, sie brauchen das Interesse an schulischen Angelegenheiten und ihren Freizeitaktivitäten. *»Woher soll ich nur all die Zeit nehmen, um mich auch noch um die Kinder zu kümmern?!«* – Diesen Satz bekommt man sehr oft von pflegenden Angehörigen zu hören. Vielleicht ist es hilfreich, daran zu denken, dass es nicht so sehr auf die Länge der Zeit ankommt, sondern vielmehr darauf, sich in der jeweiligen Zeiteinheit wirklich dem Kind zu widmen: »Lieber fünf Minuten intensives Miteinander – als 30 Minuten, in denen die Gedanken ganz woanders sind«!

Die Begegnung mit alten Menschen und das Miterleben von Begleitung, Betreuung und Pflege bedeuten für Kinder und Jugendliche nicht nur belastende Momente, sondern auch große Chancen für einen offenen Zugang zu vielen Lebensfragen. In Gesprächen über den pflegebedürftigen Menschen ist es wichtig, auf eine wertschätzende Sprache zu achten (z.B. *»Opa ist schon sehr, sehr alt und schwach«* statt *»Opa hat ausgedient«*) und auftretende Veränderungen altersgerecht und beschreibend zu erklären. Ein wichtiger Beitrag, Kindern gerade in dieser Situation Sicherheit zu geben, liegt darin, Fragen der Kinder offen und ehrlich zu begegnen, sich manchmal auch gemeinsam auf die Suche nach Antworten zu begeben und ein Verständnis für kindliche Trauer-Reaktionen aufzubringen.[12] Zuwendung, gemeinsam verbrachte Zeit und Anregungen, für den pflegebedürftigen Menschen etwas zu tun, können verhindern, dass sich Kinder und Jugendliche in der Pflegesituation an den Rand gedrängt fühlen. Für den pflegebedürftige Menschen selbst ist es wiederum besonders schön, wenn ihm eine Teilnahme am Familienleben entsprechend seinen Kräften zumindest hin und wieder ermöglicht wird und der Kontakt zu den Enkeln oder Urenkeln Abwechslung in sein Leben bringen kann.

Neben den bereits angesprochenen Möglichkeiten, sich innerhalb der Familie mit einer bevorstehenden oder bereits übernommenen Pflege auseinanderzusetzen, geht es immer wieder darum, innezuhalten, die persönliche Einstellung zu überdenken und nach jenen inneren Haltungen zu suchen, die den Pflegealltag erleichtern und bereichern können. Pierre Stutz spricht in seinem Text »Gelassenheit« eine dieser Eigenschaft an.

Gelassenheit

Gelassen der Mensch
der sich und andere lassen kann
weil niemand zu haben ist
sondern alle im Werden sind

Gelassen der Mensch
der dem Zwischenraum in den Beziehungen traut
weil dadurch die Lebendigkeit
in den Begegnungen bleibt

Gelassen der Mensch
der Gott in allen Dingen sucht
Kraft schöpft in den Symbolen
ohne von ihnen abhängig zu werden

Gelassen der Mensch
der vor dem Neuanfang
sich Zeit nimmt um das Alte abzuschließen
damit er es wirklich loslassen kann

Gelassen der Mensch
der sich nicht ins Neue flüchtet
sondern sich und jedem Menschen Verwandlung zutraut
im Gestalten der gemachten Erfahrungen
um daran wachsen und reifen zu können

Gelassen der Mensch
der Nähe und Distanz in den Beziehungen einübt
der in diesem Zwischenraum den gegenseitigen Respekt wachhält
und den Geschenkcharakter jeder Begegnung erfährt

Pierre Stutz

3. Hilfestellungen für die Begleitung pflegebedürftiger Menschen

Belastungen im Pflegealltag: Erste Hilfestellungen

In Gesprächen mit Familien, die einen pflegebedürftigen Angehörigen bei sich zu Hause aufgenommen haben, kommen viele verschiedene Belastungen zur Sprache, die je nach familiärer, räumlicher und finanzieller Situation sowie dem Ausmaß der nötigen Pflege und der Persönlichkeit der Beteiligten variieren. Am häufigsten werden folgende Bereiche genannt: finanzielle Aspekte, Belastungen auf der körperlichen Ebene, seelische und soziale Schwierigkeiten. Im Folgenden werden die einzelnen Bereiche aufgezeigt und einige Impulse für eine *wirkungsvolle Entlastung* gegeben.

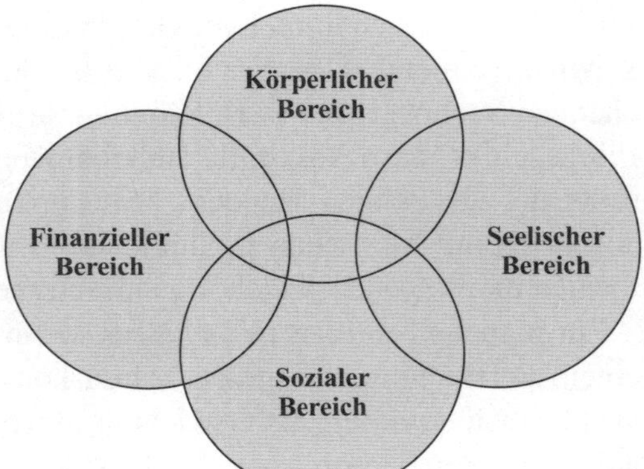

6: Belastungsbereiche in Pflegesituationen

Finanzielle Aspekte

Auch wenn Fragen rund ums Geld oft nur hinter vorgehaltener Hand besprochen werden, so zeigen viele Beratungsgespräche, wie wichtig es ist, bei der Übernahme der Pflege eines nahen Angehörigen die finanzielle Seite klar und offen anzusprechen: Wie ist die Finanzierung der Pflege geregelt? Welche finanziellen Ressourcen hat die pflegebedürftige Person und auf welche geregelten Einkünfte kann die Familie (durchaus auch im Sinne der »Großfamilie«) zurückgreifen? Nach einer genauen Aufstellung der zur Verfügung stehenden regelmäßigen Geldzuflüsse des pflegebedürftigen Menschen und möglicher Reserven ist es wichtig, sich einen umfassenden Überblick über staatliche Zuschussmöglichkeiten, Kassen- und Versicherungsleistungen, Ansprüche auf Pflegegeld u. Ä. zu verschaffen. Auch die Möglichkeit, eine sogenannte Hospizkarenz in Anspruch zu nehmen, ist zu prüfen. Dabei hat man zur Begleitung sterbender Angehöriger einen Anspruch auf veränderte oder herabgesetzte Arbeitszeiten oder überhaupt auf eine Freistellung von der Arbeit – allerdings unter Verzicht auf Entgelt. Erste Anlaufstellen sind dabei die jeweils zuständigen Pensions- und Krankenversicherungsanstalten sowie Beratungsstellen von Caritas (www.caritas.de bzw. www.caritas.at), Diakonie (www.diakonie.de oder www.diakonie.at) oder Rotem Kreuz (www.drk.de oder www.roteskreuz.at), die auch entsprechende Broschüren erarbeitet haben. Unter den angeführten Internetadressen kann man die zuständigen Stellen vor Ort herausfinden. Da die Regelungen oft (bundes-) länderspezifische Eigenheiten aufweisen, sollte man sich immer vor Ort über die bestehenden Möglichkeiten informieren. Über das Internet lassen sich unter den entsprechenden Suchbegriffen (z. B. Familienhospizkarenz, Pflegestufen, Pflegegeld) ebenso Auskünfte einholen wie über die Informationsseiten der zuständigen (Bundes-) Ministerien. Auch ein Erfahrungsaustausch mit Menschen in ähnlichen Situationen ist über Plattformen für pflegende Angehörige im Internet möglich.

Für manche Familien ist es besser, wenn sie alle ihre Fragen in einem persönlichen Gespräch klären können. Es hat sich dabei als hilfreich erwiesen, als Gedächtnisstütze alle Fragen im Voraus auf einem Zettel zusammenzustellen. Auch im Laufe des Gespräches in einer Beratungsstelle sollten die wichtigsten Auskünfte, Adressen oder Telefonnummern sowie der Name des Beraters/der Beraterin notiert werden, um gegebenenfalls bei Rückfragen gleich an die richtige Auskunftsperson zu gelangen. Eine individuelle Beratung ist besonders dann wichtig, wenn sich abzeichnet, dass man im pflegerischen Bereich auf Dauer ohne Unterstützung durch professionelle Helfer (unterschiedliche Pflegedienste) nicht auskommen wird. Hier muss genau überlegt werden, welche Art von Hilfe wirklich sinnvoll und hilfreich ist, welche durch eine ärztliche Verordnung finanziell abgedeckt wird und wo die finanziellen Grenzen seitens der öffentlichen Hand liegen. Ein genauer Preis-Leistungs-Vergleich sollte nicht nur bei der Beschaffung von Pflegehilfsmitteln als Basis für eine Entscheidung herangezogen werden, sondern auch bei den unterschiedlichen öffentlichen, konfessionellen oder privaten Hilfsangeboten: Welche Organisation bietet welche Leistung zu welchem Preis an?

Häufig haben schwerwiegende finanzielle Belastungen ihre Ursache in der geringen Pension oder den fehlenden Rücklagen des pflegebedürftigen Menschen sowie in dem Umstand, dass die Hauptpflegeperson ihre Berufstätigkeit einschränken oder ganz aufgeben muss. Damit sind oft viele kleinere oder größere Einschränkungen im Lebensalltag der Familie verbunden. Vieles kann nicht mehr so selbstverständlich geleistet werden wie vor der Pflegeübernahme, man muss sich genauer überlegen, welche Anschaffungen unumgänglich sind und ob man den gewohnten Lebensstandard noch halten kann. Auch kann es notwendig werden, Pflegehilfsmittel anzuschaffen, deren Kosten nicht immer von der Kasse gedeckt sind. Die Palette reicht da von einem geeigneten Bett inklusive Matratze, Unterlagen, Stützkissen bis hin zu Gehhilfen, Verbandmaterial, Wärmekissen, Schmerzpflastern, Medikamenten aus dem Bereich der Alternativmedizin u.v.a.m. Auch das Eingehen auf spezielle Nahrungsbedürfnisse – hochwertige Nahrungsmittel, Bio-Produkte oder spezielle Diätnahrung – kann die Geldbörse belasten. Finanzielle Einschränkungen, die auf die eben angeführten Zusatzbelastungen zurückzuführen sind, treffen gerade auch bei jüngeren Familienmitgliedern oft auf Unverständnis und können das Familienklima arg belasten. Hier können offene und ehrliche Gespräche manchmal helfen, aufgestauten Ärger und Frust abzuladen, aber auch bestimmte Bedürfnisse klar zu äußeren – vielleicht lässt sich der eine oder andere Wunsch dann doch erfüllen.

Körperliche Belastungen

Bei körperlichen Belastungen ist an die Überbeanspruchung des Körpers beim Stützen, Heben und Lagern des pflegebedürftigen Menschen zu denken, was häufige zu Kreuzbeschwerden, Schmerzen in der Nacken- und Schulterpartie oder einer angespannten Rückenmuskulatur führt. Pflegende Angehörige wissen oft nicht, wie man einem schwachen Menschen aus dem Liegen ins Sitzen oder in eine stehende Position hilft: ohne – für beide Seiten – schmerzendes Zerren und Ziehen. Auch durch wiederholten falschen Krafteinsatz beim Umbetten, Wäschewechseln oder Stützen können Gelenke und Muskelpartien überbeansprucht werden, was zu Schmerzen bei bestimmten Bewegungsabläufen führen kann. Die Folgen dieser körperlichen Belastungen werden den Betroffenen meist erst im Laufe einer länger anhaltenden Pflegesituation bewusst, wenn sich »falsche« Bewegungsabläufe verfestigt haben und der Körper kein passendes Gegenregulativ mehr findet.

Ein anderer Bereich, der auch an den körperlichen Kraftreserven zehrt, ist der gehörige Mehraufwand bei Hausarbeiten, der mit einer Pflegesituation verbunden ist. Margit M. beispielsweise berichtet im Rahmen eines Beratungsgesprächs, wie sehr sie unter den wachsenden Wäschebergen leidet, seit ihre pflegebedürftige Mutter immer öfter zu spät den Weg zur Toilette schafft; Andrea H. klagt wiederum über die drastische Zunahme von Putzarbeiten, seit ihr pflegebedürftiger Vater in ihre Wohnung übersiedelt ist. In anderen Familien ist aufgrund der speziellen Pflegesituation ihres Angehörigen der 24-Stunden-Dauereinsatz das größte Problem; er lässt kaum Raum für Erholungsphasen und versetzt den Körper in eine Daueralarmbereitschaft. Auch das Fehlen eines geregelten Schlaf-Wachrhythmus (*»Kaum bin ich eingeschlafen, muss ich schon wieder aufstehen …«*) und eine körperliche Daueranspannung (*»Ich habe das Gefühl, ständig auf dem Sprung sein zu müssen«*) können Spuren im körperlichen Allgemeinbefinden hinterlassen.

Viele körperliche Symptome beginnen zunächst recht harmlos: hier ein Stechen in der Schulter, dort ein Brennen im Kreuz, bleischwere Beine, Müdigkeit, die sich bereits am Morgen einstellt, oder leichte Kopfschmerzen und Schwindelgefühle. Da die Betreuung und Pflege in aller Regel im Laufe der Zeit intensiver, anspruchsvoller und damit auch kräfteraubender wird, gibt es für den Körper immer seltener Erholung und Regeneration. Was bei der Übernahme der Pflege noch eine positive Herausforderung war, schlägt bald schon in eine Stresssituation um, der sich Pflegende oft hilflos ausgeliefert fühlen. Viele Pflegende berichten von Erschöpfungszuständen, die sie vergessen lassen, dass sie für sich selbst ausreichend sorgen müssen. Die eigene Gesundheit wird häufig vernachlässigt und die eigenen Bedürfnisse hintangestellt, und dies, obwohl man sich der Bedeutung der einzelnen Aspekte prinzipiell bewusst ist:

- Pflegende wissen genau, dass eine gute und gesunde Ernährung für die pflegebedürftige Person wichtig ist – *und vergessen nur allzu leicht, sich selbst auch gesund zu ernähren …*
- Pflegende wissen genau, dass jede Form von Bewegung oder Entspannung dem pflegebedürftigen Menschen guttut – *selbst verharren sie jedoch in Angespannung und gönnen sich keine Erholungsphasen …*
- Pflegende wissen genau, wie wichtig für pflegebedürftige Menschen die Möglichkeit einer Aussprache, entlastendes Weinen oder befreiendes Lachen sind – *selbst meinen sie allerdings, alles mit sich selbst ausmachen zu müssen …*
- Pflegende wissen um die Bedeutung einer guten ärztlichen Betreuung und professionellen Begleitung sowie einer geeigneten Schmerztherapie für die pflegebedürftigen Menschen – *selbst vernachlässigen sie Vorsorgeuntersuchungen und meinen, keine Zeit für einen Arztbesuch aufbringen zu können …*
- Pflegende wissen, wie wichtig ein regelmäßiger Schlaf-Wach-Rhythmus für Pflegebedürftige ist – *selbst gönnen sie sich nur selten Ruhe und machen die Nacht oft zum Tag …*

Diese Liste könnte noch um einige Punkte erweitert werden. Sie weist auf einen problematischen Missstand in der Pflege hin, der dazu führt, dass man sich selbst und seine körperlichen Empfindungen und Bedürfnisse wieder und wieder zurückzustellt – so lange, bis alle Kraftreserven aufgebraucht sind und der Körper rebelliert. Eine bedürfnisorientierte Pflege und hilfreiche Begleitung ist jedoch nur dann möglich, wenn die Pflegenden selbst nicht »auf dem Zahnfleisch« gehen und die eigenen Gesundheitsprobleme nicht »übersehen«. Halten körperliche Belastungen über einen längeren Zeitraum an, greifen sie rasch auch auf andere Bereiche über und münden schließlich in den so gefürchteten Zustand eines Burn-outs, eines völligen Ausgebranntseins. Auf welche Alarmzeichen sollten pflegende Angehörige besonders achten? Wenn sich eines oder mehrere der angeführten Alarmzeichen bemerkbar macht, ist es höchste Zeit, innezuhalten und stärker auf sich selbst zu achten.

Überdenken Sie Ihre Situation, wenn …

… es Ihnen gleichgültig wird, was und wie viel Sie essen,
… Sie keinen Wert auf regelmäßige Mahlzeiten legen oder gar keinen Appetit mehr haben,
… Sie »vergessen«, ausreichend zu trinken,
… sich Schmerzen im Schulter-, Nacken- oder Rückenbereich einstellen und nicht mehr weggehen,
… wenn Ihre Beine häufig anschwellen oder schmerzen,
… wenn Sie unter Schlafstörungen leiden (Einschlafen oder/ und Durchschlafen fällt schwer),
… wenn Sie trotz ausreichendem Schlaf immer erschöpft und müde sind,
… wenn »Kleinigkeiten« Sie nervös machen und Sie oft den Tränen nahe sind,
… wenn Sie jede Verkühlung, jeden Schnupfen, jede Krankheit »auffangen« und sich nur schwer erholen.

Ein erster Schritt zur Behebung körperlicher Belastungen ist im bewussten Wahrnehmen der jeweiligen Situation zu sehen. Nicht jeder pflegende Angehörige wird unter Verspannungen und Kreuzbeschwerden leiden, nicht jeder unter Schlafstörungen oder einem geschwächten Immunsystem. Deshalb ist es wichtig, die eigenen gesundheitlichen und körperlichen Schwachstellen und Störungsanfälligkeiten zu kennen. Der zweite Schritt liegt dann im Ergreifen wirkungsvoller Maßnahmen. Das kann für den einen der lange fällige Besuch beim Arzt sein, der Entschluss, einen Pflegekurs zu besuchen, um kräfteschonende Griffe zu lernen, oder die Entscheidung, externe Pflegekräfte zur Entlastung hinzuzuziehen. Für jemand anderen ist es wichtig, dafür zu sorgen, regelmäßig an die frische Luft zu kommen, sich in Ruhe eine gute Mahlzeit zu gönnen oder eine CD mit entspannender Musik zum Einschlafen zu besorgen. Alle diese Maßnahmen sollten von der Einsicht begleitet werden, wie wichtig es ist, gelegentlich »Nein« oder »Stopp« zu sagen! Erst wenn man sich über Art und Ausmaß der Belastung im Klaren ist, kann man wirkungsvolle Gegenmaßnahmen einleiten.

Seelische und soziale Belastungen

Mit der Übernahme einer Pflege treten neben den genannten finanziellen und körperlichen Schwierigkeiten häufig auch seelische und soziale Belastungen auf. Doch vielen Menschen fällt es schwer, über das zu sprechen, was ihre Seele bedrückt und den Alltag wie mit einem grauen Schleier überzieht. Dahinter verbirgt sich oft eine gewisse Scheu, über die sogenannten negativen Gefühle zu sprechen, über die Fremdbestimmtheit, den Verlust an eigenständiger Lebensgestaltung, über Gefühle des Ausgenutztwerdens, der Aggression und Wut, der aufkeimenden Einsamkeit und wachsenden sozialen Isolation. Auch fehlt es oft an geduldigen und verständnisvollen Zuhörern. In der nachfolgenden Zusammenstellung werden erste Anregungen gegeben, wie man mit den seelischen und sozialen Belastungen der Pflegesituation besser umgehen kann.

Wie schon bei den körperlichen Beschwerden angeführt, ist eine Erleichterung der Situation nur dann möglich, wenn man zunächst einmal ganz bewusst innehält und sich klar darüber wird, wo die Belastungsschwerpunkte liegen. Vielleicht hilft es den Betroffenen, anhand der oben angeführten Beispiele eine persönliche »Rangliste« der Belastungen zu erstellen, um dann nach gezielten Entlastungen zu suchen. Die nachfolgenden Praxisbeispiele zeigen unterschiedliche Möglichkeiten auf, den persönlichen Handlungsspielraum auch in Zeiten schwerer sozialer und seelischer Belastungen durch die Pflege zu erhalten.

Aspekte seelischer und sozialer Belastungen und erste Anregungen für Hilfestellungen

- Veränderung der aktuellen Lebensplanung (»Ich kann mein Leben nicht mehr so gestalten, wie ich es mir wünsche«). Hilfestellung: *Bewusstes JA für eine bestimmte, klar umschriebene Zeit, danach neue Beurteilung der Situation.*
- Veränderung der künftigen Lebensplanung (»Wer weiß, wie lange das alles noch geht – ich kann gar nichts planen«). Hilfestellung: *Immer wieder Planung und Umsetzung eines* kleinen *Vorhabens.*
- Gefühl, von allen anderen Angehörigen alleine gelassen zu werden (»Alle haben sich für eine Pflege zu Hause ausgesprochen – und jetzt bleibt alles an mir hängen!«). Hilfestellung: *Einberufen einer »Familienkonferenz« und Gespräche über Lastenumverteilung.*
- Gefühl, nicht verstanden zu werden (»Keiner kann sich vorstellen, wie es ist, so angebunden zu sein – die haben ja alle keine Ahnung!«). Hilfestellung: *Gespräche mit Menschen in ähnlicher Lage, z. B. Selbsthilfegruppen pflegender Angehöriger.*
- Eingeschränktheit in der Zeiteinteilung (»Ich fühle mich unfrei und kann gar nichts mehr spontan unternehmen!«). Hilfestellung: *Statt spontaner Aktionen regelmäßig kleine geplante Aktivitäten umsetzen.*
- Fremdbestimmtheit (»Alles richtet sich nach dem Zustand und Willen anderer – ich fühle mich als Sklave der Umstände«). Hilfestellung: *Bewusstes Innehalten und sich täglich einen kleinen Wunsch erfüllen (entspannendes Bad, Anhören einer Lieblingsmusik…).*
- Gedankliche Fixierung (»Auch wenn ich außer Haus bin, kreisen alle Gedanken um die Situation zu Hause – ich fühle mich wie in einem seelischen Gefängnis«). Hilfestellung: *Belastende Gedanken aufschreiben und das Blatt Papier dann bewusst weglegen; Entspannungstraining in Gruppen oder mittels CD…).*

- Soziale Isolation (»Wer kann schon auf meine Situation und den Pflegerhythmus Rücksicht nehmen – das kann ich ja auch nicht erwarten, da bleibe ich lieber zu Hause). Hilfestellung: *Regelmäßige Organisation einer Ersatzpflegeperson für konkrete soziale Vorhaben.*
- Sozialer Rückzug (»Ich kann niemanden zu mir einladen, alles riecht so komisch und der Anblick meines ... ist ja auch nicht erfreulich«). Hilfestellung: *Offene Gespräche mit guten Freunden über die »wahre« Situation zu Hause, Weitergabe von Informationen; Mut, »es« zu versuchen und darüber ehrlich zu sprechen.*
- Fernbleiben von öffentlichen und kulturellen Veranstaltungen (»Ich habe das Gefühl, die Welt zieht an mir vorbei, ohne dass ich was davon mitbekomme...«). Hilfestellung: *Regelmäßiges Lesen der Lokalpresse, Fernsehnachrichten, Gespräche beim Einkaufen, aufmerksames Zuhören bei den Berichten von anderen Familienmitgliedern, sich »zwingen«, Fragen zu stellen...*
- Unsichtbare Erfolge (»Vielleicht hilft es xy ..., dass ich sie/ihn pflege, vielleicht ist es hier besser als in einem Heim – aber woran soll ich das erkennen?!). Hilfestellung: *Kontakt zum Pflegebedürftigen nicht nur auf die körperliche Pflege reduzieren, Gespräche, stilles Zusammensein, gemeinsames Erleben des Tages, genaues Beobachten auch der Mimik und Gestik ...*
- Verzweiflung (»Auch wenn ich mein Bestes gebe, die Situation wird immer schlimmer«). Hilfestellung: *Aktive Auseinandersetzung mit dem Verlauf der Grunderkrankung, mit altersbedingten Veränderungen – und mit dem Sterben.*
- Mangelnde Wertschätzung (»Niemand lobt mich für meine anstrengende Arbeit, alles wird als selbstverständlich angesehen«). Hilfestellung: *Mit Familienangehörigen darüber reden, »Einfordern« einer Wahrnehmung der eigenen Leistung; Austausch mit professionellen Pflegekräften, Beratungseinrichtungen.*

- Negative Reaktionen auf Veränderungen im Zustand des Pflegebedürftigen (»Inkontinenz, zunehmende Verwirrtheit, Verständigungsprobleme – damit habe ich nicht gerechnet und das halte ich nicht aus!«). Hilfestellung: *Kontakt zu professionellen Begleitern, Pflegediensten, dem Hausarzt.*
- Schwierigkeiten im Umgang mit der Ungewissheit (»Wenn ich wüsste, dass alles noch fünf Monate oder ein Jahr dauert – dann könnte ich alles besser ertrage! Aber so …«). Hilfestellung: *Meditation; Lernen, jeden Tag für sich so gut es geht zu leben; jedem Tag etwas Schönes abgewinnen…*
- Mutlosigkeit (»Wie wird das weitergehen?«). Hilfestellung: *Gespräche mit Freunden, professionellen Begleitern, Gebete, »Texte, die Mut machen…«.*
- Konfrontation mit der eigenen Sterblichkeit (»Mir macht das alles Angst – wer wird mich einmal pflegen, wie wird mein Sterben sein …?!«). Hilfestellung: *Aktive Auseinandersetzung mit »letzten Fragen«; Gedanken darüber, was einem für sein eigenes Sterben wichtig ist, welche Dinge man regeln möchte; geistiges Testament…*

Aus der Praxis

Maria M. fühlt sich durch die Notwendigkeit ständiger Anwesenheit bei ihrer dementen Mutter sozial an den Rand gedrängt. Besuche werden immer seltener, da nur wenige Menschen das Verhalten der dementen alten Frau gut verkraften. Und wenn Maria M. ganz ehrlich zu sich ist: Sie geniert sich auch ein bisschen für das Verhalten ihrer Mutter, die eine Vorliebe für seltsamste »Verkleidungen« hat und den Eindruck vermittelt, ständig auf der Suche nach etwas zu sein. Maria M. findet nach längerem Überlegen für sich eine gute Lösung, ihre sozialen Bedürfnisse nicht ganz zu vernachlässigen und Entlastung im Gespräch zu finden: Mit einer Freundin vereinbart sie regelmäßige wöchentliche Telefongespräche. Auf diese »Hörtreffen« freut sich Maria M. jede Woche schon sehr, sie stellt sich auch immer eine Tasse Kaffe zum Telefon und schafft es, für diese Zeit ihre Mutter einfach »zu vergessen«.

*

Hannes R. wiederum spürt nach einigen Wochen intensiver Pflege seines Vaters, die in erster Linie seine Frau übernommen hat, dass für sie beide keine freie Minute mehr übrig zu sein scheint. Seine Frau kann über nichts anderes mehr sprechen als über Gehhilfen, Stützkissen und die Frage, wann man an eine »Nachtwache« denken müsse ... Die Ehe leidet sehr unter dieser »gedanklichen Fixierung« und der seelische Zustand von Frau R. wird immer bedenklicher. Schließlich bittet Hannes R. seine Schwester, alle 14 Tage einmal die Abendbetreuung zu übernehmen und so lange in der Nacht im Haus zu bleiben, bis er und seine Frau nach Hause kommen. Hannes R. und seine Frau besuchen an ihren »freien Abenden« Konzerte, gehen ins Kino, schauen in ihrem Lieblingslokal vorbei oder spazieren einfach durch die nächtliche Stadt und treffen sich in einem Biergarten mit Freunden. Zunächst fällt es Frau R. sehr schwer, sich gedanklich von ihrem pflegebedürftigen Schwiegervater zu lösen und ihrer Schwägerin zu vertrauen, doch nach und nach kann sie diese »Auszeiten« richtig genießen.

*

Ganz anders ist die Situation von Elisabeth T., einer jungen Frau, die sich sehr bewusst und nach reiflicher Überlegung für die Pflege ihrer Oma entschieden hat, von der sie einst als Kind großgezogen wurde. Elisabeth T. hängt sehr an der alten Frau und pflegt sie sehr liebevoll. Sie besucht einen Pflegkurs, um sich auch für alle Fälle gut gerüstet zu fühlen, und beschafft sich einschlägige Pflegeliteratur. Zudem tauscht sie sich auch regelmäßig mit ihrer Nachbarin aus, die selbst schon recht alt ist, aber noch selbstständig in ihrer Wohnung lebt. Diese Gespräche helfen Elisabeth T., die Situation alter Menschen besser zu verstehen, und sie ist froh über diese Möglichkeit des Austauschs. Der körperliche Zustand der Oma verschlechtert sich leider sehr rasch, Elisabeth T. muss professionelle Pflegekräfte zur Betreuung hinzuziehen und holt auch eine ehrenamtliche Hospizmitarbeiterin für Besuchsdienste, weil sie vor Gesprächen um Sterben und Tod große Angst hat. Je schlechter es um Oma steht, desto verzweifelter wird Elisabeth T., sie will ihre Oma nicht sterben lassen und klammert sich verzweifelt an jedes Lächeln, an jede auch noch so matte Handbewegung … Die Angst vor dem Tod ihrer geliebten Oma steht Elisabeth T. buchstäblich ins Gesicht geschrieben. »Bleiben Sie an ihrer Seite und lassen Sie sie innerlich gehen!«, sagt eines Tages die alte Nachbarin, »die Lebenszeit ihrer Oma ist um, machen Sie es ihr nicht so schwer, zu gehen…!« Dieses Gespräch bringt eine Wende: Elisabeth T. kann bewusst Abschied nehmen und ihrer alten Oma noch einmal für alles danken, was sie ihr gegeben hat. Dies wird für Elisabeth T. zu einer ganz besonderen Erfahrungen, die sie erst langsam verkraften kann. Trost, Mut und den Hinweis, das eigene Leben bewusst zu gestalten, findet sie in literarischen Texten und Gedichten, wie beispielsweise in den berührenden Zeilen von Rose Ausländer:

Noch bist du da

Wirf deine Angst
in die Luft

Bald
ist deine Zeit um
bald
wächst der Himmel
unter dem Gras
fallen deine Träume
ins Nirgends

Noch
duftet die Nelke
singt die Drossel
noch darfst du lieben
Worte verschenken
noch bist du da

Sei was du bist
Gib was du hast

Rose Ausländer

Hilfreiche Gespräche: Eingehen auf zentrale Lebensthemen

Wie kann es gelingen, die Pflegesituation so zu gestalten, dass nicht nur die Belastungen im Vordergrund des gemeinsamen Lebens stehen? Welche konkreten Möglichkeiten gibt es, pflegebedürftige Menschen auf umfassende Weise zu betreuen und damit die Lebensqualität aller betroffenen Personen zu verbessern? Viele Angehörige stellen sich diese Fragen und haben den Wunsch, mit ihrem pflegebedürftigen Familienmitglied eine gute und lebendige Beziehung zu führen. Doch es ist nicht immer einfach, diesen Wunsch in die Praxis umzusetzen. So manche altersbedingte Veränderung führt dazu, dass der soziale Umgang miteinander viel von der Unbeschwertheit und Selbstverständlichkeit vergangener Tage verliert: *»Tante Margarete hat sich immer für unser Leben interessiert. Sie hat Fragen gestellt und uns ernst genommen. Jetzt liegt sie still in ihrem Bett. Sie stellt keine Frage und weicht unseren Blicken aus, wenn wir von uns erzählen«*, berichtet Tanja und weiß nicht, wie sie wieder einen Zugang zu ihrer Tante finden soll, die sie bei sich aufgenommen hat und pflegt. Auch Norbert fühlt sich verunsichert: *»Mein Schwiegervater stand uns immer mit Rat und Tat zu Seite und fand für jedes Problem eine Lösung. Jetzt, als pflegebedürftiger und ans Bett gefesselter alter Mann, berührt er mich auf ganz eigene Weise in seiner Hilflosigkeit. Ich möchte ihm sagen, wie wichtig seine Ratschläge für uns waren und dass wir jetzt für ihn da sind – aber wie finde ich die richtigen Worte? Ich möchte ihn ja nicht verletzen.«*

Die letzte Lebensstrecke eines Menschen bringt vielfältige Veränderungen mit sich und macht häufig eine Neugestaltung altvertrauter Beziehungsformen notwendig. Viele der über Jahre gut eingespielten und funktionierenden Rollen müssen abgelegt und neue Lebensbedingungen angenommen werden. Wenn sich der Lebensbogen neigt, treten persönliche Eigenschaften eines Menschen in verdichteter Weise zum Vorschein, das Interesse an der Umwelt schwindet und die innere Bilderwelt gewinnt an Bedeutung. Dadurch nimmt das aktive Mitschwingen mit den Ereignissen in der unmittelbaren Umgebung ab – manchmal fällt es fast zur Gänze weg. Die ganze Fülle des gelebten Lebens breitet sich vor dem inneren Auge des Pflegebedürftigen aus und lädt zu Reisen in die Vergangenheit ein. Oft werden diese Entwicklungen von den Angehörigen nicht richtig verstanden oder falsch gedeutet und belasten das Zusammensein. Maria klagt: *»Mama bemerkt nicht einmal, wie sehr ich mich um sie bemühe. Manchmal denke ich, es ist ihr ganz gleichgültig, wer an ihrem Bett wacht.«* Anna erzählt: *»Es fällt mir schwer, mit Vater zu sprechen – wir haben unsere vertraute Gesprächsbasis irgendwie verloren!«,* und Simon meint: *»Mit Mutter konnte ich früher immer alles besprechen, sie war verständnisvoll und geduldig. Heute schweift ihr Blick oft in die Ferne, ich habe das Gefühl, sie hört mir nicht zu. Oft geschieht es, dass ich nicht wirklich verstehe, was sie mir sagen will.«* Die Aussagen machen deutlich, wie sehr die gewohnten Muster der Begegnung und des Gesprächsverlaufs verlassen werden müssen. Marias Mutter macht sich für ihre letzte große Reise bereit und sendet nur kleine Signale an ihre Umwelt, die Maria nicht bemerkt. Anna möchte auf die gewohnte Weise mit ihrem Vater sprechen und merkt, dass das nicht funktioniert. Sie muss lernen, ihren Vater gleichsam mit neuen Augen zu betrachten und nach geeigneten Gesprächsthemen zu suchen. Auch für Simon bedeutet die Aufnahme seiner pflegebedürftigen Mutter in seine Familie eine Umgestaltung des bisherigen Gesprächsverhaltens. Nur durch ein genaues Zuhören und die Bereitschaft, auch auf Zwischentöne zu lauschen, kann sich die alte Vertrautheit vielleicht wieder einstellen. Für viele pflegende Angehörige bringt der Austausch mit Menschen, die in ähnlichen Situationen stehen, eine wichtige Entlastung und hilft dabei, eine oft notwendige neue Weichenstellung im Umgang mit dem pflegebedürftigen Familienmitglied einzuleiten. Das Eingehen auf die vielen Facetten der aktuellen Lebenssituation des Pflegebedürftigen, ein Eintauchen in seine Lebensgeschichte und ein Herantasten an seine Wünsche fordern natürlich ein gehöriges Maß an zusätzlichem Engagement der Pflegenden. Andererseits öffnen sich durch dieses Eintauchen in die Welt des alten Menschen aber auch manche Türen zu neuen Einsichten und berührenden persönlichen Erlebnissen. Dadurch kann es eher gelingen, den negativen Kreislauf von Pflegebelastungen und Dauerstress zu durchbrechen. Positive Erfahrungen können den eigenen Horizont weiten und dazu führen, dass die Zeit der Pflege zu einer sinnerfüllten, bereichernden Zeit wird.

Wie kann trotz vielfältiger Belastungen auf beiden Seiten eine solche Begegnung gelingen? Wie ist es möglich, einen guten und Sicherheit gebenden Kontakt herzustellen oder aufrechtzuerhalten? Welche Möglichkeiten gibt es, die oft anzutreffenden Krusten des Schweigens aufzubrechen und wieder Licht und Farbe in den Alltag pflegebedürftiger Menschen zu bringen? In der Begleitung pflegebedürftiger Angehöriger spielen besonders jene Momente eine große Rolle, in der echte Begegnung möglich wird. Diese kostbaren Momente können nicht nur den Pflegebedürftigen helfen, ihre Situation leichter zu ertragen und anzunehmen, sondern bringen auch eine besondere Qualität in die alltägliche Betreuung. Besonders wichtig ist es, sich der Bedeutung bewusst zu werden, die in einem Austausch von Worten, Gedanken oder Berührungen liegt. Das Bedürfnis nach Zuwendung, nach Anteilnahme und nach Interesse an der eigenen Person spielt in jedem Lebensalter und in jeder Lebenssituation eine große Rolle und seine Erfüllung ermöglicht seelisches Gesundsein. Gerade bei alten Menschen kann das Eingehen auf diese zentralen Lebensbedürfnisse wesentlich zum Wohlbefinden beitragen und die Pflegesituation für beide Seiten erträglich machen. Gute Pflege muss demnach in jedem Fall mehr sein als das Eingehen auf körperliche Bedürfnisse. Ein wichtiger Schlüssel zu einer ganzheitlichen Betreuung liegt im bewussten Gestalten von Gesprächen.

> *»Ich glaube, das größte Geschenk, das ich von jemandem bekommen kann, ist, dass er mich sieht, mir zuhört, mich versteht und mich berührt. Das größte Geschenk, das ich einem anderen Menschen machen kann, ist, ihn zu sehen, ihm zuzuhören, ihn zu verstehen und ihn zu berühren. Wenn das gelingt, habe ich das Gefühl, dass wir uns wirklich begegnet sind.«*
> Virginia Satir[13]

Wie Gespräche gelingen können: Grundinformationen

Viele Bausteine aus dem weiten Feld der Kommunikation tragen dazu bei, dass wir uns von anderen verstanden und angenommen fühlen – oder eben nicht. Meistens macht man sich nicht die Mühe, über Gelingen oder Misslingen lange nachzudenken. Fühlt man sich im Gespräch mit anderen über einen längeren Zeitraum unverstanden, wird man den Kontakt mit diesem Menschen eher meiden. Wenn dies nicht möglich ist, macht sich bald ein unangenehmes Gefühl breit und nach und nach sinkt das gesamte Wohlbefinden. Demgegenüber spürt man meist recht rasch, wie wohltuend und angenehm es ist, von einem Gesprächspartner verstanden zu werden und in einen fließenden Dialog einzutreten. Was in Zeiten ohne besondere Belastungen zu einem wichtigen Element seelischen Wohlbefindens wird, kann in Zeiten der Belastung zu einem lebenserhaltenden Anker werden. Somit rückt das *gute Gespräch* zwischen Pflegebedürftigen und den Menschen, die sie betreuen und begleiten, in den Mittelpunkt und gehört zu jenen sanften Hilfen, die Entlastung bringen können.

Im Folgenden werden einige Grundinformationen zum Thema Kommunikation aufgegriffen, die besonders für Pflegesituationen von Bedeutung sind. So ist es beispielsweise hilfreich zu wissen, worauf man bei einem Gespräch besonders achten muss, wie man die Worte anderer richtig verstehen lernt oder wie sich die körperliche Verfassung auf den Umgang mit anderen Menschen auswirkt. Manchmal wird es gerade in der Begleitung pflegebedürftiger Menschen wichtig sein, den einen oder anderen »Wissensbaustein« ganz gezielt einzusetzen. Der berühmt gewordenen Satz von Paul Watzlawick »Man kann nicht *nicht* kommunizieren« weist darauf hin, wie vielschichtig der Austausch zwischen Menschen ist und welche Bedeutung auch unterschwellige Botschaften haben können. *»Ich habe doch keine Wort gesagt!«*, wundert sich Franziska R. über die Reaktion ihrer Kinder, die wahrgenommen haben, wie ihre Mutter die Hände vor der Brust verschränkte, den Kopf zur Seite drehte und vor sich hinstarrte, als sie von einem Wechsel der Pflegehelferinnen erfuhr. Gerade in der Begleitung von pflegebedürftigen Menschen muss man sich besonders vor Augen halten, dass nicht nur das gesprochene Wort in einer Beziehung wichtig ist, sondern auch das Verhalten, die Gesten, der Gesichtsausdruck, die Wahl der Worte – und alles, was gleichsam zwischen den Zeilen mitschwingt.

Aus der Praxis

Magdalena pflegt ihre Schwiegermutter. Sie bemüht sich sehr, besonders freundlich mit ihr zu sprechen, und lässt ihr gegenüber niemals auch nur ein böses Wort fallen. Umso weniger kann Magdalena verstehen, dass die alte Frau sich bei ihrem Sohn über ihre angeblich abweisende und unfreundliche Art beklagt. Wie kann die Schwiegermutter nur so über sie sprechen! Sie fühlt sich sehr ungerecht behandelt und das Klima in der Familie wird zunehmend angespannter. Einerseits hat Magdalena bei der Einschätzung der Lage Recht: Sie hat kein böses Wort gesagt und fühlt sich ohne Grund in die Ecke gestellt. Andererseits hat Magdalena Unrecht: Sie zeigt durch ihren Gesichtsausdruck, durch die Flüchtigkeit ihrer Bewegungen und die oft hochgezogenen Augenbrauen, dass sie ihre Schwiegermutter nicht sehr gern hat. Das alles ist ihr nicht wirklich bewusst und sie reagiert erschrocken, als ihr Mann sie darauf aufmerksam macht. Warum nimmt Magdalenas Schwiegermutter aber die Ablehnung wahr, wenn doch kein böses Wort gefallen ist? Aus der Kommunikationsforschung[14] ist bekannt, dass das gesprochene Wort dann an Bedeutung verliert, wenn das gesamte andere Verhalten – also die Körpersprache – etwas anderes sagt. Die Schwiegermutter von Magdalena hat ihren Ohren nicht glauben können, da doch alle anderen Sinne ihr gemeldet haben, dass ihre Schwiegertochter nur wenig Sympathie für sie aufbringt. Wie kann diese belastende Situation entschärft werden? Magdalena muss sich ihrer Gefühle bewusst werden und nach geeigneten Möglichkeiten suchen, in ihrer Begegnung mit der Schwiegermutter »echter« zu werden, ohne diese zu verletzen. In Gesprächen mit einer Freundin versucht sie in den folgenden Wochen, ihre negativen Gefühle zu benennen, und kann so langsam die Anspannung abbauen, die das lange Unterdrücken dieser Gefühle bewirkte: »Ich muss mich einfach immer wieder einmal so richtig ausschimpfen können. Bei meiner

Freundin ist das gut aufgehoben!« Entlastung erfährt Magdalena auch durch ihren Ehepartner, der sich nicht nur verstärkt um seine Mutter kümmert, sondern ihr auch zu einem offenen und ehrlichen Umgang Mut macht. Magdalena überwindet nach und nach ihr distanziertes Verhältnis zu ihrer Schwiegermutter. Sie versucht sich immer wieder einmal in deren Lage zu versetzen und kann so viel mehr Verständnis aufbringen. Manchmal gestattet sie sich, ihre Ungeduld in Worte zu kleiden und nicht hinter einem Lächeln zu verbergen. Magdalena ist überrascht, mit welcher stillen Gelassenheit ihre Schwiegermutter das aufnimmt. »Ich fühle mich jetzt viel wohler«, sagt die alte Frau zu ihrem Sohn, »auch wenn Magdalena manchmal gar nicht so freundlich ist, haben wir doch viele gute Stunden miteinander!«

Worte so zu verstehen, wie sie gemeint sind – auch das gehört zu den Fähigkeiten, die in Begleit- und Pflegesituationen wichtig sind. Auf den ersten Blick scheint dies ja auch nicht besonders schwer zu sein. Dorothea R. sagt zu ihrer Nichte Sabine, von der sie gepflegt wird: *»Mir ist kalt.«* Sabine hat verschiedene Möglichkeiten, auf diesen Satz einzugehen. Sie kann ihn in einem ersten Schritt als sogenannte *Sachinformation* aufnehmen und ihn als Feststellung verstehen: *»Ja, meiner Tante ist es kalt«*, und erst in einem zweiten Schritt nachfragen, ob sie etwas tun soll (z.B. eine Decke bringen, eine Tasse warmen Tee zubereiten, das Fenster schließen, die Heizung aufdrehen). Sie kann diesen Satz aber auch als *Appell* verstehen, und rasch wird in den Ohren von Sabine aus einem *»Mir ist kalt«* ein *»Mir ist kalt – bitte schließ das Fenster«*. Sabine weiß jedoch gar nicht, ob das ihrer Tante recht ist. Eine andere Möglichkeit, diesen einfachen Satz zu verstehen, besteht in der Vermutung, dass sich die alte Frau Gedanken um ihren Körperzustand macht und es vielleicht sinnvoll wäre, darüber mit dem Arzt zu sprechen. Dieser Aspekt der Aussage wird auch als sogenannter *Selbstoffenbarungsaspekt* bezeichnet und bringt Gefühle, Gedanken oder Einstellungen zum Ausdruck, die auf den ersten Blick hin nicht so leicht zu erkennen sind. Schließlich lässt die Äußerung von Dorothea R. den Schluss zu, dass sie sich mit persönlichen Dingen an Sabine wenden kann, womit der *Beziehungs-*

aspekt dieser Aussage angesprochen ist. Im Alltag macht man sich über die sogenannten vier Seiten einer Botschaft[15] nur selten Gedanken, wenngleich meistens die eine oder andere Bedeutung von Aussagen mitschwingt, und man ist irritiert, wenn der Gesprächspartner anders als erwartet reagiert.

Pflegesituationen gehören zu jenen Ausnahmesituationen, in denen ein genaues Verstehen besonders wichtig ist, nicht zuletzt, um drohender Überlastung entgegenzuwirken. Viele Gespräche mit Rat suchenden Angehörigen machen deutlich, wie schwer es ist, die Äußerungen pflegebedürftiger Menschen richtig einzuschätzen und nicht immer einen Appell, eine Aufforderung zum Handeln herauszuhören. Wenn jeder Satz, jede Feststellung oder Klage gleich dazu führt, dass die Pflegenden aufspringen und etwas verändern, ausführen oder bringen wollen, dann entsteht zwangsläufig sehr rasch eine Überforderung. Doch auch eine voreilige Interpretation auf der Beziehungsebene kann zu einer Falle im Pflegealltag werden und den eigenen Selbstwert schwächen. Was ist damit gemeint? Wenn beispielsweise der Satz *»Ich habe Durst«* keine einfache Feststellung bleibt, sondern beim Pflegenden sofort auf der Beziehungsebene eingeordnet wird, kann diese Aussage leicht als versteckter Angriff verstanden werden und bringt Verunsicherung in die Pflegesituation: *»Bin ich überhaupt in der Lage, die Pflege gut auszuführen, kann ich auf die Bedürfnisse meines Vaters, meiner Mutter ... wirklich eingehen?«* Diese und ähnliche selbstentwertenden Interpretationen belasten den Pflegealltag und können das Klima zwischen den Familienangehörigen vergiften. Um Missverständnissen oder voreiligen Schlüssen vorzubeugen, hat es sich bewährt, genau hinzuhören und gegebenenfalls nachzufragen, was wirklich gemeint ist: *»Ich habe dich jetzt so verstanden – stimmt das?«* Ein genaues Hinhören und Zuhören erleichtert viele schwierige Situationen im Pflegealltag und trägt zu guten Gesprächen ganz wesentlich bei. Manchmal fällt es *professionellen Begleitern* – beispielsweise ausgebildeten Krankenschwestern, Pflegehelfern oder Altenbetreuern – leichter, die nötige Gelassenheit und Distanz aufzubringen, um den Kern von Äußerungen zu erkennen. Sie können den Angehörigen dadurch wichtige Verhaltenshinweise geben, wie im folgenden Beispiel:

Aus der Praxis

Barbara und Peter haben sich entschlossen, den alten Leopold bei sich aufzunehmen. Obwohl Leopold nur ein entfernter Verwandter ist, spielt er im Leben der Familie eine große Rolle und brachte früher als unverheirateter und kinderloser »Onkel« immer viel Verständnis für die Jugend der Großfamilie auf. Jetzt, im Alter, fühlt er sich sehr allein und nach einem Schlaganfall kann er sich nicht mehr selbst versorgen. Die Pflegesituation ist für Barbara und Peter eine ganz neue Erfahrung. Mit großem Engagement betreut und unterstützt Barbara den alten Mann und versucht alles, um ihm das Leben so angenehm wie nur möglich zu machen. Leopold ist zufrieden. Und doch fühlt sich Barbara unruhig und kämpft zunehmend mit Schlafproblemen. Sie kann nicht abschalten und jeder Ton aus Leopolds Zimmer lässt sie aufschrecken und nach ihm schauen. »Ich möchte jetzt schlafen« – dieser Satz führt dazu, dass Barbara rasch durch die Wohnung läuft und die Fenster schließt, damit der Straßenlärm Leopold nur ja nicht störe. »Heute habe ich aber Appetit« – Barbara springt schon auf und holt einen zweiten Teller mit Gemüse und Nudeln. »Habe ich meine Tabletten schon genommen?« – auch da eilt Barbara an das Bett von Leopold und überprüft sofort die Tablettenschachtel. Die Situation spitzt sich immer mehr zu, Barbara verliert jegliche Gelassenheit in der Begleitung und Pflege von Leopold und bricht immer öfter in Tränen aus. Neben dem ständigen Hören auf dem sogenannten »Appellohr« interpretiert Barbara Leopolds Aussagen immer öfter auch auf der Beziehungsebene. Wenn der Onkel beispielsweise sagt: »Ich habe heute so einen Durst!«, läuft Barbara nicht nur ungefragt los, um ein Glas Saft zu holen, sondern denkt bei sich: »Ich habe sicher vergessen, Leopold ausreichend Flüssigkeit ans Bett zu stellen.« So ist der Kreislauf belastender und negativer Gedanken voll in Gang gesetzt und bringt für Barbara jeden Tag Selbstzweifel und das Gefühl, der Situation nicht gewachsen zu sein. Erst als Peter eine Unterstützung durch einen mobilen Pflegedienst organisiert, kommt Barbara zur Ruhe. Sie beobachtet die Pflegekraft, hört den Gesprächen zwischen Schwester Andrea und Leopold zu und muss mit Erstaunen feststellen, dass Leo-

pold auch ohne große Aktivitäten zufrieden ist. In den folgenden Tagen versucht sie in der Begegnung mit dem Onkel genauer hinzuhören und nachzufragen: »Was willst du damit sagen? Was möchtest du? Soll ich jetzt etwas für dich tun?« Langsam wird Barbara wieder ruhiger. Auch für Leo entspannt sich die Situation, denn er litt auch unter der hektischen Betriebsamkeit von Barbara, auf die er sich keinen Reim machen konnte.

Für die meisten Menschen ist es eher ungewohnt, sich über die »Gesetze« der Kommunikation Gedanken zu machen und darüber nachzudenken, worauf man in einem Gespräch besonders achten soll. Pflegesituationen bringen jedoch viele Momente mit sich, in denen es hilfreich und entlastend ist, Bescheid zu wissen und auf aufkeimende Fragen selbst Antworten zu wissen. Eine kurze Zusammenstellung wichtiger Wissensbausteine soll Pflegenden Orientierungshilfen anbieten.

Bausteine der Kommunikation: Wissenswertes in seiner Bedeutung für die Situation pflegender Angehöriger

Vielleicht kann es Ihnen helfen zu wissen,
… dass Kommunikation lebensnotwendig ist. *Hinweis: »Hören Sie Ihrem Angehörigen zu, sprechen Sie mit ihm, auch wenn Sie meinen, er bekomme nichts mit, und achten Sie auch auf die kleinen Signale.«*

… dass jeder Mensch sich mitteilt – auch die Verweigerung von Kommunikation ist eine Botschaft. *Hinweis: »Überdenken Sie die Situation und überlegen Sie gemeinsam mit Ihrer Familie, welche möglichen Gründe für das Verstummen Ihres Angehörigen es geben kann. Machen Sie kleine Gesprächsangebote, laden Sie zu kleinen Aktivitäten ein oder bleiben Sie länger als bisher an seiner Seite.«*

… dass in jeder Botschaft verschiedene Aspekte verborgen sind (Sachaspekt, Appellaspekt, Beziehungsaspekt, Selbstoffenbarungsaspekt). *Hinweis: »Fragen Sie nach, wenn Sie sich unsicher sind, was gemeint ist oder wie das Gesagte zu verstehen ist.«*

… dass Menschen über zwei sogenannte Kanäle miteinander in Kontakt treten: das gesprochene Wort (verbale Botschaften) und über die Körpersprache (nonverbale Botschaft). *Hinweis: »Beachten Sie auch den Gesichtsausdruck und die Körperhaltung des Pflegebedürftigen.«*

… dass Gefühle, Stimmungen und unbewusste Botschaften besonders über die Körpersprache ausgedrückt werden. *Hinweis: »Nehmen Sie in der Begleitung die Signale der Körpersprache genauso ernst wie das gesprochene Wort; ein Schließen der Augenlider kann beispielsweise das Bedürfnis nach Ruhe ausdrücken u. Ä.«*

… dass Menschen Aussagen nur dann als glaubwürdig erfahren, wenn verbale und nonverbale Botschaften übereinstimmen. Dort, wo dies nicht der Fall ist, schenken wir der Körpersprache mehr Glauben. *Hinweis: »Beachten Sie ganz bewusst Worte UND Gesten; nehmen Sie sich Zeit für die ›Sprache der Gesten‹!«*

… dass sachliche oder gar schwierige Themen nur dann wirklich gehört und aufgenommen werden, wenn die Beziehung zwischen den Gesprächspartnern zumindest neutral ist. *Hinweis: »Suchen Sie nach Möglichkeiten über die reine Pflege und Versorgung hinaus, die Beziehung zum pflegebedürftigen Menschen positiv zu gestalten (z. B.: gemeinsame Aktivitäten, stilles Da-Sein, anteilnehmendes Zuhören, Aufgreifen vertrauter Rituale).«*

… dass Ereignisse oder Verhaltensweisen, die nicht zur augenblicklichen Situation passen, als sogenannte Störung den Gesprächsverlauf beeinträchtigen – sie müssen zuerst angesprochen und bearbeitet werden (»Störungen haben Vorrang!«). *Hinweis: »Nehmen Sie sich Zeit, die sogenannten Störungen anzusprechen, und suchen Sie gemeinsam mit dem Pflegebedürftigen nach Lösungen.«*

… dass alle Botschaften von den konkreten Lebensumständen beeinflusst werden. Das, was Menschen sagen oder wie sie Worte verstehen, kann beispielsweise durch die Tagesverfassung verzerrt werden, durch Schmerzen, körperliche Beschwerden, Gefühle, Wünsche u.v.a.m. *Hinweis: »Denken Sie in der Begegnung mit dem pflegebedürftigen Menschen daran, dass auch Ihre Worte und Gesten einem sogenannten Filter – wie z.B. der aktuellen Tagesverfassung oder dem Zeitbudget – unterworfen sind, und scheuen Sie sich nicht, dies auch anzusprechen.«*

Eingehen auf »schwierige« Themen

Für viele pflegebedürftige Menschen ist es schwer, über Dinge zu sprechen, die ihre Seele belasten und die sie traurig machen. Im alltäglichen Zusammenleben haben viele sogenannte schwere Themen oft keinen Platz. Clara S. beispielsweise findet keinen Weg, über ihre Ängste vor Schmerzen und einem Abgeschobenwerden zu sprechen, und leidet unter diesem »Angstberg«, der ihr den Schlaf raubt. Johann K. schlägt sich mit alten, lang unterdrückten Schuldgefühlen herum, die ihn quälen. Johanna W. kommt nicht zur Ruhe und grübelt über den Sinn ihres langen Lebens nach, in dem sie schon so viele Jahre ans Bett gefesselt ist. Angst, Schuld und die Frage nach dem Sinn des Lebens sind jene zentralen Bereiche, die Menschen speziell in Umbruchssituationen beschäftigen. Am Ende des Lebens können sie noch einmal – ein letztes Mal – zum Vorschein kommen und nach einer Lösung oder einer Antwort drängen. Dabei sind Gespräche hilfreich, in denen ein anteilnehmender Zuhörer als Begleiter zu Verfügung steht. Doch nicht nur die Betroffenen selbst scheuen sich oft, über belastende Gefühle und Gedanken zu sprechen, auch die pflegenden Angehörigen weichen den schweren Themen lieber aus. Eine Möglichkeit, bestehende Unsicherheiten im Umgang mit diesen schwierigen Gesprächsthemen abzubauen, besteht darin, sich bereits im Vorfeld mit dem einen oder anderen Thema auf persönliche Art und Weise zu beschäftigen. Nachfolgende Impulsfragen sollen als Anregung dienen.

Anregungen für eine persönliche Auseinandersetzung mit den Themen Angst, Schuld und Sinn

1) Angst
Versuchen Sie die nachfolgenden Fragen für sich persönlich zu klären:

»Wenn Sie das Wort ›Angst‹ hören, was fällt Ihnen da zuerst ein?«

»Wovor hatten Sie einmal besonders Angst? Und was hat Ihnen geholfen?«

»Woran merken Sie, dass Sie Angst haben?«

»Was macht Ihnen besonders Angst (welche Gedanken, Situationen, Menschen, Gegenstände u. Ä.)?«

»Wie können Sie sich helfen, wenn Sie Angst haben?«

»Wenn Sie an Ihr eigenes Altwerden denken, wovor haben Sie die größte Angst?«

- *Nehmen Sie ein Blatt Papier, schreiben Sie in die Mitte das Wort ›Angst‹ und notieren Sie rund um dieses Wort alles, was Ihnen dazu gerade in den Sinn kommt.*
- *Gestalten Sie ein Bild zum Thema ›Meine Ängste‹.*

2) Schuld
Versuchen Sie die nachfolgenden Fragen für sich persönlich zu klären:

»Wann in Ihrem Leben haben Sie sich ›schuldig‹ gefühlt?«

»Welche Möglichkeiten haben Sie gewählt, um mit ›Schuld‹ fertigzuwerden?«

»Fällt es Ihnen leicht, sich selbst zu verzeihen?«

»Welche Gedanken oder Worte finden Sie, um sich selbst zu verzeihen?«

»Wer oder was kann Ihnen helfen, mit Schuldgefühlen fertigzuwerden?«

»Was macht es Ihnen leicht, anderen Menschen zu verzeihen?«

- *Suchen Sie ein Gedicht, ein Gebet, einen Psalm o. Ä., in dem das Thema Schuld behandelt wird, und setzen Sie es mit ihren Erfahrungen in Bezug.*
- *Erinnern Sie sich an Ereignisse zurück, in denen Sie sich im Laufe Ihres Lebens schuldig gefühlt haben. Was hat Ihnen geholfen, mit diesen Gefühlen fertigzuwerden?*

3) Sinn

Versuchen Sie die nachfolgenden Fragen für sich persönlich zu klären:

»Was hat Ihrem bisherigen Leben Sinn verliehen?«

»Welche Menschen und Ereignisse, welche persönlichen Leistungen und Taten geben Ihrem Leben in der jetzigen Situation Sinn?«

»Wie hat sich ›der Sinn ihres Lebens‹ im Laufe der Jahre verändert?«

»Denken Sie an die Menschen in ihrem Umfeld: Was gibt deren Leben Sinn?«

»In welchen Situationen Ihres Lebens war es für Sie schwer, einen Lebenssinn zu sehen? Was hat Ihnen bei der Überwindung dieser Krise geholfen?«

»Kennen Sie Menschen, die trotz schwerer Belastungen von einem ›sinnerfüllten Leben‹ sprechen? Was hilft diesen Menschen, so zu denken?

- *Stellen Sie sich vor, eine alte Frau oder ein alter Mann sagt zu Ihnen: ›Wenn ich noch einmal zu leben hätte, würde ich alles anders machen!‹ Was würden Sie ihm sagen? Versuchen Sie, diesem Menschen einen Brief zu schreiben!*

Eine Auseinandersetzung mit den zentralen Lebensthemen Angst, Schuld und Sinn kann nicht nur helfen, einen persönlichen Zugang zu finden, sondern trägt auch dazu bei, die Hürden der Befangenheit in der Begegnung mit dem pflegebedürftigen Menschen zu überwinden. Wenn Begleiter selbst keine Angst mehr haben, das Gefühl »Angst« anzusprechen und zu benennen, wird es Pflegebedürftigen leichter fallen, sich zu öffnen. Wenn Begleiter selbst über die Schuldfrage nachdenken und erkennen, wie sie damit in ihrem eigenen Leben bisher umgegangen sind, wird es eher gelingen, dieses Thema im Pflegealltag zuzulassen. Und wenn Begleiter sich der vielen Möglichkeiten bewusst werden, dem Leben einen Sinn abzuringen[16] und »trotz allem« zu diesem Leben Ja zu sagen, kann dies Raum für besondere Gespräche schaffen.

Aus der Praxis

Johann P. kam nach einem Schlaganfall in die Familie seiner ältesten Tochter Anneliese. Seine Lebensgeschichte war von einer Kindheit in armen Verhältnissen ebenso geprägt wie von den harten Kriegsjahren und der entbehrungsreichen Zeit des Wiederaufbaus. Anneliese und ihre Geschwister wussten wenige Einzelheiten über das Leben ihres Vaters. Die Mutter hatte dann und wann erzählt, wie der Vater nach seiner Rückkehr aus dem Krieg schlecht schlief und von Alpträumen geplagt wurde. Niemand fragte genau nach, was dort, auf dem fernen Schlachtfeld, passiert war. Die Kinder spürten immer eine Scheu, über den Krieg zu sprechen, und es war ein ungeschriebenes Familiengesetz, über diese schlimmen Jahre den Schleier des Schweigens zu ziehen. Auch als die Mutter gestorben war, änderte sich nichts daran. Niemand fragte nach all den Jahren den Vater, was er erlebte. Die Schlafstörungen blieben und konnten nur durch Medikamente reguliert werden.

Nach und nach veränderte sich Johann P., und die Kinder erkannten, dass die rüstigen Jahre ihres Vaters langsam zu Ende gingen. Er wurde schwächer und konnte sich nicht mehr gut alleine versorgen. Doch erst nach einem Schlaganfall war er bereit, in das Haus von Anneliese und ihrer Familie aufs Land zu ziehen. Johann P. kam mit der Umstellung erstaunlich gut zurecht. Er freute sich über den schönen Garten und war ganz glücklich, von seinem Bett aus in die Krone eines Apfelbaums schauen zu können. Auch seine Enkelkinder hatte er gerne um sich. Nur die Schlafstörungen blieben und Anneliese fragte sich, ob sie mit ihrem Vater darüber reden solle. Anfangs fehlte ihr der Mut. Sie wusste nicht recht, wie sie es anstellen sollte. Doch dann nahm sie sich ein Herz und begann zunächst nur davon zu erzählen, wie die Kinder dann und wann im Schlaf weinen und Angst vor der Dunkelheit haben. Johann P. hörte wortlos zu und nickte. In den folgenden Wochen griff Anneliese das Thema Angst, Dunkelheit und Schlafprobleme immer wieder auf und versuchte so, ihrem Vater eine Art Brücke zu bauen, über seine eigenen Gefühle zu sprechen. Doch erst nach etlichen Monaten brach Johann P. schließlich sein Schweigen. Mit leiser Stimme sagte er, dass ihn die Gespenster der Vergangenheit immer wieder einholen würden. Ja, er fühle sich noch immer schuldig und habe Angst, so zu sterben. Ja, er habe Angst, eine riesengroße Angst, keine Vergebung zu erlangen. Anneliese setzte dem nichts entgegen. Sie saß am Bett ihres Vaters und hörte nur zu. Manches konnte sie nicht richtig verstehen, Johann P. sprach leise und undeutlich – vielleicht sprach er auch zu jemandem, den er sich vorstellte und der eigentlich schon längst gestorben war. Manchmal weinte der alte Mann und griff nach der Hand seiner Tochter. Sie stellte keine Fragen. Sie hielt es aus, einfach da zu sein und ihrem Vater zu helfen, seine Schuld zu benennen und seiner Angst einen Namen zu geben. Oft zündeten sie gemeinsam eine Kerze an und fanden darin ein wortloses Ritual, den Tag zu verabschieden – im Vertrauen auf ein lichtes Morgen.

In der Begleitung von Pflegebedürftigen spielt das Thema Angst meist eine große Rolle. Im Prinzip handelt es sich bei diesem Gefühl um ein Warnsystem, das helfen soll, Gefahren und Bedrohungen zu erkennen, ihnen auszuweichen oder sie zu bewältigen. Unbekanntes, Neues und Situationen, deren Ausgang nicht eindeutig zu erkennen ist, lösen besonders oft dieses Gefühl aus. Wenn man sich nun die Lebensumstände vor Augen hält, die dazu führen, dass Menschen pflegebedürftig werden und sich in die Betreuung anderer begeben müssen, kann man die ängstlichen Gefühle vielleicht besser verstehen. In der alltäglichen Betreuung pflegebedürftiger Menschen ist allerdings nicht immer auf den ersten Blick zu erkennen, dass Angst im Spiel ist. Am leichtesten ist dies dann möglich, wenn Ängste direkt beim Namen genannt werden oder körperliche Anzeichen eine klare Sprache sprechen. Eine ängstlich angespannte Körperhaltung, häufiges Aufschrecken oder länger anhaltende

Erregungszustände sind klare Anzeichen von Angst. Schwieriger ist es, sich in die Gedankenwelt des pflegebedürftigen Menschen einzufühlen und Angst auslösende Gedanken nachzuvollziehen. In vielen Situationen, die Angst im Laufe eines langen Lebens auslösen, hat es sich bewährt, entweder den Weg der Flucht anzutreten oder aber zu kämpfen. Für alte pflegebedürftige Menschen fallen diese Möglichkeiten als konkrete Handlungen mehr oder weniger weg. Dennoch bleiben Flucht oder Angriff als Grundmuster erhalten. Sie können sich dann in der Pflegesituation beispielsweise darin zeigen, dass Menschen auf jede Pflegemaßnahme mit Aggressionen reagieren oder aber damit beschäftigt sind, sich permanent ihren Begleitern zu entziehen – sie drehen sich beispielsweise immer dann mit dem Gesicht zur Wand, wenn sie umgelagert werden sollen, stellen sich schlafend oder stoßen die pflegenden Hände zur Seite. Das belastende Gefühl einer ungewissen Zukunft, die Frage »Wie lange noch?« und die subjektiv erlebte Hilflosigkeit sind nur einige Punkte, die dazu führen können, dass Angst zum ständigen Begleiter pflegebedürftiger Menschen wird.

Welche Angstinhalte stehen in der Begleitung von pflegebedürftigen Menschen besonders häufig im Vordergrund? Und wie können pflegende Angehörige damit umgehen? Die folgende Zusammenstellung versucht darauf einzugehen.

Häufig vorkommende Ängste und mögliche Hilfestellungen

1) Angst aufgrund von äußeren Veränderungen, die als Bedrohung erlebt werden

Auslöser können beispielsweise folgende Ereignisse sein:

- Wegfall der eigenen Wohnung und Verlust von allem, was damit zusammenhängt, z.B.: Raumaufteilung und die damit verbundene Sicherheit für die Orientierung oder Veränderung des gewohnten Ausblicks (»mein Blick aus dem Fenster«). *Hilfsangebote: Schaffen Sie die Möglichkeit, dass der pflegebedürftige Mensch sich in Ruhe von den vertrauten ›vier Wänden‹ verabschieden kann, und interessieren Sie sich für die Geschichte dieses Wohnraums; ma-*

chen Sie eine Fotoserie vertrauter Ausblicke – der Blick aus dem Küchenfenster, aus dem Schlafzimmerfenster u. Ä.

- Verlust vertrauter und Sicherheit gebender Gegenstände. *Hilfsangebote: Suchen Sie gemeinsam mit Ihrem Angehörigen einige Gegenstände aus, an denen sein Herz besonders hängt, und geben Sie diesen Gegenständen einen würdigen Platz in der neuen Umgebung.*
- Wegfall der vertrauten sozialen Bezüge. *Hilfsangebote: Suchen Sie nach Möglichkeiten, den einen oder anderen Kontakt aufrechtzuerhalten – und sei es nur durch gelegentliches Telefonieren, Briefeschreiben oder Gespräche über diese Personen.*
- Notwendige Neuanpassung an neue Räumlichkeiten, neue ›Ausblicke‹, neue Geräusche und Gerüche u. Ä. *Hilfsangebote: Lassen Sie Ihrem Angehörigen Zeit zur Eingewöhnung, sprechen Sie die Umstellung als Leistung an und fragen Sie nach, was im Umfeld alles neu und anders ist; Suche nach Möglichkeiten, Vertrautes in die neue Lebensumgebung einzubauen (z.B. Ausrichtung des Bettes, Gestaltung des Nachttisches, vertraute Lichtquellen).*
- Veränderte Beziehungen zu den Familienangehörigen (z. B. Kontrolle über den persönlichen Alltag, Regelung finanzieller Dinge), neue soziale Bezüge (z. B. Wechsel des Hausarztes, Kontakt zu Pflegekräften), unbekannte oder wenig vertraute Verhaltensweisen der Pflegepersonen. *Hilfsangebote: Geben Sie Ihrem Angehörigen die nötige Sicherheit, indem sie neue Regelungen offen ansprechen; versuchen Sie manche alte und lieb gewonnene Gewohnheiten in den neuen Alltag ›hinüberzuretten‹.*
- Durch die Pflege notwendig gewordener, jedoch bisher ungewohnter Körperkontakt; wenig vertraute Berührungen. *Hilfsangebote: Bereiten Sie Ihren Angehörigen auf die Pflegehandlungen und die Berührungen vor, indem Sie ihm mitteilen, was Sie tun werden; gehen Sie respektvoll mit dem ›verwelkten‹ Körper um und berücksichtigen Sie das Schamgefühl des Pflegebedürftigen.*

2) Angst aufgrund von bedrohlich wirkenden Vorstellungen, Fantasien und inneren Bildern

Auslöser können beispielsweise folgende Situationen sein:

- Sorgenvolle Gedanken über den Verlauf der Pflegesituation – »Was wird alles auf mich zukommen!?« *Hilfsangebote: Beziehen Sie den pflegebedürftigen Menschen so weit wie möglich in Ihre Entscheidungen und Pläne mit ein; sprechen Sie mit ihm über seine Befürchtungen und Wünsche.*
- Erfahrungen mit Abhängigkeit und Ausgeliefertsein, die in der Fantasie noch ausgeschmückt und unrealistisch erweitert werden. *Hilfsangebote: Lassen Sie sich von den alten Erfahrungen (z.B.: Belastendes aus Kindertagen, Ehe, Beruf, Kriegszeiten) erzählen und geben Sie dem pflegebedürftigen Menschen die Möglichkeit, die aktuelle Angst beim Namen zu nennen.*
- Berichte über schwierige Pflegesituationen oder gar Pflegemissstände. *Hilfsangebote: Interessieren Sie sich dafür, welche Vorstellung oder welches innere Bild besonders belastend ist und Angst macht; versuchen Sie, jene Punkte zu erfahren, die aus Sicht Ihres Angehörigen eine gute, und jene, die und eine katastrophal schlechte Pflegesituation kennzeichnen.*
- Gedanken an das eigene Sterben; bestimmte Jenseitsvorstellungen, in denen ein strafender Gott im Vordergrund steht. *Hilfsangebote: Grenzen Sie Gespräche über das Ende des Lebens nicht aus; versuchen Sie sogenannte letzte Wünsche behutsam herauszufinden; weisen Sie darauf hin, dass es Patientenverfügungen gibt, und helfen Sie ggf., diese auszufüllen; suchen Sie gemeinsam nach tröstlichen Vorstellungen.*
- Befürchtungen, abgeschoben zu werden, und daraus folgende Vorstellungen. *Hilfsangebote: Treffen Sie klare Absprachen und machen Sie deutlich, dass Sie sich daran halten werden; überlegen Sie gemeinsam mit Ihrem Angehörigen, welche Alternativen zur häuslichen Pflege in Frage kämen, z.B. wenn sich der Gesundheitszustand verschlechtert oder die Pflegenden einen Urlaub planen.*

3) Angst aufgrund von körperlichen Veränderungen oder Veränderungen der Persönlichkeit

Auslöser können beispielsweise folgende Ereignisse sein:

- Zunehmende körperliche Einschränkungen, Veränderungen in der Qualität der Sinneswahrnehmungen (z. B. schlechtes Hören, schlechtes Sehen). *Hilfsangebote: Besprechen Sie sich mit dem Hausarzt und veranlassen Sie eine ärztliche Abklärung; veranlassen Sie, dass nötige Hilfsmittel wie Brillen, Zahnersatz, Hörgeräte oder Gehhilfen angeschafft oder angepasst und auf den neuesten Stand gebracht werden; schaffen Sie Möglichkeiten, trotz Einschränkungen positive Erfahrungen zu machen (z.B. vorlesen, wenn die Sehkraft schwindet; Auswahl eines kürzeren, dafür aber besonders schönen und alle Sinne anregenden Spaziergangs u. Ä.).*
- Veränderungen des Appetits; Veränderungen des Schlafbedürfnisses und der Schlafqualität. *Hilfsangebote: Klären Sie mit dem Arzt ab, ob die geschilderten Veränderungen im Bereich normaler altersbedingter Prozesse liegen; suchen Sie in Gesprächen etwas über konkrete Angstinhalte zu erfahren (führen beispielsweise belastende Träume zu Schlafproblemen oder ist es der ungewohnte Raum; ist der Appetit allgemein geringer oder hat dies etwas mit der Umstellung auf neue, ungewohnte Gerichte zu tun).*
- Akute Erkrankungen oder Unfälle, bei denen eine Wiederherstellung des alten Gesundheitszustandes unwahrscheinlich ist. *Hilfsangebote: Gaukeln Sie ihrem Angehörigen nicht vor, dass ›es‹ schon wieder werden wird, wenn die Fakten klar dagegen sprechen. Helfen Sie ihm, sich von unrealistischen Vorstellungen zu verabschieden und seine realen Möglichkeiten voll auszuschöpfen; unterstützen Sie ihn dabei, neue Hoffnungsbilder zu finden (z.B. Hoffnung auf weitgehende Schmerzfreiheit).*
- Abhängigkeit von Tabletten u. Ä. *Hilfsangebote: Veranlassen Sie ein Gespräch mit dem Hausarzt und sprechen Sie die konkreten Ängste an (beispielsweise Angst vor Sucht,*

Angst vor Situationen, in denen die Medikamentenverordnung verlorengeht oder die Medikamente nicht aufzufinden sind u. Ä.); treffen Sie, soweit dies möglich ist, Vorkehrungen, die eine regelmäßige Medikamenteneinnahme ermöglichen.

- Vergesslichkeit, Nachlassen des Erinnerungsvermögens. *Hilfsangebote: Sorgen Sie für eine ärztliche Abklärung bzgl. Altersdemenz; führen Sie Gespräche, die das Gedächtnis herausfordern (›Erinnerungsarbeit‹); bringen Sie in der Wohnung Orientierungshilfen an (z.B.: an den Zimmertüren Fotos der Bewohner; ein übersichtlicher großer Kalender, in dem alle wichtigen Daten eingetragen sind).*
- Anzeichen von sozialen Schwierigkeiten und Konflikten im sozialen Umfeld (»Streitereien«). *Hilfsangebote: Zeigen Sie Verständnis, ohne sich jedoch in potenzielle Konflikte hineinziehen zu lassen; versuchen Sie herauszubekommen, wovor der pflegebedürftige Mensch besonders Angst hat, und leiten Sie, falls nötig, klärende Gespräche ein (z.B. Klärung der Erbsituation); informieren Sie regelmäßig alle Familienmitglieder über die konkrete Pflegesituation; haben Sie keine Scheu, notfalls auch sogenannte neutrale Dritte um Rat und Hilfe zu fragen.*

Anregung: Überlegen Sie, welche der angeführten Aspekte für Ihren Angehörigen zutreffen und welche nicht. Ergänzen Sie gegebenenfalls die Liste! Schreiben Sie auf, was Ihnen und Ihrem pflegebedürftigen Angehörigen geholfen hat oder helfen könnte.

Worauf kommt es im Umgang mit den sogenannten schwierigen Gesprächsthemen besonders an? In erster Linie brauchen pflegende Angehörige die Gabe, Verständnis für Lebensformen und Lebenszugänge aufzubringen, die mit den eigenen Werten und Vorstellungen nicht immer übereinstimmen. Sie brauchen die Gabe der Geduld und des einfühlsamen Zuhörens. Besonders bei den heiklen Fragen um Schuld und Vergebung, bei der Suche nach Sinn, bei dem Entwurf von Hoffnungsbildern und einer intensiven

Beschäftigung mit existenziellen Ängsten sollten sie sich nicht in Diskussionen verstricken. Die persönliche Meinung ist nicht so sehr gefragt wie ein aufmerksames und anteilnehmendes Zuhören. Pflegebedürftige brauchen an ihrer Seite Menschen, die sich einfühlen können und trotzdem stark genug sind, auch Belastendes auszuhalten. Es ist oft sehr schwer, zusehen zu müssen, wie sich die alten Menschen in Gedanken mit längst vergangenen Situationen »herumschlagen« und in alten Ängsten gefangen sind. Doch echte Hilfestellung besteht nicht darin, dem Betroffenen etwas aus- oder einreden zu wollen. Echte Hilfestellung liegt vielmehr darin, im Vertrauen auf die inneren Kräfte und spirituelle Unterstützung den Kontakt aufrechtzuerhalten, Zeiten des Schweigens auszuhalten und durch behutsames Nachfragen den inneren Prozess des Suchens und Ordnens in Gang zu halten, der sich bei jedem Mensch anders gestaltet.

Linien des Lebens

Die Linien des Lebens sind verschieden
Wie Wege sind und wie der Berge Grenzen.
Was hier wir sind kann dort ein Gott ergänzen
Mit Harmonien und ewigem Lohn und Frieden.

Friedrich Hölderlin

Die Lebensgeschichte im Mittelpunkt: Biografiearbeit

»Wer ist der Mensch eigentlich wirklich, den ich zu mir genommen habe«, fragt Paula R., nachdem sie sich entschlossen hat, ihren pflegebedürftigen Schwiegervater bei sich aufzunehmen; sie war der Meinung gewesen, über dessen Leben Bescheid zu wissen. *»Ich habe ja gar nicht gewusst, was Mama in der Kriegszeit alles durchgemacht hat!«,* ist Josef A. erstaunt und betroffen zugleich, als ihm seine Frau über den Inhalt der Gespräche erzählt, die sie während der notwendigen Pflege mit ihrer Schwiegermutter führt.

»Seit Oma an ihrem Rezeptbuch bastelt, ist sie wie ausgewechselt«, berichtet Sabine über eine positive Wende in der Begleitung ihrer Großmutter, seit sie diese gebeten hat, für sie alte Rezepte zusammenzuschreiben und ein Rezeptbuch zu gestalten. Jedes der angeführten Beispiele macht deutlich, dass die Lebensgeschichte des pflegebedürftigen Menschen immer auch Teil der gemeinsam zu gestaltenden Zeit ist und zu einem wichtigen Schlüssel für ein besseres Verständnis, für mehr Vertrautheit und größeres Wohlbefinden werden kann.

Die Beschäftigung mit den Stationen der Vergangenheit, ein Blick auf die Sonnen- und Schattenseiten der gelebten Jahre, Fragen nach bestimmten Lebensgewohnheiten oder vertrauten Ritualen u. Ä. haben unter dem Begriff *Biografiearbeit*[17] in die Betreuung von kranken und alten Menschen Eingang gefunden und diese nachhaltig positiv beeinflusst. Dabei müssen keine neuen Techniken erlernt werden, sondern Betroffene wie Begleiter können auf die altbewährte Form des Gesprächs zurückgreifen. Das einzige Besondere an der Art der Gespräche ist der *Inhalt*, der sich auf die verschiedenen Facetten der Lebensgeschichte bezieht. Erinnerungen an vergangene Tage können ebenso erzählt werden wie die Erfahrungen der Gegenwart oder Wünsche und Vorstellungen für die Zukunft – auch wenn diese nur noch eine kurze Zeitspanne betrifft.

Positive Aspekte der Biografiearbeit in der Pflege

Durch das Eintreten in lebensgeschichtliche Gespräche wird es für pflegebedürftige Menschen u. a. möglich:

… noch einmal auf die einzelnen Stationen des eigenen Lebens zu schauen und so das Gefühl der eigenen Bedeutsamkeit zu spüren *(»Ich habe viel erlebt!«),*

… sich an wesentliche Menschen, Landschaften, Ereignisse u. a. zu erinnern *(»Ich kann mich noch gut erinnern«),*

… sich an den schönen Erlebnissen der Vergangenheit zu erfreuen *(»Wie gut ist es mir gegangen!«),*

… an die negativen Erfahrungen zu denken und daran, wie

man sie bewältigt hat *(»Wie ich das alles überstanden habe!«)*,

... Belastendes aus der Vergangenheit einmal noch an- und auszusprechen, um es dann loslassen zu können *(»Ich kann Altes ruhen lassen«)*,

... viele verschiedene Geschichten zu erzählen, z. B.: Freundschaftsgeschichten, Angstgeschichten, ›Heldengeschichten‹, Familiengeschichten *(»Ich und mein Geschichtenschatz«)*,

... sich zu überlegen, welche Einstellungen und Werte das eigene Leben bestimmt haben *(»Diese Glaubenssätze haben mir geholfen«)*,

... Kraftquellen der Vergangenheit für die Gegenwart aufzubereiten *(»Was einmal geholfen hat, kann vielleicht auch heute helfen«)*,

... Kopf und Herz ›zu beschäftigen‹ *(»Ich habe eine sinnvolle Beschäftigung«)*,

... gegenwärtige Beschwerden und Schmerzen auszudrücken und zu benennen *(»Ich darf klagen!«)*,

... über kleine »Wünsche und große Hoffnungen« laut nachzudenken *(»Ich habe das Hoffen nicht verlernt!«)*,

... über den Sinn des eigenen Lebens nachzudenken *(»Was meinem Leben Sinn gegeben hat«)*,

... die »Ernte« seines Lebens einzubringen *(»Das ist mein Leben«)*,

... die eigenen Erfahrungen, das eigene Wissen und Erinnerungen an längst vergangene Zeiten an andere weiterzugeben *(»Ich schenke dir meinen Erinnerungsschatz«)*.

Positive Auswirkungen lebensgeschichtlicher Gespräche

Warum haben lebensgeschichtliche Gespräche eine positive Auswirkung auf die Lebenssituation pflegebedürftiger Menschen? Lebensgeschichtliche Gespräche sind jedem Menschen vertraut und begleiten ihn von der Kindheit an. Sie führen dazu, dass einzelne Lebens- und Entwicklungsstufen gut bewältigt, kritische

Lebensereignisse leichter überwunden werden können und die persönliche Lebensgestaltung auf Basis gelebter Erfahrungen bewusst stattfinden kann. Kinder beispielsweise erzählen ihren Eltern, wie sie die Welt sehen, was sie erleben, hören, sehen, riechen und schmecken. Durch die Mitteilung und durch die Aufmerksamkeit eines liebevollen Zuhörers und seine Reaktionen wird aus der Fülle von Erfahrungen dann jenes Bild geformt, das »meine Welt« ausmacht. Auf diese Art und Weise formen sich langsam die persönliche Sichtweise von Ereignissen und deren Interpretation, die Art und Weise, mit Erfolg oder Misserfolg umzugehen und sich einen ›Ressourcenkoffer‹ anzulegen. Mögen sich die Themen und Inhalte lebensgeschichtlicher Gespräche über die Jahre hin auch verändern, so bleibt ihre Funktion doch erhalten: Lebensgeschichtliche Gespräche dienen der Verarbeitung von alltäglichen Erfahrungen, machen die Bewältigung von Ausnahmesituationen möglich, zeigen Wege auf für notwendige Anpassungsleistungen an unterschiedlichste Lebenssituationen und öffnen Türen zu einer ganz persönlichen Sinngestaltung.

Gerade am Ende des Lebens bietet die Biografiearbeit viele verschiedene Möglichkeiten, die Situation sowohl für die Pflegebedürftigen selbst wie für deren Begleiter zu erleichtern und zu entlasten. Sie kann dem Gefühl der Vereinsamung entgegenwirken, das nur zu oft zum ständigen Begleiter pflegebedürftiger Menschen wird und Angehörige vor große Probleme stellt. Lebensgeschichtliche Gespräche erleichtern ein Eingehen auf individuelle Wünsche, ermöglichen ein größeres Verständnis für das aktuelle Verhalten und tragen dazu bei, die Einzigartigkeit des pflegebedürftigen Menschen – seine Individualität und Identität – möglichst lange aufrechtzuerhalten. Durch das Eingehen auf die Lebensgeschichte eines pflegebedürftigen Menschen im Sinne einer »Erinnerungspflege« wird der Begriff Pflege erweitert und sinnvoll ergänzt. Momente der Begegnung und der Anteilnahme können so leichter Wirklichkeit werden und schaffen jenes Klima emotionaler Wärme, das allen Beteiligten guttut.

Anregungen für die Praxis

Wie können »Gespräche über das Leben« gelingen? In jeder Begleitung finden lebensgeschichtliche Gespräche auf die eine oder andere Weise statt. Um die Informationen aus diesen Gesprächen aber gut zu nützen und dem alten Menschen Hilfestellungen bei seiner Lebensrückschau und Lebensbilanz zu geben, ist ein gezielter Einsatz dieser Gespräche sinnvoll. Bevor man sich auf eine weite Reise in längst vergangene Tage begibt, ist es wichtig, das Hier und Jetzt als Ausgangspunkt zu nehmen. Wie nehme ich den Menschen wahr, den ich bei mir aufgenommen habe – jetzt? Welche Erfahrungen mache ich mit ihm – jetzt?

Mein Atem

(…)
Die Vergangenheit
hat mich gedichtet
ich habe
die Zukunft geerbt

Mein Atem heißt
jetzt.
Rose Ausländer

Es ist hilfreich, in diesem »Jetzt« gleichsam einen Ankerplatz zu haben, zu dem man von ermüdenden Ausflügen in die Vergangenheit zurückkehren kann, um sich auszuruhen und innezuhalten. Es ist beruhigend, zu diesem »Jetzt« zurückzukehren, wenn die Kraft für Gedanken an die Zukunft heute nicht ausreicht. Und es ist gut, dieses »Jetzt« selbst ausgiebig zu besprechen und auszuleuchten. In der Biografiearbeit tauchen pflegende Angehörige ganz in die Rolle von Reisebegleitern ein. Wohin die Reise geht, in welchem Tempo die Reise unternommen wird, wo Raststationen nötig sind und welche »Souvenirs« der Reisende in Form von Geschichten als Geschenke mitbringt, bleibt allein ihm selbst überlassen. Gute Reisebegleiter stellen sich in den Dienst der Reisendenden *(»Möchtest du mir von damals erzählen?«)*, sie halten die eine oder andere Beschreibung der Reiseroute und möglicher Alternativen bereit *(»Wie war das damals: eine Kindheit auf dem Land? Oder möchtest du mir lieber von eurer ersten Wohnung in der Stadt erzählen?«)*, sorgen für eine angenehme Umgebung *(»Ich mache es uns jetzt gemütlich«)*, ausreichenden Proviant und notieren sich anfallende Wünsche und Beschwerden *(»Ich lege eine Art Gesprächstagebuch an«)*. In der nachfolgenden Übersicht sind jene Aspekte angeführt, die gleichsam in den »Rucksack« jedes Begleiters gehören und für ein angenehmes Gesprächsklima sorgen.

Bausteine, die lebensgeschichtliche Gespräche fördern und erleichtern

- Einladung zum Gespräch: *»Ich hole dich dort ab, wo du im Augenblick bist, und lade dich ein, aus deinem Leben zu erzählen.«*
- Interesse: *»Ich interessiere mich für dein Leben und jede Geschichte, die du mir daraus erzählen möchtest.«*
- Sich zurücknehmen: *»Ich bin für dich da, höre dir zu, lasse dir deine Meinung und deine Sicht der Dinge.«*
- Geduldiges Begleiten: *»Ich begleite dich und bleibe bei dir, auch wenn manche Geschichte öfter erzählt werden muss.«*
- Zeit: *»Ich nehme mir Zeit für deine Geschichten. Ich nehme mir Zeit für deine Fragen und unterstütze dich bei der Suche nach einer Antwort.«*

Neben den angeführten persönlichen Grundhaltungen und Einstellungen von Begleitern ist es hilfreich und wichtig, einige methodische Hinweise zu beachten. Wie kann man sich einen ersten Überblick über eine Lebensgeschichte verschaffen? Welche Themen bieten sich besonders gut an? Welche Anregungen gibt es, auch über ein Gespräch hinaus, sich mit Aspekten der eigenen Lebensgeschichte zu beschäftigen? Im Folgenden werden einige Beispiele angeführt, die pflegenden Angehörigen erste Hilfestellungen geben können, wie man mit Hilfe einfacher Methoden lebensgeschichtliche Gespräche anregen, begleiten oder fortsetzen kann. Wichtig ist es, sich im Vorfeld mit einigen Anregungen ver-

7: »Möchtest du mir von damals erzählen?«

traut zu machen und herauszufinden, welche Angebote aus der Fülle von Möglichkeiten[18] einen *persönlich* ansprechen und den Vorlieben und Eigenarten des Pflegebedürftigen entgegenkommen. Prinzipiell stehen eher strukturierte Arbeitsweisen (z.B. Zeitleisten, Lebenskurven, Kalendergespräche) den freien Angeboten gegenüber (z.B. Gestalten eines Lebensbaumes, Verfassen von Texten). Möchte man eher anhand von konkreten, vorgegebenen Materialen das Gespräch führen (z.B. Fotoalben, alte Städteansichten, Gedichte) oder die Fantasie anregen, die innere Bilderwelt zu beschreiben oder kreativ zu gestalten? Welches Gesprächsangebot ist für den jeweiligen Menschen besonders geeignet?

Meistens kennen Angehörige in groben Zügen die Lebensgeschichte ihres pflegebedürftigen Familienmitglieds. Doch viele Stellen der Lebenslandkarte bleiben blass und ohne nennenswerte Kontur. Um auch in die weniger beleuchteten Stellen Licht und Farbe zu bekommen und den Lebensdaten und Erinnerungen insgesamt etwas Struktur zu verleihen, bewähren sich unterschiedlichste Formen von *sogenannten Zeitleisten* oder *Zeitrastern.* Wie kann man mit diesen Zeitleisten arbeiten? Am einfachsten ist es, auf einem Blatt Papier eine Linie aufzutragen (vgl. Abb.: »Zeitleiste«) oder einen Bogen zu zeichnen (vgl. Abb.: »Mein Leben zwischen Geburt und Tod«), den Beginn mit dem Geburtsdatum zu versehen und dann gemeinsam mit dem pflegebedürftigen Menschen markante Daten der Lebensgeschichte einzutragen. Doch bevor man sich an eine exakte zeitliche Zuordnung macht, ist es gut, alle Ereignisse, die als »wichtig« erinnert werden, zuerst zeitlich ungeordnet auf einem Zettel aufzuschreiben (Einstiegsfragen: *»Wenn du an dein Leben zurückdenkst, was fällt dir da alles ein? Was hat sich alles ereignet? Was ist besonders in Erinnerung geblieben?«* u. Ä.). In einem zweiten Schritt bringt man das Genannte in eine zeitliche Reihe und trägt alles in die Zeitleiste oder den Lebensbogen ein. Zur leichteren zeitlichen Orientierung kann man z. B. in Fünf-Jahresschritten vorgehen. Manche Menschen werden sich mit großer Freude immer wieder mit der zeitlichen Abfolge ihrer Lebensereignisse befassen, für andere dient dieses Zeitraster nur als grobe Orientierung über das, was sich in ihrem Leben »früher« oder »später« ereignet hat. Zeitleisten haben den Vorteil, dass sie etwas »zum Anfassen«, etwas Konkretes, sind und ganz unterschiedlich bearbeitet werden können – alleine oder gemeinsam mit einem interessierten Zuhörer. Man kann sie auch immer wieder hervorholen, ergänzen, korrigieren – oder unter verschiedenen Aspekten immer wieder neue Zeitleisten anlegen.

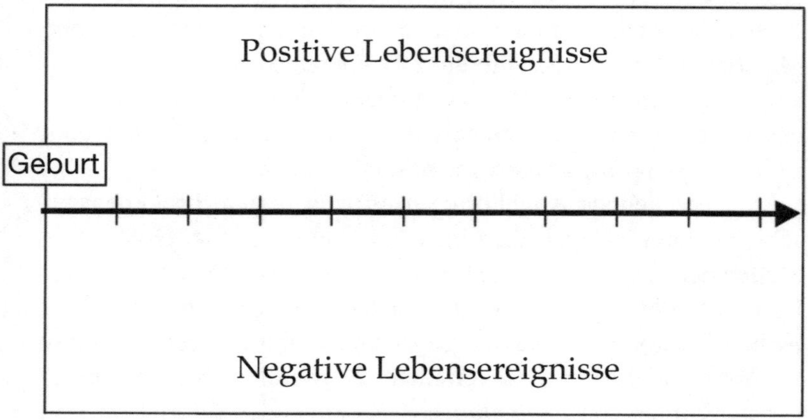

8: Zeitleiste für positive und negative Lebensereignisse

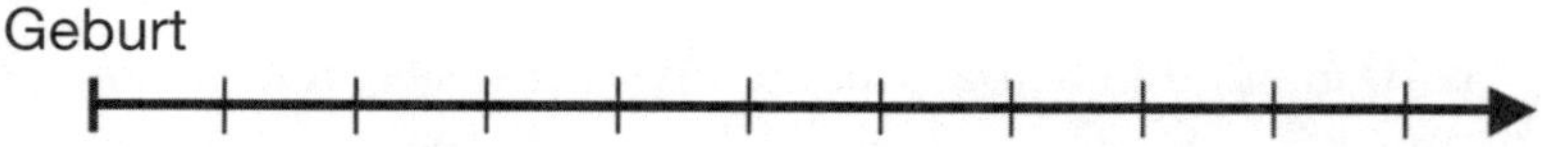

9: Zeitleiste

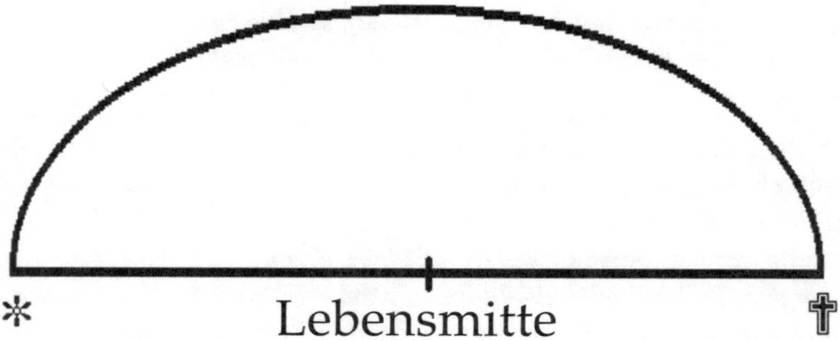

10: Mein Leben zwischen Geburt und Tod

Möglichkeiten, mit Zeitleisten zu arbeiten

- Bezug zu den Ereignissen der lokalen Geschichte herstellen *(»Was ist damals gerade im Dorf, der Stadt, auf der Welt geschehen?«)*.
- Alle positiven Erinnerungen *oberhalb* des Zeitstrahls/über dem Lebensbogen eintragen, alle belastenden *unterhalb* der Zeitleiste/*innerhalb* des Lebensbogens.
- Durch die Verwendung von Farbstiften können die Gefühle besser ausgedrückt werden (z. B. die »guten Jahre« in gelb, die »schlechten Jahre« in grau).
- Bestimmte Themen vorgeben und die Erinnerungen daran auf dem Hintergrund des Zeitstrahls/Lebensbogens in eine zeitliche Ordnung bringen (z. B.: »Meine Wohnorte«, »Meine Erkrankungen«, »Abschieds- und Verlusterfahrungen«, »Zusammentreffen mit wichtigen Menschen«). Eventuell eigene Zeitleisten für bestimmte Themen anlegen, um die Übersichtlichkeit zu gewährleisten.
- Für die positiven/negativen Ereignisse sollen Symbole gefunden und auf dem Zeitstrahl/Lebensbogen eingetragen werden (z. B.: Sonnen, Regenwolken).

- Bestimmte Lebensabschnitte als »Lebenskapitel« zusammenfassen und ihnen eine Überschrift geben. Überlegen, welche Farbe zu welchem Kapitel passen könnte.
- Die Erfahrungen bestimmter Zeitabschnitte mit denen der pflegenden Angehörigen in Bezug setzten (*»Was hast du in diesem Jahre erlebt und was hab ich da erlebt?*).

Neben zeitlichen Ordnungsmöglichkeiten, kann man lebensgeschichtliche Gespräche stärker unter einem inhaltlichen Aspekt führen. Die Einstiegsfragen können dabei entweder allgemein gestellt werden, beispielsweise: *»Welche Erinnerungen sind dir besonders lebhaft im Gedächtnis?«, »Wenn du so zurückdenkst, was war dir in deinem Leben ganz besonders wichtig?«,* oder aber zu bestimmten Lebensabschnitten oder Themen führen, beispielsweise: *»Wie hast du deine Schulzeit erlebt?«, »An welche Lieder und Gebete erinnerst du dich besonders gut?«, »Welches Ereignis in deinem Leben hat dir am meisten Freude bereitet, welches war am schlimmsten?«* Ziel der Gespräche ist es, den pflegebedürftigen Menschen dabei zu begleiten, in einer Rückschau das eigene Leben noch einmal Revue passieren zu lassen und die »Lebensernte« zu betrachten. Begleiter sollten wissen, dass es dabei nicht so sehr um eine historisch »wahre« Rekonstruktion geht, sondern um eine sehr persönliche Auswahl, Zusammensetzung und Interpretation der einzelnen Lebensabschnitte mit ihren Erlebnissen. Auch die momentane Gefühlslage wirkt sich auf die Erinnerungen aus. Seelische Ausgeglichenheit und positive Gefühle führen eher dazu, positive Erfahrungen zu berichten. Andererseits können traurige Verstimmtheit, Schmerzen oder Gefühle der Einsamkeit die Erinnerungen ins Negative leiten.[19] Wenn Angehörige immer wieder erleben, dass der pflegebedürftige Mensch in erster Linie schweren Gedanken nachhängt, sollten sie an diese Zusammenhänge denken und sanfte Hilfestellungen anbieten, um die eine oder andere positive Erinnerung zu ermöglichen. Dabei spielt »Atmosphärisches« eine große Rolle – angefangen mit der Gestaltung des Zimmers und bis hin zu kleinen Gesten, die signalisieren: *»Du bist willkommen«, »Ich möchte, dass du dich wohlfühlst«* oder *»Lass uns das Beste aus der Situation machen!«* Aus einem Gefühl heraus, akzeptiert und angenommen zu werden, fällt die Beschäftigung mit den vielen Facetten des gelebten Lebens leichter, die insgesamt zu einer versöhnlichen und friedlichen Stimmung beitragen kann. Die Beschäftigung mit der Lebensgeschichte ist mit dem Verfassen eines Lebensbuches zu vergleichen, bei dem unter dem Titel »Mein Leben« Positives und Negatives, Erfolg und Misserfolg, Höhen und Tiefen beleuchtet und in Kapiteln zusammengefügt werden. Dabei werden Kopf und Herz gleichermaßen gefordert. Im Mittelpunkt dieser Form von Arbeit – der Biografiearbeit – steht jene Frage, die Menschen schon in ihrer Jugend beschäftigt und die sich ein Leben lang immer wieder neu stellt: »Wer bin ich?«

Wie wenig

Keine Eiche gepflanzt,
kein Buch geschrieben,
keinen Sohn gezeugt.

Wer bin ich …

Freund gewesen,
Weggefährte,
das Leben geliebt,
betört vom Duft der Rosen,
getanzt,
dein Herz gesehen,
vielleicht
sogar berührt,
wie wenig,
vielleicht.

Wolfgang Schuster

Wie kann es gelingen, sich an Einzelheiten zu erinnern, die das Leben so bunt und lebendig machten? Für die meisten Menschen ist es hilfreich, wenn sie Anregungen bekommen, die wichtige Themen aufzeigen, die auf die eine oder andere Weise in jedem Leben vorkommen und einen Bogen von der Kindheit bis ins hohe Alter spannen. Die nachfolgende Zusammenstellung[20] gibt eine

Übersicht möglicher Gesprächsimpulse, die auch als Vorlage zum Verfassen von Geschichten dienen und der Reise in das Land der Erinnerungen eine Orientierung geben können.

Themenzusammenstellung:
Bausteine einer Lebensgeschichte

1. Das Leben in der Familie
   »Damals blühte der Jasmin«: Kindheitserinnerungen
   »Heile, heile Segen«: Rituale der Kindheit
   »Sprichwörtlich«: Leitsätze fürs Leben
   »Kerzenduft und Lichterglanz«: Weihnachtsgeschichten
2. Dorfleben – Stadtleben
   »Jahreszeiten – Lebenszeiten«: Brauchtum und Tradition
   »Heimat-Klänge«: Wortspiele und »Sprachschätze«
   »Festliches«: Große und kleine Ereignisse
   »Es tönen die Lieder«: Musikalischer Bilderbogen
   »Rosen, Veilchen, Nelken«: Der Duft der Heimat
3. Glaubensbilder – Wertstrukturen
   »Himmel und Hölle«: Glaubensbilder der Kindheit
   »Als das Wünschen noch geholfen hat«: Märchenbilder
   »Lieber Herr Jesus, sei unser Gast«: Stunden des Gebetes
   »Meine Wahrheit«: Verschobene Bilder der Erinnerung
   »Weil nicht sein kann, was nicht sein darf«: Denk-Traditionen
4. Lehr- und Wanderjahre
   »Schritte in die Ferne«: Ablösungsprozesse
   »Einer von vielen …?«: Suche nach der eigenen Identität
   »Extrawurst und hoch hinaus«: Fremd- und Selbstbilder
   »Sag zum Abschied …«: Verlust- und Abschiedsgeschichten
5. Schätze des Lebens
   »Schatzkiste des Lebens«: Biografische Höhepunkte
   »Was ich noch gerne sagen möchte …«: Gedanken zu nie Gesagtem
   »Lebens-Wege«: Strategien zum Überleben
   »Und wenn sie nicht gestorben sind …«: Zukunftsvisionen

Aus der Praxis

Gertrud R. hat zur Überschrift: »Sag zum Abschied ... – Verlust- und Abschiedsgeschichten« einen Brief geschrieben, in der sie den Kummer über den Tod ihres Mannes ebenso beschreibt wie das immer wiederkehrende Ritual ihrer Friedhofsbesuche. Damals ging sie jeden Tag des Jahres zum Friedhof, auch wenn die Füße müde waren und die Seele wund ...

»Ein Jahr, 365 Tage und Nächte. Ich fahre mit schmerzenden Knien zu Dir auf den Friedhof. Der Weg am Rinnsal des Leonhardbaches macht es nicht leicht, zu Dir zu kommen. Wir saßen so oft Hand in Hand auf der Bank, vor uns die Steine des Totengartens. Ein paar Enten auf dem Bach – welche Idylle im Angesicht des Todes.

Also heute weiter mit dem Rad. Ich will Blumen kaufen, es ist nichts da, was mir gefällt. Welche Blume passt zu Dir, welche zu meinem Schmerz? Eine rote Rose schlingt sich schon um den Grabstein, der Deinen Namen trägt. Ich wollte, ich säße an einem See und würde nur die Seerosen bewundern können, keine Dornen, sanft. So aber wandere ich mühsam zu Dir durch das »Steinerne Meer«. Überall rot-blau – gelb-weiß – grün, mit viel Liebe in die Erde gepflanzt. Klein ist der Wirkungskreis der Toten geworden. Meine Füße tragen mich kaum, es ist, als zögen mich magische Kräfte in die Erde zu den toten Seelen. Wer wird der Nächste sein? Du aber liegst als ein Häufchen Asche unter sattem Grün. Ich suche Dich und finde Dich im Hauch des Augenblicks. Du nagelst mich fest, ich kann mich nicht rühren, ich möchte davoneilen, noch liebe ich das Leben. Soll ich ein Vater unser beten – Dein Wille geschehe? Vergib uns unsere Schuld, war es meine Schuld, dass ich Dich gehen ließ, Deine kalten Hände nicht mehr streicheln konnte? Vielleicht hätte ich Dich mit meiner ganzen Kraft zurückhalten sollen, aber Du bist mir entglitten in den dunklen See der Unendlichkeit.

Ich höre Deine Stimme: »Kränk Dich nicht, ich bin bei meiner Mama.«

Es gibt kaum eine Blume, die zu Dir passt. Vielleicht ein duftender Jasmin. Weißt Du noch, wie glücklich wir in Griechenland waren, wenn Morpheus uns in seine Arme nahm?

»Geh nach Hause, ich bin so müde, ich möchte schlafen«, waren Deine letzten Worte. Ruhe in Frieden und vergiss mich nicht.

Altersbedingte Vergesslichkeit bis hin zu Altersdemenz steht oft einem systematischen Erinnern entgegen. Doch selbst wenn die Erinnerungsfähigkeit noch gut erhalten ist, können sich die meisten alten Menschen zwar gut an das erinnern, was weit, weit zurückliegt, doch die unmittelbare Vergangenheit verblasst sehr rasch. Auch die mittleren Lebensjahre, in denen sich sehr viel ereignet – von der Familiengründung über wesentliche Erfahrungen in Berufs- und Familienleben bis hin zu vielfältigen Tätigkeiten im sozialen Umfeld –, werden im Detail schwer erinnert. Hier können konkrete Hinweise auf bedeutsame Ereignisse der Zeitgeschichte ebenso wichtige Orientierungshilfen geben wie beispielsweise das Blättern in Familienalben oder das Betrachten von Fotografien aus alten Zeiten, auf denen sich vielleicht die eine oder andere Jahreszahl finden lässt.

Auch wenn Menschen durch verschiedene altersbedingte Einbrüche viel von »sich« verloren haben, bleiben einige Erinnerungsmomente erhalten. Durch einfühlsame Begleiter kann es möglich werden, das eine oder andere aus dem Reich des Vergessens zurückzuholen. Dabei werden Signale wichtig, die in gewissem Sinn alte Ordnungen wiederherstellen (sogenannte »Wiederherstellungssignale«), wie beispielsweise Gegenstände von »damals« – die Uhr des Vaters, eine alte Milchkanne, ein Stopfholz, eine Sense u. Ä. Es wird nicht immer möglich sein, die geeigneten Gegenstände wirklich aufzutreiben, doch auch das Anschauen von Fotografien und Abbildungen ebnet den Weg zurück in längst vergangene Tage. Dasselbe gilt für die Orte der Vergangenheit. Da sind die Erinnerungen an die Plätze der Kindheit und Jugend, an den blühenden Apfelbaum vor dem elterlichen Haus, die erste Arbeitsstelle, der Ort der alljährlichen »Sommerfrische«. Auch wenn diese Reisen in den allermeisten Fällen nur im Kopf möglich sind, werden sie meist als sehr bereichernd erlebt und können wieder Leben in erstarrte Gefühle bringen. Manchmal kann es hilfreich sein, wenn aufmerksame Zuhörer einige Orientierungshilfen anbieten. Diese Hilfestellungen können sich auf die örtlich-räumlichen Dimension beziehen, auf die zeitliche Ebene und auf den Inhalt.

11: Alte Stadtansicht von Wien

Beispiele für zeitliche (wann?), räumliche (wo?) und inhaltliche (wie/wer/was?) Orientierungsfragen:

- »Ich weiß noch gar nicht, *wann* du zum ersten Mal in eine eigene Wohnung gezogen bist.«
- »*Wann* habt ihr geheiratet?«
- »*Wann* war dein erster Klinikaufenthalt nach der Pensionierung – ich weiß nur von deinem letzten.«

- »Du hast mir jetzt viel aus der Zeit des Zweiten Weltkriegs erzählt, *wo* hast du vorher gelebt?«
- »*Wo* hast du deine erste Arbeitsstelle bekommen? Wie hat es damals dort ausgesehen?«
- »Du erzählst immer wieder von einem See – *wo* seid ihr da im Sommer gewesen?«

- »Du hast mir bisher vor allem von deinen älteren Geschwistern erzählt – *wie* hast du dich mit den jüngeren vertragen?«
- »*Wie* bist du auf deinen Beruf gekommen?«
- »Bisher hast du viel aus deinem Berufsleben erzählt, was hat dir in der Freizeit Spaß gemacht?«

Wie wichtig es gerade auch in der schwierigen und belastenden Pflegesituation sein kann, sich an »damals« zu erinnern, fasst der portugiesische Dichter Fernando Pessoa in dem Satz zusammen: *»Jawohl, was ich bin, wäre unerträglich, könnte ich mich nicht erinnern, was ich war.«*[21] Und so liegt in der Biografiearbeit oftmals auch ein Schlüssel zu einem größeren subjektiven Wohlbefinden der Pflegebedürftigen. Noch einmal als Mensch mit Geschichte wahr- und ernstgenommen zu werden kann die seelischen Schmerzen lindern helfen und ein Loslassen erleichtern.

Bevor ich sterbe

Noch einmal sprechen
von der Wärme des Lebens
damit doch einige wissen:
Es ist nicht warm
aber es könnte warm sein

Bevor ich sterbe
noch einmal sprechen
von Liebe
damit doch einige sagen:
Das gab es
das muss es geben

Noch einmal sprechen
vom Glück der Hoffnung auf Glück
damit doch einige fragen:
Was war das
wann kommt es wieder?

Erich Fried

4. Vom Umgang mit den eigenen Gefühlen – Trauerprozesse

Für ein besseres Verständnis der seelischen Besonderheiten und Belastungen einer Pflegesituation ist es hilfreich, sich mit dem Prozess der Trauer zu beschäftigen. Zwar wird Trauer in erster Linie mit der Reaktion auf einen Todesfall assoziiert, doch ist dies eine zu enge Sichtweise. Trauer ist viel mehr! Trauer ist eine umfassende Reaktion, eine ganz besondere Antwort der Seele auf jede Form von Abschied, Trennung oder Verlust. Jeder Mensch kennt dieses Gefühl – es begleitet uns alle von der Kindheit bis zu unserem Tod. Zu Beginn des Lebens sind es beispielsweise Tränen beim Abschied von der Mutter, Tränen um ein verlorenes Spielzeug oder aufgrund der Trennung von einem Spielkameraden, die zeigen, dass das Kind traurig ist. Auch im Jugendalter stehen viele Situationen mit Trauer in Zusammenhang. Viele Abschiede müssen verarbeitet und überwunden werden – allen voran die Trauer über zerbrochene Lieben oder zerplatzte Wunschträume. Für jedes Lebensalter lassen sich mehr oder weniger typische Verlustsituationen finden, die traurig machen. Einige Ereignisse sind eng mit inneren Entwicklungsschritten verbunden und werden auch als sogenannte *interne Auslöser* für Trauer bezeichnet. Andere wiederum treffen Menschen als Schicksalsschlag von außen und werden als sogenannte *externe Auslöser* bezeichnet.

In Pflegesituationen kommt es sehr oft zu einer Vermischung von internen und externen Auslösern, die in erster Linie bei den pflegebedürftigen Menschen selbst zu beobachten sind: Trauer über das Nachlassen von körperlichen und geistigen Kräften oder Trauer, dass »vieles nicht mehr so ist wie früher«, trifft beispielsweise auf die Trauer über den Umzug in ein Altenheim oder auf die Trauer über den Verlust geliebter Menschen zu. In solchen Fällen kann man auch eine Potenzierung der Trauer beobachten, was zu einer drastischen Verschlechterung der Gesamtsituation führt, wie das nachfolgende Beispiel zeigt.

Aus der Praxis

Herr S. ist 85 Jahre alt. Er lebt mit seiner Frau alleine in einer Wohnung am Stadtrand. Herr S. ist für sein Alter in einem guten körperlichen und geistigen Zustand. Er pflegt Kontakte zu Nachbarn und freut sich über den regelmäßigen Besuch seiner Kinder und Enkel. Sein Hobby sind Bücher und Musik. Gerne denkt er sich für seine Enkel Geschichten aus. Herr S. ist ein ruhiger und ausgeglichener Mann. Die Beziehung zu seiner Frau ist intensiv und beide haben sich mit der Situation des Altwerdens und Altseins gut arrangiert. Herr S. ist fest davon überzeugt, dass er als Erster »gehen« werde …

Doch an einem strahlenden Frühlingstag erleidet seine Frau einen Herzinfarkt. Herr S. kann es gar nicht fassen, dass der Rettungsdienst seine Frau mitnehmen muss. Völlig aufgelöst ruft er seine Tochter an, die mit ihm in die Klinik fährt. Die folgenden Wochen bringen viele Veränderungen mit sich. Herr S. fühlt sich sehr einsam in den Räumen, so ganz allein. Er fühlt sich nicht wohl und kommt mit der Bewältigung der alltäglichen Dinge nicht zurecht. Seine Kinder unterstützen ihn und organisieren eine Hilfe für die Hausarbeit und einen Essensdienst. Äußerlich besteht das Leben von Herrn S. aus einem kraftraubenden Hin und Her zwischen Klinik und Wohnung. Viel belastender als die Klinikbesuche sind für Herrn S. jedoch die vielen »schwarzen« Gedanken und eine immer stärker werdende Angst.

Die Kinder bemerken nicht nur häufige Anzeichen von Erschöpfung, sondern machen sich um den seelischen Zustand ihres Vaters große Sorgen. Herr S., der bisher nie über Schmerzen, Einschränkungen oder andere altersbedingte Zustände jammerte, kommt nunmehr aus dem Klagen gar nicht mehr her-

aus. Es scheint, als wäre jede Körperstelle von Schmerzen geplagt und keine Körperfunktion mehr »in Ordnung«.

Als sich der Zustand seiner Frau verschlechtert und sie schließlich stirbt, bricht für den alten Mann eine Welt zusammen. Sein Weg durch die Trauer ist mühsam und beschwerlich. Er steht lange wie unter Schock, erleidet viele körperliche Einbrüche, spürt auch das Nachlassen seiner intellektuellen Kräfte, weint sehr oft und sagt zu seinen Kindern immer wieder: »Jetzt hat alles keinen Sinn mehr …«. Am Leben anderer nimmt er kaum noch Anteil, er zieht sich mehr und mehr zurück, zeigt auch wenig Appetit und wirkt wie ein Schatten seiner selbst.

Die veränderte Situation – körperlich, seelisch, haushaltstechnisch – konfrontiert die Familie mit vielen neuen Fragen und der Notwendigkeit, sich nach geeigneter Unterstützung umzusehen. Doch der Allgemeinzustand von Herrn S. wird immer schlechter, so dass eine regelmäßige Betreuung und Pflege unumgänglich wird. Herr S. zieht schließlich in das Haus seines ältesten Sohns und wird dort in erster Linie von seiner Schwiegertochter gepflegt.

Auch begleitende Angehörige und Pflegende finden sich häufig in einem Chaos von Gefühlen wieder und spüren dadurch eine große Verunsicherung, ob ihre Entscheidung für oder gegen eine Pflegeübernahme auch richtig war. Die Konfrontation mit den vielen körperlichen oder geistigen Veränderungen ihrer Lieben und die Begegnung mit Schmerz und Leid berühren Angehörige in aller Regel viel tiefer, als dies bei professionellen Begleiterinnen und Begleitern der Fall ist. Je näher sie einem Menschen stehen, desto schwerer fällt es, sich nicht allzu sehr von ihren Gefühlen und Gedanken »anstecken« zu lassen. Je näher sie einem Menschen stehen, desto »spezieller« ist auch die seelische Verbindung zu ihm. Erfahrungen und Erlebnisse, die man miteinander gemacht hat, können zu wohltuenden Erinnerungen – oder belastenden Gedanken führen, sie können zu einem »Mehr« an Nähe führen – oder zu einer größeren emotionalen Distanz. Aufgrund dieser Sonderstellung, die die häusliche Pflege im Spektrum möglicher Pflegesituationen einnimmt, kommt es auch viel öfter zur Vermischung, Verschmelzung oder wechselseitigen Beeinflussung unterschiedlichster Gefühle. Gemeinsam geweinte Tränen, gemeinsames Lachen und ein »Miteinander-Schwingen« sind ebenso möglich wie gemeinsam erlebte Wellen von Wut und Zorn oder das Aufeinanderprallen einander widersprechender Gefühle. All dies ist Teil der jeweils ganz persönlichen »Beziehungsgeschichte« und kann das Ausmaß empfundener Belastungen einerseits und der subjektiv wahrgenommenen Qualität der Pflege andererseits entscheidend beeinflussen.[22]

Um sich nicht zu sehr im Irrgarten der Gefühle zu verlieren, ist es hilfreich, sich mit typischen Trauerreaktionen auf Verlust, Trennung und Abschied zu beschäftigen. Dies ist oft ein erster, wichtiger Schritt zu einem behutsamen, verständnisvollen und geduldigen Umgang mit den Gefühlen pflegebedürftiger Menschen – aber auch mit den eigenen.

Abschied

Wie hab ich das gefühlt was Abschied heißt.
Wie weiß ichs noch: ein dunkles unverwundnes
Grausames Etwas, das ein Schönverbundnes
Noch einmal zeigt und hinhält und zerreißt.

Rainer Maria Rilke

Stationen der Trauer

Welche typischen Muster kann man im Zusammenhang mit Trauer feststellen? Der Ablauf der Trauerreaktionen verläuft nach einem gewissen Schema, das von Fachleuten auch als Trauerprozess beschrieben wird[23] und durch vier Phasen gekennzeichnet ist. Die Betroffenen müssen sich dabei auf einen inneren Weg mit unterschiedlichen Stationen begeben. Zu *Beginn* stehen meist ein Wegschieben, ein Verdrängen und der übergroße Wunsch, das Geschehene sei einfach nicht passiert. Für Stunden, Tage oder Wochen legt sich gleichsam eine Decke des Schweigens und des Verleugnens über das seelische Empfinden. Doch lange kann dieser Zustand nicht aufrechterhalten bleiben und ein ganzes Bündel an Gefühlen drängt in der *zweiten Phase* der Trauer an die Oberfläche. Je nach Art des Verlusts können es Wut, Zorn oder Aggression sein; ein weinerliches Klagen oder verzweifeltes Ringen nach einer Erklärung für das Unbegreifliche eines Abschieds, für eine Trennung oder eine negative Veränderung von Lebensqualität oder Lebensmöglichkeiten. Rastlosigkeit und eine Art innere Getriebenheit leiten in die *dritte Phase* des sogenannten Suchens und Verhandelns über, bei der Menschen real oder in Gedanken Verlorenes so lange suchen, bis sie langsam begreifen, dass der Verlust für immer und der Abschied nicht mehr rückgängig zu machen ist. Diese Station ist allen Menschen bekannt und wird am ehesten direkt mit »Trauer« in Verbindung gebracht. Der *letzte* wichtige Schritt auf dem langen Weg durch das Tal der Tränen führt den trauernden Menschen schließlich dazu, den – wie auch immer gearteten – Verlust zu akzeptieren und Formen zu finden, sein Leben neu oder anders zu gestalten. Es geht um das Thema »Annahme«, um ein positives »Sich-Fügen« und um die Suche nach einer möglichen Neuorientierung.

Faktoren, die den Trauerprozess beeinflussen:

- Person des Trauernden (Alter sowie Geschlecht und Persönlichkeit …).
- Art des Verlustes (Tod, Trennungen, Gesundheitseinschränkungen …).
- Soziale Situation des Trauernden (»soziales Netz«, Freunde, Beruf …).
- Soziale, kulturelle und religiöse Normen (Umgang mit Tränen/Gefühlen, geschlechtstypisches Trauerverhalten, Trauerrituale …).

Mit der Erfahrung eines Verlusts, einer Trennung oder eines Abschieds beginnt sich das Rad der Gefühle zu drehen. Der Kreislauf der Emotionen von Angst und Depression, Wut, Ärger, Zorn, Hass und Verzweiflung, von Gefühlen der Hilflosigkeit und Schuldgefühlen bis hin zu Dankbarkeit und der Sehnsucht nach einem Neubeginn wird meistens mehrfach durchlebt und durchlitten. Nicht jeder Mensch durchläuft diesen Prozess gleich rasch, nicht bei jedem Menschen zeigen sich die gleichen Ausdrucksformen, nicht jeder reagiert auf dieselbe Art und Weise – Trauer hat viele Gesichter und Farben! Die Art und Weise, wie der Trauerprozess abläuft, wird von unterschiedlichen Faktoren beeinflusst, angefangen mit den Eigenheiten und Besonderheiten des trauernden Menschen selbst, über den Anlass der Trauer und bis hin zu sozialen und gesellschaftlichen Normen.

In einer Pflegesituation prallen ganz unterschiedliche Trauererfahrungen der beteiligten Menschen aufeinander. Ein *Trauerkreis* berührt den anderen – manchmal treffen ähnliche Gefühle aufeinander und man fühlt sich verstanden und angenommen; dann wieder könnten die Gefühle nicht unterschiedlicher sein und die Menschen fühlen sich alleingelassen oder unverstanden. *»Wo stehst du und wo stehe ich auf dem Weg der Trauer?«, »Wie rasch dreht sich dein Rad der Gefühle und wie rasch dreht sich meines?«* – diese Fragen können anregen, das tägliche Verhalten und die Äußerungen pflegebedürftiger Menschen mit ihrer Trauer in Verbindung zu bringen und auch die eigene Trauer besser zu verstehen. Vielleicht kann dann die mühsame Gratwanderung in der Pflege zwischen wichtiger und wohltuender Nähe sowie notwendiger und hilfreicher Distanz leichter gelingen. Vieles, was den Pflegealltag belastet, hängt nämlich mit einer Fehlwahrnehmung oder Fehldeutung von Vorfällen zusammen. Man kann beispielsweise ein böses Wort direkt als Kritik an seiner eigenen Person auffassen oder aber als Ausdruck der Trauer des pflegebedürftigen Menschen über seine momentane Lebenslage begreifen. Man kann auf Jammern und Klagen mit »Schönreden« reagieren oder man kann es als Beklagen von notwendigem Abschiednehmen sehen und verständnisvoll begleiten. Einige Beispiele aus dem Pflegealltag sollen verdeutlichen, wie Trauerwelten aufeinanderprallen können.

Aus der Praxis

- *Bernd findet es überflüssig, dass seine Kinder ihn betreuen wollen – sein Sohn ist wütend und beklagt sich; während der alte Mann seine Pflegebedürftigkeit noch wegschiebt – befindet sich sein Sohn in der Emotionsphase.*
- *Agnes kann nicht akzeptieren, dass sie Hilfe braucht – ihre Tochter kann nicht wahrnehmen, dass Hilfe notwendig ist; gemeinsam sind sie erstarrt in der ersten Trauerphase.*
- *Vera jammert und klagt, weint und sucht nach immer neuen Wegen – ihre pflegbedürftige Mutter ist innerlich zur Ruhe gekommen; die pflegende Tochter durchlebt in aller Heftigkeit die Phase der Auseinandersetzung mit den Trauergefühlen, ihre Mutter ist bereits in der Phase der Annahme.*
- *Anna hat sich von dem Bild ihres kräftigen, kämpferischen Schwiegervaters verabschiedet und bekommt einen neuen Zugang zu dem schwer pflegebedürftigen alten Mann – der alte Schwiegervater ist aggressiv und zornig; während die Schwiegertochter sich neu orientiert und die Veränderungen akzeptiert, kämpft der alte Mann und steckt in der Emotionsphase fest.*

Zur Entschärfung einer angespannten Pflegesituation kann die Einsicht in die Trauergefühle aller Beteiligten hilfreich sein. Dabei geht es nicht nur darum, den pflegebedürftigen Menschen in seiner Trauer zu verstehen und unterstützend zu begleiten, sondern auch darum, die eigene Betroffenheit ernst zu nehmen. Als Angehöriger muss man zwar immer wieder schmerzliche Erfahrungen machen, die schwer zu bewältigen sind und traurig machen – doch selten geht man diesen Gefühlen nach, selten gibt man ihnen Raum oder holt sich Unterstützung in Form eines entlastenden Gesprächs oder einer kleinen »Auszeit«. Manche Beschwerden werden auch gar nicht mit der eigenen Trauer in Verbindung gebracht. Annemarie S. beispielsweise fühlt sich »*wie ferngesteuert*«, seit sie ihre ältere Schwester nach einem Schlaganfall zu sich genommen hat, Roland W. kämpft seit der Übersiedlung seiner schwer pflegebedürftigen Mutter in die eigene Familie mit *Konzentrations- und Schlafstörungen,* und Hannelore K., die schon über ein Jahr ihre Mutter pflegt,

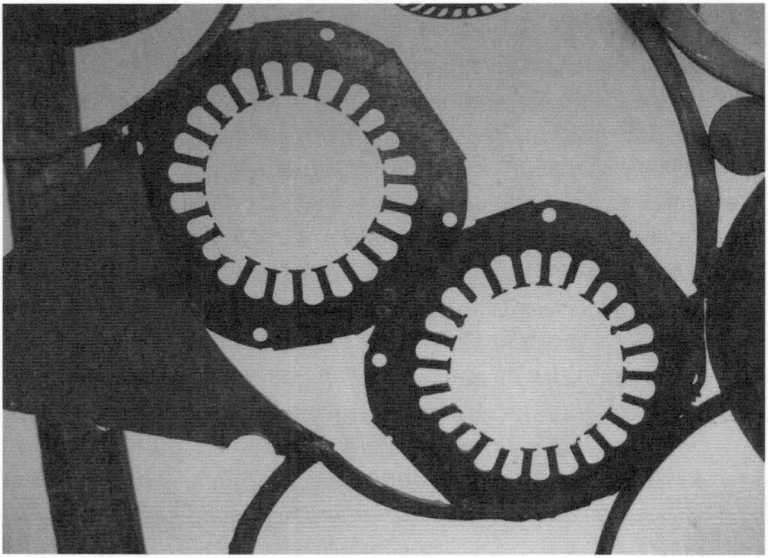

12: Trauerkreise, die einander berühren

wird oft von *Gefühlen der Verzweiflung und Einsamkeit* »überrollt«. Jede der drei Personen trauert und jede steht an einem anderen Punkt in ihrem individuellen Trauerprozess – doch keine sieht ihre Reaktionen im großen Zusammenhang der unterschiedlichen Trauergefühle und -reaktionen. Die Erkenntnis, dass man selbst als pflegender Angehöriger auch traurig und vielleicht deshalb so belastet ist, kann jedoch ein neues Licht auf die gesamte Situation werfen. In der Auseinandersetzung mit all dem, was einen als pflegender Angehörige traurig und betroffen macht, können Menschen sich selbst besser verstehen lernen. Die Gefühle und Reaktionen, die in den oben angeführten Beispielen genannt wurden, lassen sich leichter akzeptieren, wenn man sie in den größeren Rahmen des »Gefühlsrades der Trauer« stellen kann und als »normal« verstehen lernt: *»Ja, ich bin traurig und deshalb wie ferngesteuert … ja, ich bin traurig und kann mich deshalb schlecht konzentrieren … ja, ich bin traurig und fühle mich deshalb oft einsam und verzweifelt … Das gehört zu meiner Trauer.«* Verbunden ist diese Erkenntnis auch mit der Hoffnung, dass sich das Rad so lange weiterdreht, bis Körper und Seele die Situation wirklich annehmen können.

Typische Trauerreaktionen

Auf der »Landkarte« der Trauer finden sich viele zum Teil recht unterschiedliche Bezeichnungen von Gefühlszuständen, Gedankeninhalten und körperlichen Befindlichkeiten. Zusammengenommen handelt es sich dabei um »die« Trauerreaktionen. Jede für sich genommen bezieht sich auf einen bestimmten Abschnitt – eine Station – des Trauerweges. Wie eng Körper, Seele und Geist zusammenhängen, ist seit den alten Griechen bekannt und dieses Wissen hat durch Erkenntnisse aus Forschung und Praxis der Psychosomatik stetig an Bedeutung zugenommen.[24] Jedem, der sich an eine traurige Situation in seinem Leben erinnert, werden bestimmt viele verschiedene Empfindungen, Gedanken und Gefühle einfallen. Dem einen werden körperlich wahrgenommene Veränderungen wie sein heftig schlagendes Herz, ein Zittern am ganzen Körper oder Probleme mit dem Einschlafen stärker in Erinnerung bleiben, dem anderen vielleicht eher die immer wiederkehrenden Gedankenschleifen, das Gefühl der Hilflosigkeit oder schlicht und einfach die Angst vor jedem neuen Tag, der den Verlust nur noch deutlicher werden lässt. Auch wenn sich die eine oder andere Trauerreaktion durch alle Stadien des Trauerprozesses zieht, gehören bestimmte Reaktionen mehr oder weniger deutlich zu bestimmten Phasen, wie es in der nachfolgenden Übersicht angeführt ist.

Typische Trauerreaktionen, die auftreten (können):

1. Trauerphase (Ablehnung/Nichtwahrhaben)
Leere, Schock, Nichtglaubenkönnen, Starre, inneres Chaos, Gefühl der Unwirklichkeit, Sprachlosigkeit, Verwirrung; auf der körperlichen Ebene zeigen sich oft verzögerte Reaktionen, Übelkeit, Schweißausbrüche, starkes Herzklopfen.

2. Trauerphase (Ausbruch der Emotionen)
Wut, Zorn, Angst, Panikattacken, Weinen, Jammern, Klagen, Schuldgefühle, Ohnmacht, Stimmungslabilität (reizbar-depressiv-aggressiv), Konzentrationsstörungen, Schlafstörungen, Appetitmangel, Apathie.

3. Trauerphase (Auseinandersetzung)
Gefühle der Einsamkeit und Verzweiflung, Hilflosigkeit, Minderwertigkeitsgefühle, Unruhe, Dankbarkeit, depressive Zustände, Suizidgedanken, Suchverhalten, verbunden mit inneren Zwiegesprächen, verändertes Zeitgefühl, Identifikation.

4. Trauerphase (Annahme)
Gefühle der Befreiung und Erleichterung, größere Selbstständigkeit, neue Sinnfindung, Dankbarkeit, Ruhe, Orientierungsprobleme, Anfälligkeit für Rückfälle, sensibles Reagieren auf jede Form neuer Verluste, allmähliche Normalisierung der Körperfunktionen.

Prinzipiell unterscheidet man drei Bereiche, in denen es zu Trauerreaktionen kommen kann. Es handelt sich dabei um den *Aspekt der Gefühle* (emotionale Ebene), um *körperliche Empfindungen* (körperliche Ebene) und um *Gedanken und Fantasien* (kognitive Ebene). Wie stark die einzelnen Symptome auftreten und welche im Vordergrund stehen, ist nicht bei allen Menschen gleich. Es wird immer auch davon abhängen, um welche Person es sich handelt und welche Art von Abschied, Verlust oder Trennung bewältigt werden muss. In einer Pflegesituation, in der mehrere »Trauerkreise« ineinandergreifen (vgl. Abb. 12), muss man genau hinsehen und nach Antworten auf folgende Fragen suchen: *»Wer ist der Mensch, der trauert?«, »Welche Trauergeschichte trägt er mit sich?«, »Um welchen Abschied … geht es im Moment?«* und *»Welche Möglichkeiten im Umgang mit Trauer konnten im Laufe des Lebens gefunden werden?«* Für Pflegende bedeutet dies nicht nur eine Beschäftigung mit der Lebens- und Trauergeschichte ihrer Angehörigen, sondern auch eine Auseinandersetzung mit den eigenen Gefühlen, Gedanken und Reaktionen. Vielleicht können nachfolgende Impulse Anregungen für eine erste Standortbestimmung im »Land der Trauer« geben.

Impulse für eine persönliche Auseinandersetzung der Pflegenden

1. Impuls

Schritt 1: Unterstreichen Sie bei der nachfolgenden Aufzählung von Trauerreaktionen jene, die Sie bei sich bemerken und bemerkt haben (z. B. mit roter Farbe); schreiben Sie jene drei Reaktionen auf, die Sie persönlich besonders belasten.

Schritt 2: Unterstreichen Sie jetzt die Trauerreaktionen, die Sie bei dem Menschen, den Sie pflegen, bemerken und bemerkt haben (z. B. mit blauer Farbe); schreiben Sie jene drei Reaktionen auf, die Sie persönlich besonders belasten.

Schritt 3: Vergleichen Sie die Ergebnisse miteinander und versuchen Sie Ähnlichkeiten oder Unterschiede (auch im zeitlichen Verlauf) herauszufinden.

Schritt 4: Überlegen Sie, was oder wer Ihnen helfen könnte, um mit dem eigenen Trauererleben und dem des pflegebedürftigen Menschen gut umgehen zu können (z. B.: Suche nach Ressourcen: Ausspannen, mit einem Menschen darüber reden, Bewegung, Beten, Meditieren ...).

Trauerreaktionen:
Leere • Rastlosigkeit • Schock • Schweißausbrüche • Atemnot • Übelkeit • Kälte • Wut • Stimmungsschwankungen • Interesselosigkeit • Hass • Sehnsucht • Angst • Abgestumpftheit • Selbstmitleid • Minderwertigkeitsgefühle • Einsamkeit • Überempfindlichkeit • »Zugeschnürte Kehle« • Schwächeattacken • Selbstgespräche • Soziales Desinteresse • Weinen • Zittern • Verändertes Zeitgefühl • Schmerz • Panik • Flucht • Herzrasen • Schlafstörungen • Appetitlosigkeit • Kopfschmerzen • Verzweiflung • Reizbarkeit • Schwere • Liebe • Einsamkeit • Beklemmungsgefühle • Überempfindlichkeit • Suchen • Fremdsein • Verwirrung • Schuldgefühle • Dankbarkeit • Müdigkeit • Konzentrationsprobleme • Beklemmung • Schwäche • Hilflosigkeit • Schmerz

2. Impuls
Ergänzen Sie den nachfolgenden Satz mit drei verschiedenen Begriffen:

Trauer ist für mich wie …

Vielleicht möchten Sie mit diesen Begriffen einen kurzen Text, ein Gedicht … über die Trauer schreiben …?

Trauerbegleitung

Menschen auf ihrem Weg durch die Trauerlandschaft zu begleiten ist immer ein Zeichen menschlicher Solidarität und Nächstenliebe. Dabei geht es nicht um den Einsatz bestimmter Techniken, nicht um ein bestimmtes Wissen oder Können und auch nicht um ein allgemeingültiges »Rezept«. Trauerbegleitung bedeutet, einen Menschen in seinen persönlichen Reaktionen auf Abschied und Verlust ernst zu nehmen und an seiner Seite zu bleiben. Es bedeutet, sich seinem Tempo und seiner Erzählweise anzupassen, die vielen seelischen Höhen und Tiefen auszuhalten und geeignete Unterstützung anzubieten. Trauerbegleitung kann auch als eine besondere Form des Freundschaftsdienstes betrachtet werden. Sie ist als eine Weise zwischenmenschlicher Begegnung für trauernde Menschen oft das einzig wirklich Hilfreiche und Tröstende. Die Erfahrung, in seinem Schmerz nicht allein zu sein, die Erfahrung von Begegnung, menschlicher Nähe und Wärme wird zu einem wichtigen Anker in stürmischen Trauerzeiten, in denen oft kein Stein mehr auf dem anderen zu bleiben scheint. Trauernde Menschen erleben es als bereichernd, berührend und entlastend, wenn ihnen in den turbulenten Trauerzeiten jemand die Hand reicht und die Sicherheit vermittelt: *»Ich bin da, ich sehe deinen Schmerz* *und halte deine Tränen aus, du musst dich nicht verstellen, ich unterstütze dich, ich bin bereit, zu reden und zu schweigen …«* . Trauergefühle dürfen und sollen ihren Platz bekommen, Tränen dürfen und sollen geweint werden – nur so kann seelisches Gesundwerden möglich werden. In einem ihrer berühmt gewordenen Gebete spricht die 2003 verstorbene große deutsche Theologin Dorothee Sölle von Tränen als eine Gabe: *»Gib mir die gabe der tränen gott gib mir die gabe der sprache …«*. Es ist wichtig, sich dieser Gabe bewusst zu werden und diese Sprache der Seele verstehen zu lernen.

Im Zusammenhang mit Trauerbegleitungen und der Notwendigkeit intensiver Unterstützung wird häufig die Frage gestellt, wie lange Trauerprozesse dauern. In früheren Generationen galt das sogenannte *Trauerjahr* als grobe Orientierung. Für diese Zeit gab es klare Rituale, wie etwa die Trauerbekleidung oder Regelungen für die Teilnahme am sozialen Leben. Dadurch bekamen die Trauernden gleichsam eine von allen akzeptierte »Schonzeit«, in der das soziale Umfeld eher bereit war, verändertes Verhalten oder körperliche Einbrüche – heute als Trauerreaktionen bekannt – zu akzeptieren. Dieses Trauerjahr hat vor allem im Zusammenhang mit Todesfällen bis zu einem gewissen Grad seine Berechtigung. Das erste Jahr nach einem schweren Verlust ist meist das schwierigste Jahr, und jedes »erste Mal allein« (z.B. das erste Weihnachten ohne den Ehepartner, der erste Geburtstag ohne den Vater …) ist eine große Hürde, für deren Überwindung man viel Kraft und Unterstützung braucht. Es wäre jedoch ein Fehler zu meinen, dass nach einem Jahr die erwähnte Neuorientierung immer leichtfällt und der Tränenstrom versiegt. Oft müssen die Trauerstationen mehrmals durchlaufen werden: Verdrängen, Wegschieben, Wut, Zorn, tiefe Traurigkeit und Annahme wechseln einander ab. Die Menschen fühlen sich wie in einem Gefühlskarussell, das sich einmal schwindelerregend schnell dreht, dann wieder abrupt stoppt und die Zeit nicht verrinnen lässt. Doch irgendwann – manchmal erst nach ein, zwei oder drei Jahren – lichten sich die Schleier. Trauer ist keine Krankheit – aber eine Zeit, in der Geduld, Achtsamkeit und ein liebevoller Umgang im Vordergrund zwischenmenschlicher Begegnung stehen sollten. Das bedeutet auch, dass Trauerbegleitung viel Zeit erfordert.

Trauerbegleitung braucht enorm viel Geduld – mit den pflegebedürftigen trauernden Menschen, mit sich selbst und all den Fragen, die auftauchen. Rainer Maria Rilke beschreibt dies sehr eindrücklich in einem Brief:

Und ich möchte Sie, so gut ich es kann,
bitten, lieber Herr, Geduld zu haben
gegen alles Ungelöste in Ihrem Herzen
und zu versuchen, die Fragen selbst
liebzuhaben wie verschlossene Stuben
und wie Bücher, die in einer sehr fremden
Sprache geschrieben sind.
Forschen Sie jetzt nicht nach den Antworten,
die Ihnen nicht gegeben werden können,
weil Sie sie nicht leben könnten.
Und es handelt sich darum, alles zu leben.
Leben Sie jetzt die Fragen.
Vielleicht leben Sie dann allmählich,
ohne es zu merken, eines fernen Tages
in die Antwort hinein.
Rainer Maria Rilke

Zentrale Aspekte einer Trauerbegleitung

Die intensive Anteilnahme am Erleben des trauernden Menschen steht im Zentrum jeder Trauerbegleitung. Als Begleiter wird man vielleicht nicht jede Reaktion verstehen und nicht mit jedem Verhalten vertraut sein. Man betritt gleichsam Neuland, wenn man sich als Begleiter gemeinsam mit dem Trauernden auf seine Reise durch die Trauerlandschaften begibt. Manchmal wird man Ähnlichkeiten zu eigenen Erfahrungen entdecken, dann steht man vielleicht kopfschüttelnd vor einer Trauerreaktion und fühlt sich verunsichert. Ein wichtiger Hinweis mag darin liegen, dass es im Erleben und Verarbeiten von Trauer kein »richtig« und »falsch« gibt und jeder Mensch die Stationen der Trauer auf die für ihn typische Art und Weise gestaltet und den Trauerweg in seinem Tempo zurücklegt. Gerade weil die Bandbreite an Gestaltungsmöglichkeiten, an Verhaltensweisen, an Reaktionen und persönlichen Trauerritualen so groß ist, werden Begleiter leicht verunsichert. Worauf kommt es an? Gibt es zentrale Aspekte, die man keinesfalls vergessen sollte? Die Antwort kann in Form von drei »Z's« erfolgen: *Zuwendung, Zeit* und *Zuversicht*! Diese Elemente sind die Basis jeder guten Trauerbegleitung.

Trauernde Menschen fühlen sich sehr oft alleingelassen und hilflos. Sie sehnen sich nach Nähe und Akzeptanz. Auch wenn sie dies nicht immer klar in Worte fassen können, deutet die Körpersprache meist auf den Wunsch nach Geborgenheit hin, den Wunsch nach einem bedingungslosen Gehaltenwerden. Daher ist es besonders wichtig, dass man als Begleiter bereit ist, den Trauernden in seinem »So-Sein« anzunehmen und Verständnis für alles zu zeigen, was sich bei der Wanderung durch das Tal der Tränen ereignet. Die Achtung der Person und die Unterstützung des seelischen und körperlichen Wohlergehens sind nicht nur Grundwerte menschlichen Zusammenlebens, sie sind auch gelebte Nächstenliebe und Solidarität in stürmischen Zeiten. Bei all dem spielt Zeit eine wichtige Rolle. Es wird trauernden Menschen wenig helfen, wenn man ihnen nach dem Motto *»Schnell die Tränen abgewischt, ein paar Umarmungen, ein tröstendes Schulterklopfen ...«* begegnet. Für eine Trauerbegleitung sollte man sich ausreichend Zeit nehmen, diese Zeit dem Trauernden schenken und ihm dabei auch jene Zeit zugestehen, die er für seinen Trauerweg benötigt. In unserer schnelllebigen Gesellschaft wird eine Trauerbegleitung damit fast schon zu einem Luxusgut und zu einem wirklichen Geschenk. Doch nicht allein das Ausmaß an Zeit spielt eine Rolle, sondern vielmehr die Möglichkeit, auch noch so kleine Zeitsplitter bewusst und in ehrlicher Anteilnahme zu verschenken. *»Es kommt nicht auf die Quantität an, sondern auf die Qualität!«* – dieser Satz, der für so viele schwierige Lebenssituationen wichtig ist, macht Mut, sich auf das Wagnis einer Begleitung einzulassen. Das Wissen um die heilenden Kräfte der Trauer, die in jedem Menschen stecken, kann Begleiter von der Last übergroßer Verantwortung befreien und stärkt die Zuversicht, dass am Ende des Trauerweges Wandlung möglich ist.

Weine aus die entfesselte Schwere der Angst
zwei Schmetterlinge halten das Gewicht der Welten für dich
und ich lege deine Träne in dieses Wort:
Deine Angst ist ins Leuchten geraten.
Nelly Sachs

Um die eben beschriebenen »drei Z's« können sich dann viele andere Begleitmaßnahmen ranken, die jeweils Ausdruck einer sehr persönlichen Beziehungsaufgabe zwischen dem trauernden Menschen und seinem Begleiter sind. Dabei gibt es eine klare Rollenverteilung: Der trauernde Mensch muss den Verlust verarbeiten – als Begleiter steht man nur am Rande und hält ihm eine stützende Hand hin. Diese Abgrenzung ist in der Begleitung von Angehörigen, lieben Freunden und einem nahestehenden Menschen besonders notwendig. Es ist wichtig, sich berühren zu lassen – und doch selbst den Boden unter den Füßen nicht zu verlieren! Hilfreich kann dabei sein, sich immer wieder vor Augen zu halten:

»Es sind deine Tränen, deine Ängste, nicht meine – aber: ich sehe deine Trauer.«
»Es ist deine Klage, deine Verzweiflung, nicht meine – aber: ich sehe deine Trauer.«
»Es ist dein Schmerz, dein Zorn, nicht meiner – aber: ich sehe deine Trauer.«

Diese Abgrenzung ist nicht mit »kühler Distanz« zu verwechseln, sondern verweist auf die wichtige innere Haltung des Mitschwingens und Einfühlens, die zu den Kernfähigkeiten guter Begleiter gezählt wird. Das richtige Maß zwischen hilfreicher Nähe und notwendiger Distanz zu finden ist eine große Herausforderung und stellt sich in gewisser Weise bei jeder Begleitung aufs neue. Doch auch ein Überprüfen der eigenen Einstellung gegenüber der Trauer ist immer wieder notwendig. Gute Trauerbegleitung kann umso eher gelingen, je bewusster es den Begleitern ist, dass Trauer eine normale und lebensnotwendige Antwort des Menschen auf Verlustsituationen ist. So können sie Tröster sein statt Ver-Tröster und ihren Gefühlen der Solidarität Ausdruck verleihen.

Bitte

Wir werden eingetaucht
und mit dem Wasser der Sintflut gewaschen,
wir werden durchnässt
bis auf die Herzhaut.
Der Wunsch nach der Landschaft
diesseits der Tränengrenze
taugt nicht,
der Wunsch, den Blütenfrühling zu halten,
der Wunsch, verschont zu bleiben,
taugt nicht.
Es taugt die Bitte,
dass bei Sonnenaufgang die Taube
den Zweig vom Ölbaum bringe.
Dass die Frucht so bunt wie die Blüte sei,
dass noch die Blätter der Rose am Boden
eine leuchtende Krone bilden.
Und dass wir aus der Flut,
dass wir aus der Löwengrube und dem feurigen Ofen
immer versehrter und immer heiler
stets von neuem
zu uns selbst
entlassen werden.

Hilde Domin

Gerade in der Begleitung trauernder Menschen muss man sich immer wieder vor Augen halten, dass die Trauerarbeit nur vom Trauernden selbst geleistet werden kann: Nur *er* kann jene inneren Kräfte mobilisieren, die ihm helfen, mit seinen Verlust umzugehen; nur *er* kennt seine Trauergeschichte und hat Erfahrung mit seinen Gefühlen; nur *er* weiß im Inneren seiner Seele, wann und wo er Hilfestellungen braucht. Es gibt so viel zu tun auf dem langen Weg durch das Trauerland! Die notwendige Trauerarbeit beginnt damit, dass man seine eigenen Reaktionen und sein Verhalten verstehen kann, und endet damit, dass man nach und nach einen neuen Zugang zu sich selbst und zu seiner Umwelt findet. Dazwischen liegt immer auch die Auseinandersetzung mit der

Vergänglichkeit im Allgemeinen und mit der eigenen Sterblichkeit im Besonderen. Manche Menschen werden wenig Begleitung brauchen und nur dann und wann eine menschliche »Klagemauer«, die ihnen erlaubt, im Sprechen ihr inneres Seelenchaos zu ordnen. Andere wiederum werden oft die Hand des Begleiters ergreifen, sich vielleicht für eine gewisse Zeit auch ganz fest anklammern, bis sie genügend Kraft und Vertrauen gesammelt haben, den nächsten Schritt zu tun. In jeder Trauerbegleitung geht es um Beziehung statt Isolation, Sicherheit statt Angst, Kommunikation statt Schweigen, Wahrheit statt Fantasie und alltägliche Normalität statt Chaos. Aus der Fülle von Unterstützungs- und Hilfsangeboten werden nachfolgend einige angeführt, die sich in der Praxis schon oft bewährt haben.

Unterstützungs- und Hilfsangebote für Trauernde

- Gespräche, in denen der Trauernde die körperlichen und seelischen Veränderungen als Ausdruck der Trauer verstehen lernt (»Das gehört dazu«).
- Mut machen, Gefühle zu zeigen (»Tränen dürfen sein!«).
- Mut machen, Gedanken und Erinnerungen auszudrücken (»Alles darf sein«).
- Anregungen, das Gedanken- und Gefühlschaos zu ordnen (»Wann wird was wie erlebt?«).
- Klärung der Zeitebenen: Vergangenheit *(»Als Kind habe ich meine … verloren«)* – Gegenwart *(»Wen/was habe ich heute verloren?«)* – Zukunft *(»Ich habe Angst, auch noch den/das … zu verlieren«)*. Behutsame Hinweise, um welchen Verlust es sich im Hier und Jetzt handelt.
- Erinnerungsarbeit (»… und damals…«).
- Förderung kreativer Ausdrucksmöglichkeiten der Trauer (»malen, schreiben, musizieren, töpfern …).
- Unterstützung bei der Suche nach persönlichen Trauerritualen (»Jeder kann seine eigenen Rituale finden«).
- Gespräche über Kraftquellen (»Was mir schon einmal geholfen hat«).
- »Spürangebote« (»Den Boden wieder unter den Füßen spü-

ren«, »Erdung«, Spaziergang, Körperwahrnehmung schulen …).

- Neuorientierung des Trauernden fördern, ohne zu drängen (»Ich sehe Veränderungen«).

Trauerbegleitung als besondere Herausforderung in Pflegesituationen

Wenn man von Trauerbegleitung spricht, geht es meistens um die Begleitung trauernder Menschen durch Personen, die *selbst* nicht trauern oder von den Ereignissen *weniger stark betroffen* sind. Besonders deutlich wird dies beispielsweise, wenn Trauernde sich professionellen Begleitern, z. B. Seelsorgern, Ärzten oder Therapeuten, anvertrauen. Aber auch wenn einem gute Freunde, Bekannte, Nachbarn oder Kollegen beistehen, lässt sich meist recht deutlich eine Linie zwischen der Gefühlswelt der Betroffenen und jener der Begleiter ziehen. Dadurch ist es leichter möglich, Sicherheit zu vermitteln, Ruhe zu bewahren und geduldig all die vielen Hoffnungssplitter zusammenzufügen, die den Schmerz überwinden helfen.

In häuslichen Pflegesituationen ist das anders! Hier sind beide »Parteien« – Pflegende wie Gepflegte – auf ihre jeweils besondere Art und Weise traurig und müssen sich unterschiedlichen Abschiedssituationen stellen. Im Vordergrund des Trauergeschehens steht die Trauer um (Lebens-) Veränderungen und die Trauer angesichts der Tatsache, dass sich der eigene Lebensbogen oder der eines nahen Angehörigen dem Ende zuneigt. Damit rückt das Thema *Vergänglichkeit* auf vielfältige Weise in den Mittelpunkt vieler Gedanken und Gespräche von Familien, die sich für die Begleitung, Betreuung oder Pflege eines Angehörigen entschieden haben. Oft wird einem schlagartig bewusst, dass durch die Pflege der alten Eltern die »Zeit der Kindheit« endgültig vorbei ist – auch wenn man das natürlich theoretisch schon längst weiß; oder dass sich das eigene Leben wandelt und man in neue Rollen hineinwachsen muss; oder welche Auswirkungen der Generationenwechsel für das eigene Selbstverständnis hat.

Neben dieser Berührung mit der »Abschiedlichkeit« des Lebens[25] bringen Pflegesituationen eine Fülle *konkreter Verlusterfahrungen* mit sich. Bei alten Menschen kann es sich zum Beispiel um die Auflösung des eigenen Haushalts handeln, den Abschied von der vertrauten Umgebung oder den Tod des Lebenspartners. In diesen Fällen ist die Trauer offensichtlich und kann in aller Regel auch gut begleitet werden. Schwieriger sind die vielen kleinen Abschiedssituationen, die gleichsam »auf leisen Sohlen« herbeikommen und immer wieder neue Trauerprozesse auslösen. Der alte pflegebedürftige Mensch befindet sich genau genommen in vielen Trauerprozessen, die ineinander verschlungen sind. Dieser Umstand ist häufig mit ein Grund für die wechselnde Stimmungslage pflegebedürftiger Menschen. Für die begleitenden Angehörigen ist es schwer, diese Gefühle richtig einzuordnen und geeignete Hilfestellungen zu finden. Auch die Überschneidung mit eigenen Trauergefühlen kann manchmal den Blick verstellen und zu Spannungen zwischen den Familienmitgliedern und dem Pflegebedürftigen führen. Ein Beispiel soll dies erläutern.

Aus der Praxis

Jana D. pflegt ihren Mann nach einem Schlaganfall in der gemeinsamen Wohnung. Nach einem harten Jahr, das sehr an ihren Kräften zehrt und in dem sie fremde Hilfe ablehnt, stirbt ihr Mann schließlich an den Folgen seiner Erkrankung. Jana D. trauert um ihren Partner.

Ein halbes Jahr später erkrankt sie selbst und kann sich kaum mehr alleine versorgen. Nach einem langen inneren Kampf willigt sie in die immer wieder angebotene Übersiedlung zur Familie ihrer Tochter ein. Jana D. trauert um den Verlust ihrer Wohnung und des Gefühls, unabhängig und selbstständig zu sein.

Der körperliche Zustand von Jana D. wird immer schlechter. Täglich wird sie damit konfrontiert, dass die Kräfte einfach nicht mehr ausreichen, um alleine und ohne Gehhilfe den Weg vom Bett ins Badezimmer zu schaffen. Die Kraft reicht auch nicht mehr aus, sich selbst zu pflegen. Jana D. trauert um das Versiegen ihrer Kräfte, wenngleich sie das noch nicht so wahrnehmen will.

Bildlich gesprochen greifen bei Jana D. drei Gefühlsräder der Trauer ineinander und führen zu unterschiedlichen Reaktionsweisen, die gleichzeitig auftreten und von den Betreuern und Begleitern schwer auseinanderzuhalten sind. Ihre Tochter berichtet, wie schwer das sein kann. Als sie ihre Mutter einmal weinend und klagend im Bett vorfindet und daraufhin den Tod des Vaters anspricht, der sie selbst noch sehr beschäftigt, trifft sie auf heftige Abwehr. Jana D. hat ihren Mann nach über einem Jahr »in Frieden« gehen lassen – sie fühlt sich von ihrer Tochter völlig falsch verstanden! An diesem Tag brechen heftige Gefühlsstürme über die Familie herein, denn Jana D. betrauert nicht mehr den Tod ihres Ehepartners, sondern lehnt sich mit Wut und Zorn gegen ihre »Zwangseinweisung in dieses Zimmer« auf. Bezüglich ihrer Trauer um den Verlust der freien Fortbewegungsmöglichkeit steht sie noch im Verdrängen und schiebt alle belastenden Gedanken von sich.

Was Jana D. helfen könnte

- *Die Trauer um den verstorbenen Mann scheint nach über einem Jahr gut bearbeitet zu sein (4. Station). Es bietet sich an, gemeinsam über schöne Dinge aus der Vergangenheit zu sprechen, alte Fotoalben anzusehen u. Ä.*
- *Die Trauer um die Aufgabe ihrer eigenen Wohnung steht im Vordergrund des Erlebens. Heftige Emotionen (2. Station) kommen zum Durchbruch. Auch wenn die Worte bitter und hart klingen, will Jana D. ihrer Tochter nicht wehtun, sie ist »nur wütend auf das Leben«. Für die Tochter ist ein »distanziertes« Verständnis dafür wichtig, dass dies für ihre Mutter nicht einfach ist. Sie soll die Äußerungen nicht als persönlichen Angriff auffassen, nicht aggressiv reagieren oder sich verletzt zurückziehen.*
- *Die Trauer um den Verlust der körperlichen Kräfte und die rasch zunehmende Hilfsbedürftigkeit bleibt eher im Hintergrund. Jana D. verharrt diesbezüglich relativ lang im Nichtwahrhaben-Wollen (1. Station) und springt dann und wann zu einem raschen Sich-Abfinden (4. Station). Die Situation könnte dadurch erleichtert werden, dass man einerseits »ganz selbstverständlich« Dinge für Jana D. übernimmt, zu denen*

sie zu schwach ist. Anderseits sollte man ihr kleine Möglichkeiten anbieten, etwas selbst tun oder gestalten zu können.

Als Begleiter muss man sich darüber im Klaren sein, um welchen Verlust es jeweils eigentlich geht und wo der pflegebedürftige Mensch besondere Unterstützung braucht. Der eine wird vielleicht mit dem Umzug in eine fremde Umgebung weniger kämpfen und sich leichter von vertrauten Dingen verabschieden, dafür mit dem immer schlechter werdenden Sehen und Hören kaum zurechtkommen und tief traurig sein. Ein anderer wiederum wird über den Verlust der eigenen vier Wände kaum hinwegkommen, und das Gefühl, seine Heimat verloren zu haben, begleitet ihn viele Monate, während er den Kräfteschwund und die wachsende Hilfsbedürftigkeit leichter annehmen und rascher positiv verarbeiten kann. Und so müssen sich Begleiter auf viele verschiedene Situationen einstellen. Sie müssen herausfinden, welche Trauer gerade besonders schwer zu verkraften ist und wo liebevolle Begleitung, klare Abgrenzung oder sanftes Weiterführen notwendig sind. Dabei sind Orientierungshilfen wichtig, die allgemeine Hilfestellungen für die jeweiligen Trauerstationen aufzeigen und sich an der Leitfrage orientieren: *»Wie kann ich dir helfen?«*

**»Wie kann ich dir helfen?« –
Erste Orientierungshilfen für Begleiter**

Hilfen für die 1. Trauerstation (Ablehnung/Nichtwahrhaben)
»Ich bin bei dir und frage nicht viel.«
»Ich lasse dich nicht allein.«
»Ich helfe dir bei den Dingen des Alltags.«
»Ich nehme dich und deine Gefühle ernst««

Hilfen für die 2. Trauerstation (Ausbruch der Emotionen)
»Ich versuche, deine Wut und deinen Zorn zu verstehen.«
»Ich rede dir nichts ein oder aus.«
»Ich habe keine Angst vor deiner Verzweiflung.«
»Ich vertröste nicht, sondern komme mit dir ins Gespräch.«

Hilfen für die 3. Trauerstation (Auseinandersetzung)
»Ich spreche mit dir über alles, was dich beschäftigt.«
»Ich höre dir immer wieder aufs neue zu.«
»Ich verstehe, dass du ›dünnhäutig‹ bist.«
»Ich habe Geduld.«

Hilfen für die 4. Trauerstation (Annahme)
»Ich helfe dir, dich neu zu orientieren.«
»Ich bin nicht böse, weniger gebraucht zu werden.«
»Ich bleibe aufmerksam.«
»Ich freue mich mit dir.«

Wie diese Hilfestellungen umgesetzt werden, richtet sich immer nach den Bedürfnissen und Möglichkeiten der beteiligten Menschen und nach den Trauerinhalten.

Aus der Praxis

Hanne R., selbst schon hoch in den Achtzigern, trauert um ihren Ehepartner. Eine ihrer Töchter übernimmt die Begleitung und Betreuung der Mutter. Die oben angeführten Sätze könnten in dieser Trauerbegleitung konkret bedeuten: »Ich helfe dir bei allen Formalitäten rund um das Begräbnis; ich laufe vor deinen Tränen nicht davon; ich verliere nicht die Geduld, wenn du zum zehnten Mal von eurer Hochzeitsreise vor über 60 Jahren erzählst; ich überlege mit dir gemeinsam, wie du dein Leben allein ohne deinen Lebenspartner einrichten und gestalten kannst.« Dieses Überlegen führt schließlich zur Einsicht, dass es wohl das Beste ist, wenn Hanne R. in eine Einrichtung mit betreuten Wohneinheiten übersiedelt. Bis ein Platz frei wird, will sich ihre Tochter um sie kümmern. Der Schwerpunkt der Trauerbegleitung liegt hier einerseits im gemeinsamen Erinnern bzw. im Anteilnehmen an erzählten Erinnerungen an »damals«, anderseits in der Vorbereitung auf den neuen Lebensschritt und einem behutsamen Hinführen zum notwendigen Loslassen vieler geliebter Gewohnheiten. Während es der Tochter von Hanne R. relativ leichtfällt, die Mutter auf die neue Situ-

ation vorzubereiten, kämpft sie selbst nach dem Tod des Vaters mit ihrer Trauer. Trost findet sie vor allem in Gesprächen mit ihren Geschwistern.

*

Bei Franziska A. ist die Situation ganz anders. Nach einem Oberschenkelhalsbruch kommt sie für längere Zeit in eine Rehabilitationseinrichtung. Leider kann ihre alte Beweglichkeit nicht wiederhergestellt werden und damit ist für Franziska A. bei diesem Unfall viel mehr gebrochen als ihr Oberschenkel – in gewisser Weise ist das Vertrauen in die Welt zerbrochen, in eine Welt, in der sie auch als betagte alte Frau allein und selbstständig leben kann. An eine Übersiedlung in ihre alte Wohnung ist nicht mehr zu denken. Franziska A. kommt ins Haus ihrer Schwiegertochter. Die Trauer um den Verlust »ihres Lebens«, ihrer Vorstellungen von einem »Alter in Würde« und ihrer Bewegungsfreiheit ist zentrales Thema der Trauerbegleitung, in der die oben angeführten Leitsätze bedeuten könnten: »Ich versuche zu verstehen, wie traurig es dich macht, nicht mehr in deiner Wohnung leben zu können; ich rede dir nicht ein, dass ›es schon besser werden wird‹; ich höre dir zu, wie du dir dein Altwerden vorgestellt hast, und ärgere mich nicht, wenn wir in deinen Vorstellungen nicht vorkommen; ich unterstütze dich bei allen Versuchen, ein bisschen auf die Beine zu kommen, und freue mich mit dir über kleine Erfolge, ohne Druck in Bezug auf ›mehr‹ zu machen.« Bei der Trauerbegleitung von Franziska A. durch ihre Schwiegertochter tritt die direkte persönliche Betroffenheit in den Hintergrund, was den Umgang mit der pflegebedürftigen alten Frau erleichtert.

Die seelische Betroffenheit der Familienmitglieder und vor allem die Trauer der Person, die überwiegend pflegt, beeinflussen den Umgang zwischen allen Betroffenen und wirken sich auf den Pflegealltag aus. Bei professionellen Begleitungen – beispielsweise durch Krankenschwestern oder Hospizmitarbeitern – ist eine stärkere Abgrenzung möglich. Die Begleiter können nach dem Ende des Arbeitstages gleichsam die Türe hinter den Erfahrungen des Tages schließen und sich ihrer Freizeit widmen. Pflegende Angehörige fühlen sich im Gegensatz dazu rund um die

Uhr für die Betreuung zuständig und sind zudem noch durch die eigene Betroffenheit belastet.

Was macht pflegende Angehörige besonders traurig? Bei der Trauer von Familienangehörigen geht es vor allem um den bevorstehenden Abschied von dem Menschen, der gepflegt und begleitet wird, und um die Notwendigkeit, bestimmte eigene Lebenspläne zu verändern oder loszulassen. Wirft man einen Blick auf den Verlauf der Trauer bei pflegenden Angehörigen, so zeigt sich, dass zu *Beginn* der Pflegesituation meistens eine gewisse Realitätsverweigerung steht. Die Tatsache, dass »es« nun so weit ist und eine Betreuung und Pflege unumgänglich wird, löst bei vielen eine gewisse Starre aus – alles erscheint so unwirklich! Auch wenn die Familie sich die Situation immer wieder vorgestellt hat, bedeutet die Pflegeübernahme ein Betreten von Neuland. Die Trauer über die an vertrauten Menschen wahrgenommenen körperlichen, geistigen und seelischen Veränderungen vermischt sich mit der Trauer um den Verlust jener Lebensform, die man vor der Pflegeübernahme hatte. Wer aber beispielsweise in der Verzweiflung über die demente Mutter oder den körperlichen Verfall des Ehepartners gleichsam erstarrt, kann schwer die notwendigen Pflegeschritte einleiten und die neue Situation regeln. Was kann helfen? Die ersten trauerbedingten Hürden sind durch eine *klare Strukturierung* der Pflegesituation mit *genauen Aufgabenverteilungen* leichter zu überwinden. Eine klare Struktur kann dem Gefühl der Unwirklichkeit, des Nichtglaubenkönnens und des inneren Chaos entgegenwirken. Auch die Beschäftigung mit Informationen über externe Hilfestellungen kann Entlastung bringen. Besonders hilfreich ist der Kontakt mit Menschen, die nicht zu sehr in das Geschehen einbezogen sind und den pflegende Angehörige aus der Sprachlosigkeit befreien.

Meist dauert es eine geraume Zeit, bis den Begleitern das ganze Ausmaß der anstehenden Veränderungen bewusst wird und auch die Notwendigkeit, sich innerlich mit dem Thema Abschied zu befassen. Wenn sich die ganze Tragweite der Veränderung einmal abzeichnet und unterschiedlichste Gefühle aufbrechen, kann es leicht zu einer Zuspitzung im Umgang mit den Pflegebedürftigen kommen. In dieser sogenannten *Emotionsphase* können Wut und Zorn im Vordergrund stehen und den Blick auf die Bedürfnisse des alten pflegebedürftigen Menschen verstellen. Wut, das eigene Leben nicht so leben zu können, wie man möchte; Zorn auf andere Verwandte, die sich »davongemacht haben«; Schuldgefühle gegenüber den Kindern, die man oft sich selbst überlässt, und vieles andere mehr. Hinzu kommen noch Gedanken daran, wie es ohne Pflege sein könnte, und Gedanken an »das Ende«, das man gleichzeitig fürchtet und doch auch herbeiwünscht. *»Ich wünsche mir, dass Vater einfach gehen kann und endlich erlöst ist von seinen Schmerzen – und dann schäme ich mich, ihm den Tod zu wünschen«*, sagt Walter. *»Es wäre besser, sie könnte sterben – ein schrecklicher Gedanke, doch manchmal kann ich nicht anders denken«*, erzählt Annemarie, und Barbara berichtet, wie schlimm es für sie ist, wenn sie an die Zeit »nach Mamas Tod« denkt und sich sogar nach dieser Zeit sehnt. Manchen gelingt es, sich in Gesprächen mit Freunden oder professionellen Helfern diese Schuldgefühle von der Seele zu reden. Einmal ausgesprochen, verlieren sie sehr oft ihre vergiftende Wirkung. Auch bei dem Thema »Aggression und Gewalt« sind entlastende Gespräche wichtig. Manchmal ist die Beziehung zum alten pflegebedürftigen Menschen so belastet und die negativen Gefühle stauen sich so an, dass es zu gefährlichen Entladungen kommen kann. Aggression in der Pflege ist immer auch auf dem Hintergrund nicht bewältigter Trauer und mangelnder Trauerbegleitung seitens des sozialen Umfeldes zu sehen. Prinzipiell muss man jedoch zwischen emotionalen »Gewittern«, die als Ausdruck intensiver Trauer zu sehen sind, und gezielten Gewaltanwendungen unterscheiden, bei denen Angehörige durch chronische Überforderung, mangelnde Unterstützung oder aufgrund psychischer Verstrickungen Grenzen überschreiten. Um einer möglichen Gefühlseskalation vorzubeugen, ist es wichtig, die eigene Stimmungslage im Auge zu behalten. Wenn man als Pflegender an sich selbst beobachtet, dass aggressive Äußerungen oder Gefühle von Wut und Zorn immer öfter auftreten, sollten die Alarmglocken läuten. Hilfreich ist es beispielsweise, seine verzweifelte Wut und andere aggressive Gefühle beim Namen zu nennen oder durch körperliche Aktivitäten wie beispielsweise Laufen oder »Stampfen« auszuagieren. Manchen Menschen hat es auch geholfen, »Wutkissen« gegen die Wand zu werfen, in freier Natur laut zu schreien, sich jemandem im Gespräch anzuvertrauen und alle Wut aus sich »herauszuerzählen« oder seine Gefühle in einem Brief festzuhalten. Hier muss jeder seinen eigenen Zugang finden und auf seine persönlichen Ressourcen zurückgreifen.

Nachdem die heftigen Gefühle abgeklungen sind, macht sich bei vielen pflegenden Angehörigen eine gewisse innere Schwere und Müdigkeit bemerkbar. Nach und nach kann die Tragweite der Pflegesituation in ihrem vollen Ausmaß erkannt werden. Das löst häufig Verzweiflung aus und das Gefühl, der Situation nicht gewachsen zu sein. Man spürt, wie die Zeit verrinnt, und doch scheinen die Zeiger der Uhren stehen zu bleiben. Einerseits möchte man mit dem Menschen, den man pflegt, noch einiges besprechen, erleben oder auch klären, andererseits fühlt man sich überfordert und hilflos. Die erlebten körperlichen, seelischen und geistigen Veränderungen, die der pflegebedürftige Mensch erfährt, sind nicht nur für die rein körperliche Pflege belastend, sondern rühren auch an die eigene Angst vor Gebrechlichkeit und Leid. Und so betrifft die Trauer sowohl den Abschied von einem Menschen, wie man ihn Zeit seines Lebens wahrgenommen und erlebt hat, als auch den Abschied von der Vorstellung, selbst der Vergänglichkeit entkommen zu können. In diesem *dritten Stadium* des Trauerprozesses kreisen viele Gedanken um das Thema »Sterben und Tod«, und das führt zu einer gewissen Dünnhäutigkeit. Doch selten bleibt den Pflegenden ausreichend Zeit, um sich mit den eigenen aufkommenden Fragen zu beschäftigen. Im Sinne einer »Psychohygiene« – eines »pfleglichen Umgangs mit sich selbst« – wäre es besonders wichtig, sich immer wieder Rückzugsmöglichkeiten zu schaffen und seiner eigenen Trauer Ausdruck zu geben. »*Für mich ist es sehr wichtig, mit einer Freundin über meine Angst vor dem Sterben zu reden – ich sehe ja, wie sehr Mutter leidet …*«, erzählt Gabi R. »*Ich habe das Gefühl, ohnehin nichts ändern zu können und ohnmächtig dem Verfall von Papa zuschauen zu müssen – das macht mich depressiv*«, berichtet Andrea V. und Viktor R. meint: »*Mir wird plötzlich bewusst, dass jeder Tag nicht nur meine Frau dem Tod näher bringt, sondern auch mich selbst – ich muss besser mit der verbleibenden Zeit umgehen!*« In dieser Trauerphase ist es für pflegende Angehörige besonders gut, sich immer wieder bewusst Zeit zu nehmen, um auch

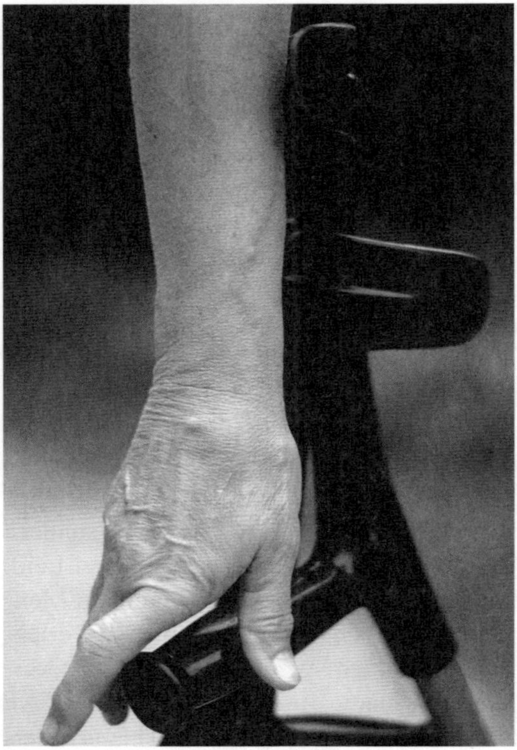

13:
Hilfe annehmen können

der eigenen Trauerarbeit Raum zu geben. Der regelmäßige Kontakt zu Freunden, Kollegen, Nachbarn oder der Besuch von Selbsthilfe- oder Freizeitgruppen kann dabei ebenso Entlastung bringen wie kreative Beschäftigungen. Wenn sich jedoch das Gefühl einer inneren Schwere und traurigen, »dunklen« Verstimmtheit über einen langen Zeitraum erstreckt und kein Lichtstrahl mehr gesehen wird, ist eine professionelle Begleitung notwendig.

Durch eine aktive Auseinandersetzung mit all den Gefühlen, die die Pflegesituation auslöst, kann es leichter gelingen, die notwendige Neuorientierung in der Beziehung zum pflegebedürftigen Menschen einzuleiten. Oft berichten Betroffene dann von einer neuen Sichtweise und dem wiedergekehrten Gefühl, der Situation gewachsen zu sein. »*Nach vielen Monaten ist es mir jetzt gelungen, Mama als alte demente Frau zu akzeptieren – die Mama von früher lebt in meiner Erinnerung*«, erzählt Martha S. einer

Freundin. »*Für mich war es so traurig, meinen ›starken‹ Opa gehen zu lassen – für ihn war das vielleicht gar nicht so schwer, sich pflegen zu lassen*«, meint Oliver Z. In beiden Aussagen wird deutlich, dass es den Angehörigen hier gelungen ist, zwischen der eigenen Trauer und der Gefühls- und Erlebenswelt der Pflegebedürftigen zu unterscheiden. Das schafft einen neuen Zugang zum pflegebedürftigen Menschen und seinen Bedürfnissen. Wie oft es notwendig sein wird, das Gefühlsrad der Trauer zu durchlaufen, lässt sich im Voraus schwer abschätzen. Es wird sowohl von der Dauer und dem Verlauf der Pflegesituation abhängen als auch vom Ausmaß persönlicher Betroffenheit der Pflegenden.

»Was kann mir helfen?« – Erste Orientierungshilfen für Begleiter

Hilfen für die 1. Trauerstation (Ablehnung/Nichtwahrhaben)

»Ich suche in Gesprächen aus der Sprachlosigkeit herauszukommen.«

»Ich verschaffe mir einen Überblick, was zu tun ist, und kläre die Zuständigkeiten und Aufgabenbereiche.«

»Ich informiere mich über externe Hilfsangebote.«

»Ich achte auf mich und halte den Tagesrhythmus ein.«

Hilfen für die 2. Trauerstation (Ausbruch der Emotionen)

»Ich erkenne meine Wut und meinen Zorn und versuche, die Gefühle nicht an anderen auszulassen.«

»Ich suche nach Möglichkeiten, die innere Angespanntheit zu lösen.« (Bewegung, Laufen, Schreien, Tanzen und Schreiben …)

»Ich erlaube mir, über meine Schuldgefühle zu sprechen.« (Freunde, Tagebuch, professionelle. Helfer)

»Ich ergreife Maßnahmen gegen körperliche Beschwerden wie z. B. Schlafstörungen.« (Entspannung, Abendritual, Tagesrückblick: »Was ist gelungen…«, Schlaftee …)

Hilfen für die 3. Trauerstation (Auseinandersetzung)

»Ich nehme mein Traurigsein ernst, lasse Tränen zu und hole mir bei Bedarf Hilfe.«

»Ich lasse Gedanken an Sterben und Tod zu und überlege mir, was mir für meinen eigenen letzten Lebensabschnitt wichtig ist.«

»Ich suche Gesprächspartner, die mir geduldig zuhören.«

»Ich strukturiere den Tag und plane Zeiten ein, in denen ich für mich sein kann.«

Hilfen für die 4. Trauerstation (Annahme)

»Ich suche klar zwischen meiner Betroffenheit und deinen Befindlichkeiten und Gefühlen zu unterscheiden.«

»Ich setze mich bewusst mit den Gegebenheiten, so wie sie tatsächlich sind, auseinander.«

»Ich verabschiede mich von unrealistischen Vorstellungen.« (»Es wird wieder werden …«)

»Ich sorge gut für mich.« (Ausreichend Schlaf, Bewegung, gesunde Ernährung, soziale Kontakte, Freizeitaktivitäten …).

5. Wegstationen am Ende des Lebens – Der Sterbeprozess

Im Zusammenhang mit den Belastungen, die mit einer häuslichen Pflege verbunden sind, stehen in der öffentlichen Diskussion in erster Linie körperliche und finanzielle Aspekte im Vordergrund. Doch genauso wichtig ist es, sich dessen bewusst zu werden, welche *seelischen Veränderungen* Menschen durchmachen, die am Ende ihres Lebens stehen. Auch wenn es zunächst nicht absehbar ist, wie sich die Situation entwickelt, mündet die pflegende Betreuung in den meisten Fällen in eine *Sterbebegleitung*. Vor dieser Realität verschließen sowohl die Betroffenen wie auch die pflegenden Angehörigen oft die Augen. Dies mag zum Teil mit der gesellschaftlichen Tabuisierung des Themas Sterben zusammenhängen. Vielen Menschen fällt es daher schwer, die Worte »sterben« oder »Tod« offen auszusprechen und sich mit diesem Tabuthema zu befassen. Doch um die Welt jener besser zu verstehen, die am Ende ihres Lebens stehen, ist es hilfreich und sinnvoll, bewusst auf diese Lebensstrecke zu schauen. Der Wunsch, seinen Lieben in den letzten Wochen, Tagen oder Stunden beizustehen und sich voneinander verabschieden zu können, kann umso eher erfüllt werden, je offener man sich mit dem letzten Lebensabschnitt auseinandersetzt.

Der Sterbeprozess

Den letzten Abschnitt des Lebensbogens kann man auch mit dem Begriff »Sterben« umschreiben. In den seltensten Fällen handelt es sich dabei um ein punktuelles Ereignis, vielmehr ist es ein Prozess, der sich über einen längeren Zeitraum erstreckt und zu dem unterschiedliche Phasen gehören. Bildlich gesprochen kann man sich den Sterbeprozess als einen Weg vorstellen. So verschieden Wege in der Natur sein können, so unterschiedlich ist auch die Art und Weise, wie sich Menschen auf ihren letzten Weg machen: Einige werden langsam gehen, häufig stehen bleiben, zurückschauen, innehalten … andere werden rasch zum Ziel eilen …

Das Wissen um die Besonderheiten der Sterbephasen ist der Schweizer Ärztin Elisabeth Kübler-Ross zu verdanken,[26] die im Rahmen unzähliger Begleitungen sterbender Menschen zu wesentlichen Einsichten über den letzten Lebensabschnitt kam. Sie beschreibt Sterben als einen Prozess mit den *Stationen* des Nicht-wahrhaben-Wollens, der Auflehnung, des Verhandelns, der Depression und der Annahme.

Sterbephasen nach Kübler-Ross

1. Station: »Nein, nicht ich!« – Ablehnung
2. Station: »Warum ich?« – Auflehnung
3. Station: »Ja, aber …« – Verhandeln
4. Station: »Ja, ich.« – Trauer
5. Station: »Ja!« – Annahme

Sterbephasen und ihre typischen Merkmale

Bei aller Verschiedenheit der einzelnen Sterbeprozesse gibt es eine Reihe häufig vorkommender Merkmale, die man auch als Stationen oder Phasen zusammenfassen kann. Die Art und Weise, wie jeder Einzelne diese Sterbephasen lebt, an welchen Stationen er länger verweilt, welche Farbe er ihnen verleiht und in welchem Tempo er sie durchschreitet, ist ganz unterschiedlich. Auch der

14:
Ein Weg ins Ungewisse – Wegstationen am Ende des Lebens

letzte Lebensabschnitt wird von jedem Menschen auf seine sehr persönliche Art und Weise gestaltet und durchlebt. Pflegende Angehörige können die unterschiedlichen Gefühle ihrer Lieben vielleicht besser verstehen und einordnen, wenn sie über typische Merkmale der einzelnen Phasen Bescheid wissen. Dieses Wissen kann auch als Anhaltspunkt für eine bedürfnisorientierte Begleitung dienen.

Am Beginn des Sterbeweges steht bei den meisten Menschen ein Aufschrei. Entweder wird dieses »Nein, nicht ich!« laut und deutlich herausgeschrieen oder es wird leise, ängstlich verhalten geflüstert. Der *Schock* über eine eben erhaltene Diagnose und die daraus abgeleiteten Befürchtungen und Ängste, ein negativer Krankheitsverlauf ohne Chance auf Heilung oder die mehr oder weniger deutlichen Informationen über den »Beginn des Endes« müssen erst verarbeitet werden.

1. Sterbephase: »Nein, nicht ich!«

Typische Merkmale

Betroffene stehen unter Schock – sie sind wie gelähmt.

Betroffene können die Wahrheit nicht annehmen – sie verdrängen oder leugnen.

Betroffene leben in einem Wechselbad der Gefühle – sie sind sehr stimmungslabil.

Beispiele typischer Aussagen

»Ich kann es nicht glauben.«

»Ich bin sprachlos.«

»Meine Gedanken drehen sich im Kreis.«

»Ich bin wie gelähmt.«

Nach einer gewissen Zeit – zwischen einigen Tagen und mehreren Wochen – löst sich der Schock und die Zeit der Starre ist vorbei. Eine Fülle an sehr unterschiedlichen Gefühlen tritt zu Tage. Diese zweite Station auf dem Sterbeweg wird auch als Phase der *aufbrechenden Gefühle* bezeichnet. Im Mittelpunkt der seelischen Auseinandersetzung steht die Frage nach dem Warum.

2. Sterbephase: »Warum ich?«

Typische Merkmale

Betroffene sind ihren Gefühlen ausgeliefert – sie sind wütend und zornig.

Betroffene fühlen sich ungerecht behandelt – sie kritisieren und nörgeln.

Betroffene suchen einen Sündenbock – sie klagen an und beschuldigen.

Beispiele typischer Aussagen

»Meine Wut ist riesengroß.«

»Warum muss das gerade mir geschehen?«

»Das Leben ist so ungerecht!«

»Warum hat Gott mich im Stich gelassen?«

Wenn die heftigen Gefühlsausbrüche abgeklungen sind, beginnt ein ganz neuer Wegabschnitt. Erstmals zeigt der sterbende Mensch die Bereitschaft, sein Leid anzunehmen – sofern ihm noch bestimmte Erlebnisse, Begegnungen, Erfahrungen möglich gemacht werden. Und so tritt er ein in das »Verhandlungs-Karussell«: Er verhandelt mit allen Menschen, die über seine Lebenssituation bestimmen, angefangen bei den engsten Angehörigen bis hin zu Ärzten und professionellen Pflegekräften. Manchmal macht dieses Verhandeln auch vor Gott nicht halt.

3. Sterbephase: »Ja, aber ...«

Typische Merkmale

Betroffene schöpfen wieder Mut – sie sind hoffnungsvoll.
Betroffene nehmen all ihre Kraft zusammen – sie sind aktiv.
Betroffene wenden sich an ihre Umgebung – sie sind umgänglich.

Beispiele typischer Aussagen

»Ich nehme alles auf mich, wenn ich nur noch einmal ...«
»Wenn mich der Herrgott noch ein Jahr leben lässt, dann ...«
»Ja, es hat mich getroffen, aber ...«
»Ich unterziehe mich der Bestrahlung, wenn ich nach Hause kann ...«

Nur langsam dringt es in das Bewusstsein der Betroffenen, dass die Zeit des Verhandelns nach und nach zu Ende geht und kein Spielraum mehr für neue Verhandlungen besteht. Der sterbende Mensch hat begriffen, dass er dem Tod nicht entkommen kann. Tiefe *Traurigkeit* legt sich über sein Gemüt. An keiner Stelle des Sterbeweges wird der Zusammenhang zwischen Sterbe- und Trauerprozess so deutlich wie hier. Die Erinnerung an längst vergangene Verlusterlebnisse gesellt sich zur aktuellen Trauer. An dieser Station gilt es, von allem Abschied zu nehmen, was einem im Leben wichtig war und ist.

4. Sterbephase: »Ja, ich.«

Typische Merkmale

Betroffene nehmen Abschied – sie sind traurig, sie weinen.

Betroffene haben Angst – sie ziehen sich zurück, sie sind erstarrt.

Betroffene ziehen Bilanz – sie fragen nach dem Sinn des Lebens.

Beispiele typischer Aussagen

»Ich habe verstanden, dass mein Leben zu Ende geht.«

»Was wird von mir bleiben, wenn ich einmal nicht mehr bin?«

»Sterben macht mir Angst!«

»Ich schaue auf mein Leben zurück und sehe viel Unerledigtes.«

Gelingt es, den sterbenden Menschen in seinem Abschiednehmen gut zu begleiten und zu unterstützen, kann er in die letzte Sterbephase eintreten. Die Panik hat sich gelegt, die Kämpfe und das Verhandeln sind ausgestanden, die Tränen der Verzweiflung und des Abschieds sind geweint. Der Sterbende hat innerlich in sein Schicksal eingewilligt und ist bereit, den »Schritt über die Schwelle« zu gehen. Wann diese *Annahme* möglich ist, kann man sehr schlecht vorhersagen. Der eine wird vielleicht einige Monate vor seinem Tod schon in diesen Seelenzustand kommen, der andere kann vielleicht erst wenige Stunden vor seinem Tod innerlich »Ja« sagen.

5. Sterbephase: »Ja!« – Annahme

Typische Merkmale

Betroffene kommen zu Ruhe – sie sind erschöpft.

Betroffene willigen in ihr Schicksal ein – sie sind friedlich und gelöst.

Betroffene entwickeln feine »Antennen« – sie sind sehr feinfühlig.

Beispiele typischer Aussagen
»Ich möchte ohne Schmerzen die letzten Tage in Ruhe erleben.«
»Ich muss mir keine Sorgen um das Morgen mehr machen.«
»Ich erlebe alles so intensiv!«
»Der Tod macht mir keine Angst mehr.«

Man darf sich den Sterbeweg nicht als geradlinige Strecke vorstellen, vielmehr gleicht dieser Weg einer Berg- und Talfahrt. Zudem kommt es häufig vor, dass die einzelnen Stationen auf diesem Weg mehrmals aufgesucht werden. Dies kann innerhalb weniger Tage und Wochen passieren oder aber viele Monate dauern. Oft dauert es lange, bis Menschen ihren Tod annehmen können. Wieder und wieder durchlaufen sie die einzelnen Stationen ihres Sterbeweges. Häufig kehren Sterbende an jene Station zurück, bei der es noch viele offene Fragen gibt und der Betroffene für sich noch zu keiner befriedigenden Lösung gekommen ist oder noch kein hilfreiches Bild gefunden hat, das ihm die Angst vor dem Loslassen nimmt. In seinem Gedicht » Rast« versucht Erich Fried einen Vergleich für die Situation zu finden, am Ende des Lebens zu stehen.

Rast

Stehen am Rande des Todes
ist nicht so anders
als am Rand eines Steilhangs stehen
die Augen nach unten

Wenn man fällt
ist es aus
Aber die Aussicht ist weiter
und man atmet tiefer
als im Alltag
und in seiner Allnacht

Erich Fried

Veränderungen und Bedürfnisse Schwerstkranker und Sterbender

Die letzte Lebenszeit ist eine ganz besondere Zeit. Viele körperliche und geistige Veränderungen bestimmen und prägen den letzten Lebensabschnitt und führen dazu, dass sich die Welt des sterbenden Menschen langsam verändert. Dies wirkt sich auch auf die Pflegesituation aus, die nicht nur intensiver wird, sondern auch eine andere Qualität bekommt. Manchmal vollzieht sich der Wechsel von der Pflege eines alten Menschen hin zu einer Sterbebegleitung langsam und fließend. Die Angehörigen sehen, wie die Kräfte allmählich schwinden und sich der alte Mensch immer mehr zurückzieht. Kaum merklich ändern sich die Gesprächsthemen und die Art des Miteinanderseins. Claudia R. erzählt beispielsweise:

Aus der Praxis

»Ich weiß nicht mehr so genau, wann es begonnen hat … zuerst wollte Mama zum Essen nicht mehr aufstehen, dann hatte sie keine Lust mehr, die Zeitung zu lesen und mit den Kindern zu plaudern. Irgendwann wollte sie dann keinen Besuch mehr haben. Sie verwechselte mich mit meiner Schwester und konnte meine Kinder nicht mehr auseinanderhalten. Eigentlich schaute sie uns nicht mehr so richtig an, vielmehr schien sie irgendjemanden hinter uns oder neben uns zu meinen. Mit den Händen strich sie in kreisförmigen Bewegungen immer wieder aufs neue die Bettdecke glatt … Das ging alles so nach und nach. Erst langsam habe ich verstanden, dass es mit Mama wohl zu Ende geht …«.

In anderen Fällen sehen sich pflegende Angehörige nahezu von einem Tag auf den anderen mit der Tatsache konfrontiert, einen Sterbenden zu begleiten. Johann S. berichtet beispielsweise:

Aus der Praxis

»Ich kann mich noch genau an den Tag erinnern, als Opa nicht mehr aufstehen wollte: Es war der erste richtige Frühlingstag im vergangenen Jahr und wir gingen alle ins Freie. Opa weigerte sich, mit uns zu gehen, blieb im Bett und drehte sich zur Wand. Bisher bestand Opa darauf, jeden Tag in Begleitung ein paar Schritte vor die Türe zu machen. Aber damit war schlagartig Schluss. Aus welchem Grund wissen wir nicht. Buchstäblich von heute auf morgen hatten wir einen anderen Opa zu Hause. Er bewegte sich nicht mehr aus dem Haus, schlief sehr viel und wurde zunehmend ungeduldig und zornig, wenn man ihn aus dem Schlaf holen wollte. Er brummte unverständliche Dinge vor sich hin und interessierte sich für niemanden mehr. Uns schien es, als würde Opa einfach ›hinüberschlafen wollen‹.«

Ob sich die Situation langsam oder rasch verändert, kann nicht vorhergesagt werden. Die konkreten Veränderungen bedeuten jedoch in den meisten Fällen, dass sich die Pflegesituation verschärft. Viele Pflegemaßnahmen müssen an die neuen Bedingungen angepasst werden. Dabei können professionelle Begleiter, wie etwa Betreuer von mobilen Palliativteams oder der Hauskrankenpflege, den pflegenden Angehörigen wichtige Hilfestellungen und Informationen geben. Im Sinne einer optimalen medikamentösen Betreuung und einer gut abgestimmten Schmerztherapie ist auch eine enge Zusammenarbeit mit dem Hausarzt notwendig. Doch das ist nur die eine Seite. Begleiter, die ihren Angehörigen auf der letzten Wegstrecke beistehen, erleben auch die vielen unterschiedlichen Gefühle mit, die über den sterbenden Menschen hereinbrechen, angefangen mit Wut und Zorn und bis hin zu einem Klagen und der Suche nach Antwort auf drängende Fragen wie: *»Was wird noch alles auf mich zukommen?«, » Wie kann ich mit meiner Angst fertigwerden?«, »Wer wird zum Schluss bei mir sein?«, »Was muss noch alles geregelt werden?«, »Was wird einmal von mir bleiben, wenn ich nicht mehr bin …?«* In Gesprächen mit pflegenden Angehörigen kommt immer wieder zum Ausdruck, wie sehr ihnen die Veränderungen zu schaffen machen, die sich am Ende des Lebens auf die eine oder andere Weise zeigen. Die vertraute Pflegesituation verläuft nicht mehr nach den eingeübten Mustern und verlangt von den Pflegenden erneut eine Umstellung und eine Neuorientierung. Der sterbende Mensch verhält sich vielleicht ganz anders, als man ihn bisher kannte, zeigt Seiten, die seine Angehörigen noch nie an ihm wahrgenommen haben, oder zieht sich völlig aus dem sozialen Miteinander zurück. Dies alles verunsichert und rührt an die alte Angst vor dem Tod. Mit welchen Veränderungen ist zu rechnen? Die nachfolgende Zusammenstellung gibt einen Überblick über typische Veränderungen am Lebensende.

Beispiele für Veränderungen am Lebensende

- Die Leistungsfähigkeit lässt nach.
- Probleme können nicht mehr selbstständig gelöst werden; Verlust praktischer Fertigkeiten.
- Das Denken fällt schwerer und das Kurzzeitgedächtnis wird schwächer.
- Die Wahrnehmungsfähigkeit verändert sich und es treten häufig Orientierungsschwierigkeiten (räumlich/zeitlich) auf.
- Das Verhalten verändert sich; Anzeichen von Unruhe treten auf (ziellose Bewegungen, an der Bettdecke zupfen, die Bettdecke wegziehen, obwohl es kalt ist …).
- Es besteht kaum noch Interesse an Besuchern, Zeitunglesen, Fernsehen u. Ä.
- Gefühlsschwankungen (Zorn – Weinerlichkeit, Aggression – Anhänglichkeit) treten auf.
- Verständigungsschwierigkeiten nehmen zu.
- Die Bereitschaft zur Mitteilung nimmt ab; lange Ruhe- und Schlafphasen.
- Die Reaktionsfähigkeit nimmt ab, der Blick schweift immer öfter in die »Ferne«.
- Die eigene innere Realität wird wichtiger als die äußere Wirklichkeit.

Nicht jede der oben angeführten Veränderungen muss bei allen Menschen in der gleichen Art und Weise auftreten. Eine besondere Belastung für pflegende Angehörige sind vor allem die Veränderungen im seelischen Bereich und im sozialen Miteinander. Wenn sich die pflegebedürftigen Menschen nicht mehr mitteilen können oder wollen, wenn sie das Interesse an ihrer Umgebung verlieren oder vertraute Räume und Personen nicht mehr erkennen, stellt sich bei den Begleitern oft eine tiefe Betroffenheit ein. Sie spüren, wie sich ihre Lieben nach und nach zurückziehen und in eine Welt eintreten, zu der sie selbst keinen Zugang mehr haben. Viele Sterbende verbringen ihre letzten Tage in ihrer eigenen Bilderwelt, sprechen mit längst verstorbenen Menschen und erkennen ihre Begleiter nicht mehr. In welcher Form sich Veränderungen auch zeigen, letztendlich kündigen einige körperliche Symptome an, dass die Lebensflamme eines Menschen langsam erlischt.

Körperliche Anzeichen, die den nahen Tod ankündigen, sind:

- Die Augen sind halboffen und der Blick ist in die Ferne gerichtet.
- Der Mund ist leicht geöffnet, die Atmung ist unregelmäßig und oft von einem Rasseln oder Gurgeln begleitet.
- Der Puls wird schwächer, der Blutdruck sinkt.
- Der Mensch wird »kälter«.
- Die Unterseite des Körpers verfärbt sich dunkler.
- Die Pupillen reagieren immer weniger auf Lichtstrahlen.
- Keine Reaktion auf die Umwelt.

Der letzte Lebensabschnitt eines Menschen ist von drastischen Veränderungen bestimmt, die alle, zusammengenommen, zum letzten großen Abschiednehmen, zum Tod führen. Die Unsicherheit, wie man mit all dem zurechtkommen wird, und die Ungewissheit, was »danach« sein könnte, löst bei den allermeisten Menschen ein großes Bedürfnis nach Geborgenheit und Sicherheit aus. Noch einmal machen sich die sogenannten seelischen Grundbedürfnisse bemerkbar und wollen erfüllt werden. Es ist der Wunsch, so angenommen zu werden, wie man ist, bedingungslos und ohne Wenn und Aber; der Wunsch, wahrgenommen und nicht abgeschoben zu werden; der Wunsch nach Unterstützung und Hilfestellung. Doch auch das Bedürfnis nach körperlicher Nähe und Geborgenheit sowie nach Linderung der akuten körperlichen Beschwerden prägt die Pflegesituation am Ende des Lebens.

Bedürfnisse am Ende des Lebens

Seelische Grundbedürfnisse
Bedürfnis nach Liebe (»Liebe mich, so wie ich bin!«)
Bedürfnis nach Beachtung (»Wende dich mir zu!«)
Bedürfnis nach einem eigenen Lebensraum (»Unterstütze mich!«)
Bedürfnis nach einer Orientierung (»Lass mich nicht allein!«)
Bedürfnis nach Gemeinschaft (»Schiebe mich nicht ab!«)

Bedürfnis nach körperlicher Nähe
Bedürfnis nach Aufgehobensein (»Schenk mir Geborgenheit!«)
Bedürfnis nach Berührung (»Lass Nähe zu!«)

Körperliche Bedürfnisse
Bedürfnis nach Schmerzfreiheit (»Lindere meine Schmerzen!«)
Bedürfnis nach Ruhe (»Lass mir meine Rückzugsmöglichkeit!«)
Bedürfnis nach Flüssigkeit (»Gib mir zu trinken!«)
Bedürfnis nach Luft (»Lindere meine Atemnot!«)

Es ist oft schwer, auf die einzelnen Bedürfnisse sterbender Menschen wirklich gut einzugehen und die konkreten Wünsche zu erfüllen. Die Gründe hierfür können sehr unterschiedlich sein. Manchmal fehlt die Zeit oder der Mut, sich mit den Gefühlen oder Gedanken des sterbenden Menschen auseinanderzusetzen; manchmal ist die Beziehung so belastet, dass Nähe schwer möglich ist; manchmal ist die eigene Betroffenheit so groß, dass der Blick auf die Bedürfnisse des Sterbenden verstellt ist. In jedem Fall ist es hilfreich, sich ganz bewusst mit den eigenen Gefühlen und Gedanken zu beschäftigen, die angesichts des Todes eines nahen Angehörigen auftauchen. Sterbebegleitung bedeutet immer auch die Konfrontation mit den eigenen Ängsten vor dem Tod und den Vorstellungen, wie es sein könnte.

Ein sogenannter schöner Tod

Eines Morgens wachst du auf und bist nicht mehr am Leben.
Über Nacht, wie Schnee und Frost, hat es sich begeben.
Aller Sorgen dieser Welt
Bist du nun enthoben.
Krankheit, Alter, Ruhm und Geld
Sind wie Wind zerstoben.
Friedlich sonnst du dich im Licht
Einer neuen Küste,
Ohne Ehrgeiz, ohne Pflicht.
– Wenn man das nur wüßte!

Mascha Kaléko

Sterbebegleitung – eine besondere Art der Lebensbegleitung

Sterbebegleitung ist ein Begriff, der in der Öffentlichkeit ganz unterschiedlich wahrgenommen und diskutiert wird. Immer wieder kommt es vor, dass Sterbebegleitung mit Sterbehilfe verwechselt wird. Im Gegensatz zu allen Formen der Sterbehilfe (aktive, passive, indirekte, Beihilfe) geht es jedoch in der Sterbebegleitung nicht um ein Eingreifen in den Sterbeprozess, sondern um einen seelisch-geistigen Beistand während der letzten Lebenszeit. Es geht darum, sich *an der Hand* eines vertrauten Menschen von dieser Welt zu verabschieden und zu sterben – und nicht *durch dessen Hand.* Umfragen ergeben immer wieder, dass die meisten Menschen zu Hause oder in einer ihnen vertrauten Umgebung sterben wollen. Die Vorstellung, sich in einem Krankenhaus oder Altenheim ganz alleine auf den letzten Weg zu machen, macht Angst. Nicht immer wird es möglich sein, alte und schwer pflegebedürftige Menschen wirklich bis zuletzt zu Hause zu pflegen. Die meisten Einrichtungen stehen jedoch einer Sterbebegleitung durch nahe Angehörige offen gegenüber. Hospize und Palliativstationen an Krankenhäusern beziehen die Familien aktiv in die Begleitung ein.

Der Schritt von der Betreuung und Pflege eines alten Menschen hin zu einer Sterbebegleitung ist für Angehörige nicht leicht zu erkennen. Manchmal deuten nur einige kleine Veränderungen auf den Eintritt in den Sterbeprozess hin, in anderen Fällen ist es ganz offensichtlich, dass ein Mensch bald sterben wird. Wie dies im konkreten Fall auch sein mag, die Entscheidung für eine Sterbebegleitung bedeutet immer, sich auf eine intensive Zeit einzustellen und den Alltag für eine Weile hinter sich lassen müssen. Die Bedürfnisse sterbender Menschen nach Nähe und menschlicher Zuwendung machen diesen Abschnitt der Begleitung zu einer besonders intensiven Zeit. Sterbebegleitung ist mehr als nur das »Warten auf den Tod«, sie ist eine intensive Zeit menschlicher Begegnung. Eine wichtige Voraussetzung für eine gute Begleitung ist zunächst die Bereitschaft, sich *selbst* über die eigene Einstellung zum Sterben klar zu werden. Nachfolgende Fragen sollen für das Thema sensibel machen.

Impulse für eine persönliche Auseinandersetzung des Pflegenden

Versuchen Sie die nachfolgenden Fragen so offen wie möglich zu beantworten:

- Was würde ich mir am Ende meines Lebens von meiner Familie und meinen Freunden wünschen?
- Was macht mir Angst, wenn ich an das Sterben denke?
- Wo möchte ich sterben?
- Wer soll dabei sein?
- Welche Wünsche habe ich für meinen letzten Lebensabschnitt? Will ich diese Wünsche festhalten (z. B. Patientenverfügung)?
- Was hätte ich im Fall des nahenden Todes noch alles zu regeln, zu klären, richtigzustellen…?
- Was ist noch alles unerledigt in meinem Leben?

Um seinen Lieben auch in den letzten Momenten des Lebens gut beistehen zu können, sind im Fall einer häuslichen Pflege auch einige Rahmenbedingungen zu bedenken, wie etwa praktische Pflegekenntnisse, eine geeignete ruhige Umgebung sowie die nötigen Pflegehilfsmittel. Hier ist eine Beratung oder Zusammenarbeit mit professionellen Kräften sinnvoll (z. B. mobiles Palliativteam). Auch eine verlässliche Betreuung durch den Hausarzt ist wichtig und seine Bereitschaft, eine ausreichende Schmerzbehandlung durchzuführen, damit der Sterbende nicht unter vermeidbaren Schmerzen leiden muss. Sehr hilfreich und entlastend ist die Unterstützung durch erfahrene Mitarbeiter eines ambulanten Pflegedienstes und/oder einer ambulanten Hospizgruppe. Auch Sterbebegleiter brauchen Trost und Anteilnahme. Angehörige müssen die eigene Trauer um den bevorstehenden Verlust bewältigen und gleichzeitig das große Abschiednehmen ihre Lieben begleiten. Deshalb ist es besonders wichtig, mit den eigenen Kräften achtsam umzugehen und sich dessen bewusst zu werden, dass man nur dann gut begleiten kann, wenn man auch auf sich selbst gut achtet. Die nachfolgenden Hinweise sollen pflegenden Angehörigen Mut machen, die eigenen Bedürfnisse und Gefühle ernst zu nehmen.

Wie Sterbebegleitung gelingen kann:
Regeln für eine gute Sterbebegleitung

»Ich kann dich nur gut begleiten, wenn ich ›mit beiden Beinen auf dem Boden stehe‹.«

»Ich muss auf die Grenzen meiner Belastbarkeit Rücksicht nehme.«

»Ich schenke dir einen Teil meiner Zeit, aber ich brauche auch Zeit für mich.«

»Ich muss mich mit meiner eigenen Sterblichkeit und Trauer auseinandersetzen.«

»Ich habe selbst so viele Gefühle und darf sie auch zeigen!«

»Ich brauche Möglichkeiten zum ›Auftanken‹ für meinen Körper, für meine Seele und meinen Geist.«

»Ich bin nicht egoistisch, wenn ich auf mich achte.«

»Ich bin kein Versager, wenn ich Hilfe in Anspruch nehme.«

»Ich suche nach der richtigen Balance zwischen wohltuender Nähe und notweniger Distanz.«
»Ich versuche, deine negativen Gefühle und Äußerungen nicht persönlich zu nehmen.«
»Ich bespreche mich mit Menschen meines Vertrauens.«

Im Vorfeld einer Sterbebegleitung kann es auch hilfreich sein, sich klarzumachen, was »begleiten« eigentlich bedeuten sollte. Begleiten heißt nicht: *»Ich weiß, was für dich gut ist, und muss für dich Entscheidungen treffen«* oder *»Ich weiß, was für dich gut ist, und muss dir etwas einreden oder ausreden.«* Begleiten bedeutet vielmehr: *»Ich möchte mich mit meinen Gesten, Worten, Gedanken und Gefühlen ganz auf dich einstellen«* oder *»Ich möchte dir nah sein und mich von deinen Wünschen leiten lassen«.* Wie diese Wünsche aussehen können, zeigen nachfolgende Beispiele.

Bitten Schwerkranker und Sterbender

»Lass mich auf der letzten Strecke meines Lebens nicht allein!«
»Halte mich mit all meinen Schwächen und meinem Leid aus!«
»Versuche meine Worte und Gesten richtig zu verstehen!«
»Hilf mir, meine letzten Tage bewusst und wenn möglich schmerzfrei zu erleben!«
»Schieb mich nicht ab, sondern lass mich am Leben teilhaben!«
»Hole mir das Leben an mein Sterbebett, die bunten Farben der Blumen, den Duft frischer Kräuter, die Strahlen der untergehenden Sonne …!«
»Vergiss nicht, dass ich noch so viel mitbekomme, auch wenn du meinst, ich schlafe nur …!«
»Sprich mit mir, berühre mich sanft – ich spüre alles!«
»Hilf mir, auf mein Leben zurückzuschauen und es dankbar anzunehmen!«
»Hilf mir, die letzten Dinge zu regeln!«
»Sag mir bitte, was von mir bleiben wird, wenn ich gegangen bin …!«

Es gibt noch viel zu tun …: Anregungen für Begleiter

In der Sterbebegleitung ist es besonders wichtig, *jedes* Stück dieses letzten Lebensweges mit zu gehen und nicht nur auf den Endpunkt dieses Weges – den Tod – zu sehen. Angehörige fühlen sich angesichts eines nahe bevorstehenden Todes so gelähmt, dass sie vergessen, wie viel Leben noch in dem Menschen ist, der sich auf seine letzte Reise begibt. Allein wenn man an die Fülle unterschiedlicher Gefühle denkt, die auf dieser letzten Wegstrecke durchlebt und durchlitten werden, wird deutlich, dass Menschen bis zu ihrem letzten Atemzug lebendig sind. Der sterbende Mensch ist ein intensiv lebender Mensch und somit ist Sterbebegleitung echte *Lebensbegleitung* und nicht nur ein Warten auf den »Schnitter Tod«.

Was kann in den jeweiligen Abschnitten konkret helfen? Wie können die Bedürfnisse sterbender Menschen wahr- und ernst genommen werden? Nachfolgende Hinweise sollen Begleitern einige Anregungen und Denkanstöße geben.

Hilfestellungen für die Begleitung am Ende des Lebens

1. Phase: »Nein, nicht ich!« – Ablehnung

- Abwarten und Mitgefühl zeigen *(»Ich schenke dir meine Zeit und bin bei dir«)*.
- Zuhören, statt selbst zu sprechen und seine eigenen Gefühle auszubreiten *(»Ich höre deine Worte«)*.
- Bereitschaft signalisieren, für ein Gespräch bereit zu sein *(»Ich bin zu einem Gespräch bereit«)*.
- Widersprüchliche Botschaften hinnehmen *(»Ich lasse dir deine Wahrheiten«)*.
- Stimmungsschwankungen aushalten *(»Ich ertrage deine Launen, dein Schweigen, deine Panik«)*.

2. Phase: »Warum ich?« – Auflehnung

- Aktives Zuhören *(»Ich höre dir zu und versuche es in meiner Sprache zu wiederholen«)*.
- Gesagtes ernst, aber nicht persönlich nehmen *(»Ich halte deine Beschimpfungen aus und versuche mich abzugrenzen«)*.

- Verständnis zeigen – trotzdem! *(»Ich versuche dich zu verstehen«).*
- Negative Gefühlsäußerungen nicht (be-) werten *(»Ich verurteile dich nicht«).*
- Nähe und Zuneigung spüren lassen – trotzdem! *(»Ich bleibe bei dir – auch wenn du fluchst und schimpfst«).*
- Wünsche wahrnehmen und darauf eingehen *(»Ich sehe deine Bedürfnisse«).*

3. Phase: »Ja, aber …« – Verhandeln

- Aufmerksam sein für Veränderungen *(»Ich merke, du siehst jetzt einiges anders«).*
- Ein offenes Ohr für Wünsche haben *(»Ich werde versuchen, dich zu unterstützen«).*
- Behutsam mit Hoffnungen umgehen *(»Ich möchte keine falschen Hoffnungen wecken«).*
- Geduldig bleiben *(»Ich sehe, dir ist das sehr wichtig«).*
- Verhandlungsstrategien und »Wortbrüchigkeit« nicht belächeln/bewerten *(»Ich nehme dich ernst«).*
- Körperkontakt zulassen *(»Ich nehme dich in die Arme«).*

4. Phase: »Ja, ich.« – Trauer

- Tränen und Trauer zulassen *(»Ich halte deine Tränen aus«).*
- Nicht ablenken oder vertrösten *(»Ich verstehe deine Trauer«).*
- Zeit für Gespräche/Zeit für Stille *(»Ich nehme mir Zeit für dich«).*
- Hilfestellung bei ungelösten Problemen *(»Ich helfe dir«).*
- Respekt vor der persönlichen Gestaltung des Abschiednehmens vom Leben *(»Ich respektiere dich«).*
- Stille Zuwendung und sanfte Berührung *(»Ich halte deine Hand«).*

5. Phase: »Ja!« – Annahme

- Letzte Anweisungen erfüllen oder festhalten *(»Ich höre deine Wünsche«).*
- Zeit schenken *(»Ich nehme mir Zeit für dich«).*
- Berührungen zulassen *(»Ich streichle deine Hände«).*

- Sensibilität des Sterbenden berücksichtigen *(»Ich sorge für eine ruhige Atmosphäre«).*
- Den sozialen Rückzug akzeptieren *(»Ich begleite deine Reise nach innen«).*
- Einfühlsam da sein *(»Ich lasse dich nicht allein«).*

Es ist für pflegende Angehörige oft schwierig, sich auf die wechselnden Gefühlslagen des sterbenden Menschen einzustellen und das richtige Maß an Nähe zu finden. Und so ist es besonders wichtig, dass jeder Begleiter nach Möglichkeiten der Begleitung sucht, die *seinen* Fähigkeiten entsprechen. Für den einen wird es leichter sein, Gespräche zu führen, die Vergangenheit noch einmal lebendig werden zu lassen, versöhnliche Gedanken zu unterstützen oder bei der Zusammenstellung eines geistigen Testaments zu helfen. Für einen anderen stehen wiederum das stille Da-Sein, sanfte Berührungen und Trost spendende Gesten im Vordergrund seiner Art, die Sterbebegleitung zu gestalten und umzusetzen. Es geht nicht so sehr darum, was man tut, als vielmehr darum, wie man seine Unterstützung gestaltet. Begleitung am Lebensende sollte frei sein von Vorurteilen, Ratschlägen und eigenen fixen Vorstellungen. Nur so kann der Sterbende seinen eigenen Weg finden und zu einem versöhnten Sterben gelangen, in dem sich persönliche Hoffnungen erfüllen mögen:

Hoffnung

Am Ende
des Tunnels
eine Hand.

Die Hand,
die schon
immer
da war.

Wolfgang Schuster

Die meisten Sterbenden spüren den nahenden Tod und setzen auch von sich aus Akzente. Einmal wird es eher um die Klärung offener Beziehungsprobleme gehen, dann wieder um ein gutes Abschließen der Vergangenheit oder um die Äußerung letzter Wünsche. In jedem Fall sollen diese Vorahnungen und die geäußerten Anliegen ernst genommen und nicht »ausgeredet« werden. Damit dies gelingen kann, müssen Begleiter selbst bereit sein, den Sterbenden loszulassen und ihn gut zu verabschieden. Dazu gehört auch, dass in den Gesprächen mit den sterbenden Menschen nicht nur die Vergangenheit angesprochen wird, sondern auch die Zukunft – eine Zukunft, die ohne den Menschen zu leben und zu gestalten ist, den man im Moment begleitet. Wie soll das Leben der Familie weitergehen, was wünscht sich der Sterbende von und für seine Lieben …? Diese Themen offen anzusprechen kann beiden Seiten guttun.

Neben dem gesprochenen Wort spielt in der Sterbebegleitung auch die Sprache der Berührung eine große Rolle. Zärtlichkeit, Wärme, sanfte Berührungen bleiben oft das einzige Mittel zur Verständigung, wenn sich das Bewusstsein trübt und die Mittel des Wortes versagen. Verwirrte oder bewusstlose Menschen spüren die Nähe ihrer Angehörigen – auch wenn sie nichts dazu sagen können. Sie genießen es, wenn sie liebevoll gestreichelt werden oder wenn jemand ihre Hand hält. Angehörige berichten immer wieder von der besonderen Intensität, die am Sterbebett entstehen kann, von einer besonderen inneren Nähe, einem stillen Dialog und einem feinen Mitschwingen. Hilde Domin spricht in diesem Zusammenhang auch von einem »Unterricht am Sterbebett« und schreibt:

Unterricht

Jeder, der geht,
belehrt uns ein wenig
über uns selber.
Kostbarster Unterricht
an den Sterbebetten.
Alle Spiegel so klar
wie ein See nach großem Regen,
ehe der dunstige Tag
die Bilder wieder verwischt.

Nur einmal sterben sie für uns,
nie wieder.
Was wüßten wir je
ohne sie?
Ohne die sicheren Waagen,
auf die wir gelegt sind,
wenn wir verlassen werden.
Diese Waagen, ohne die nichts
sein Gewicht hat.

Wir, deren Worte sich verfehlen,
wir vergessen es.
Und sie?
Sie können die Lehre
nicht wiederholen.
Dein Tod oder meiner
der nächste Unterricht:
so hell, so deutlich,
daß es gleich dunkel wird.

Hilde Domin

Wenn es zu Hause nicht mehr geht: Hospiz- und Palliativeinrichtungen

Die meisten Menschen wünschen sich, auf ihrer letzten Lebensstrecke nicht allein sein zu müssen, und möchten in einer vertrauten Umgebung sterben. Davon erhoffen sie sich ein Stück Geborgenheit und Sicherheit. Liebevolle Zuwendung, Verständnis und Da-Sein der Angehörigen oder vertrauter Pflegekräfte werden in diesem Zusammenhang besonders oft genannt. Auch als pflegender Angehöriger möchte man nach einer intensiven Pflegezeit seine Lieben in den meisten Fällen bis zum Schluss begleiten. Doch nicht immer ist die häusliche Begleitung möglich oder sinnvoll. Zum einen können der pflegerischer Aufwand und die gesundheitlichen Probleme zu groß werden, zum anderen ist eine Sterbebegleitung in den eigenen vier Wänden für die ganze Familie eine neue schwierige Belastungssituation. Unterschiedliche Bedürfnisse der Familienmitglieder und des sterbenden Menschen prallen oft aufeinander und sorgen für Konfliktstoff. Auch die Kräfte der Begleiter sind an diesem Punkt schon in vielen Fällen aufgebraucht. Spätestens zu diesem Zeitpunkt sollten sich Familien über alternative Möglichkeiten informieren. Experten in Sachen Sterbebegleitung sind Hospiz- und Palliativeinrichtungen. Es sind dies Organisationen und Einrichtungen, die sich der Bedürfnisse und Anliegen sterbender Menschen und von deren Angehörigen in besonderer Weise annehmen. Sie setzen sich für ein würdevolles Sterben ein und stellen sowohl geeignete Räumlichkeiten als auch geschulte Mitarbeiter zur Verfügung.

Hospiz – was ist das? Der Begriff *Hospiz* ist seit dem frühen Christentum als Begriff für Rasthäuser bekannt. Diese Herbergen wurden für Fremde, Mittellose und Kranke von Ordensleuten erbaut und dienten auch Pilgern auf ihren Reisen als Unterkunft. Im Laufe der Zeit wandelte sich die Bedeutung dieser Häuser und bald verstand man unter Hospizen ausschließlich sogenannte Sterbehäuser. Vor allem in Frankreich und England wurden zahlreiche Hospize zur besseren Pflege Schwerstkranker errichtet. 1967 wurde von Cicely Saunders[27] in London das St. Christopher's Hospice gegründet, das zum »Mutterhaus« der modernen Hospizbewegung wurde. Die Grundidee war und ist, die Bedürfnisse des sterbenden Patienten in den Mittelpunkt zu stellen und Leid zu lindern, statt Krankheit zu bekämpfen. Optimale medizinische Betreuung im Sinne einer Kontrolle der belastenden Krankheitssymptome und der Schmerzen stehen im Zentrum der ärztlichen Bemühungen. Doch auch die seelischen, sozialen und spirituellen Bedürfnisse der Menschen sollen bestmöglich berücksichtigt werden. Durch diesen *ganzheitlichen Ansatz* soll es leichter möglich werden, Sterben als Teil des Lebens anzunehmen. Entschieden wandte sich Saunders immer gegen jede Form der Sterbehilfe.

Heute wird unter dem Begriff »Hospiz« ein *umfassendes Konzept* zur Begleitung von *schwerkranken Menschen* in der letzten Lebensphase und von deren *Angehörigen* verstanden. Die Angebote können zu Hause (ambulant) in Anspruch genommen werden, in Krankenhäusern und Pflegeheimen (teilstationär) oder in eigens errichten Hospizhäusern (stationär). In der Hospizarbeit spielen *ehrenamtliche Helfer* eine große Rolle. Sie werden für die besondere Aufgabe der Sterbebegleitung eigens geschult und übernehmen dann ihre verantwortungsvolle Tätigkeit für sterbende Menschen und deren Angehörige. So werden sie zu einem Anker in stürmischen Zeiten, sind oft Brücken zur Außenwelt, stellen Kontakte her und verweisen gegebenenfalls auf den Einsatz notweniger Zusatzdienste. Ohne diesen speziellen »Dienst am Nächsten« hätte die Hospizbewegung nicht so rasch auch in entlegene Gebiete vordringen können und so vielen Menschen den Zugang zu einer effektiven Begleitung ermöglicht. Der Satz von Cicely Saunders: *»Es geht nicht darum, dem Leben mehr Tage zu geben, sondern den Tagen mehr Leben«,* wurde für viele Hospizmitarbeiterinnen und Hospizmitarbeiter zum Motto ihrer Arbeit. Er unterstreicht das Bemühen um eine ganzheitliche Begleitung, in deren Mittelpunkt die persönlichen Wünsche des Sterbenden stehen.

Im deutschsprachigen Raum haben sich zahlreiche Hospizgruppen und Hospizinitiativen unter einer Dachorganisation zusammengeschlossen. Ein reger Gedanken- und Erfahrungsaustausch, vielfältige Unterstützungsmöglichkeiten und ein gemeinsames Arbeiten im Sinne der Hospizidee sind wichtige Bausteine zur Optimierung der Hospizarbeit. Auf den jeweiligen Internetseiten (vgl. z.B. www.igsl.de, www.hospize.de, www.hospiz.at oder www.palliativ-portal.de, www.palliativ.at, www.palliative.ch) kann man sich u.a. über regionale Angebote informieren sowie Adressen, wo man Auskunft bekommt, und Telefonnummern erhalten, über die eine erste Kontaktaufnahme mit Mitarbeitern vor Ort möglich ist.

In Verbindung mit der Hospizbewegung stößt man immer wieder auf den Begriff *palliativ*. Was bedeutet das? Dieses Wort leitet sich vom lateinischen »pallium« ab, was so viel wie *Schutzmantel* bedeutet und signalisieren soll, dass alle Maßnahmen darauf ausgerichtet sind, dem Patienten einen »Mantel der Geborgenheit« anzubieten und eine Linderung seiner Beschwerden zu ermöglichen. Bereits in den 1960er Jahren wurde im St. Christopher's Hospice auf die Zusammenarbeit unterschiedlicher Berufsgruppen großer Wert gelegt. Der sogenannte *interdisziplinäre Ansatz* gilt auch heute noch als Herzstück moderner Hospize. Menschen mit unterschiedlichen Berufsausbildungen – Ärzte, Pflegekräfte, Psychologen, Therapeuten, Sozialarbeiter, Seelsorger, ehrenamtliche Hospizmitarbeiter – stellen gemeinsam ihr Wissen und Können, ihre Bereitschaft zur Unterstützung und Anteilnahme in den Dienst einer *umfassenden Sterbebegleitung*. Sie alle sind bemüht, körperliche, seelische, soziale und spirituelle Bedürfnisse des letzten Lebensabschnitts gleichermaßen zu berücksichtigen. Die folgende Zusammenstellung gibt einen Überblick über Unterstützungsangebote im Palliativbereich.

**Palliativmaßnahmen:
Unterstützungsangebote auf vier Ebenen**

Körperliche Ebene
Möglichst umfassende Kontrolle auftretender Symptome (Symptomkontrolle), Bekämpfen der Schmerzen (Schmerztherapie), Linderung von Medikamentennebenwirkungen und Gespräche über auftretende Ängste (z.B. Angst vor Medikamentenabhängigkeit).
Hauptansprechpartner: Ärzte, Pflegekräfte

Seelische Ebene
Eingehen auf die Gefühle, die am Ende des Lebens auftreten (vgl. Sterbeprozess), Gespräche über Ängste, Freuden, offene Fragen u. Ä., Ressourcenarbeit zur Aufrechterhaltung bzw. Wiederherstellung des seelischen Gleichgewichts.
Hauptansprechpartner: Psychologen, Therapeuten, Seelsorger, Hospizmitarbeiter

Soziale Ebene
Auffangen von Lücken im sozialen Netz der Betroffenen, (Wieder-) Herstellen von Kontakten, Unterstützung, bestehende Kontakte zu pflegen und zu stärken, Übernahme von »Begleitung auf Zeit«, Akzente setzten wider den »sozialen Tod« der Betroffenen.
Hauptansprechpartner: Sozialarbeiter, Hospizmitarbeiter, Psychologen

Spirituelle Ebene
Unterstützung in Glaubensfragen, Akzeptieren der jeweiligen Glaubenszugehörigkeit und persönlichen Wertvorstellungen, Bereitschaft, über »letzte Dinge« ins Gespräch zu kommen, Suche nach tröstenden Bildern und Ritualen.
Hauptansprechpartner: Seelsorger, Hospizmitarbeiter

Im Vordergrund palliativer Maßnahmen, die sowohl durch die palliative Medizin als auch durch palliative Betreuung und Begleitung (palliative Care) umgesetzt werden, steht nicht das Bekämpfen der Krankheit oder des altersbedingten Zustandes, sondern eine bestmögliche Linderung der Beschwerden und die Unterstützung der Betroffenen darin, »trotz allem« bis zuletzt in Würde leben zu können. Auch Familienangehörige werden in die Begleitung mit einbezogen, was meistens dankbar angenommen wird und eine große Entlastung mit sich bringt.

15: Am Ende des Lebens

6. Vom achtsamen Umgang mit sich selbst – Selbstpflege als Basis guter Begleitung

»Ich bleibe bei dir, bis zuletzt!« Was dieser Satz für pflegende Angehörige bedeuten kann, stellt sich meist erst im Laufe von Wochen und Monaten heraus, in denen es darum geht, ein Zusammenleben unter »besonderen Bedingungen« zu wagen. Vieles ist zu Beginn noch ungewiss, und allgemeingültige Regeln für die Begleitung von pflegebedürftigen Menschen gibt es nicht – zu groß sind die Unterschiede zwischen den Menschen, zu verschieden ist der körperliche, seelische und geistige Zustand der Betroffenen und zu speziell sind die jeweiligen Beziehungsmuster, die in den einzelnen Familien vorherrschen. Damit die Zeit der Pflege aber für alle Beteiligten eine *gute* Zeit wird, müssen die pflegenden Angehörigen darauf achten, mit sich selbst behutsam und »pfleglich« umzugehen.

»Wie lange halte ich das alles noch aus?« – Diese Frage kennen viele Menschen, die einen Angehörigen bei sich aufgenommen haben und pflegen. Im Zusammenhang mit der Diskussion um die Übernahme der Pflege und Betreuungsmaßnahmen fallen oft die Worte Stress, Überforderung, Überlastung oder Burn-out. Die Gefahr, in diese Fallen des Ausbrennens zu tappen, ist tatsächlich sehr groß. Dies liegt unter anderem an dem »Mehr« an Arbeitsaufwand und den vielfältigen neu hinzukommenden Aufgaben und Belastungen, die alle gemeistert werden wollen. Ein weiterer, wesentlicher Aspekt, der Stress in den Pflegealltag bringt, ist die Ungewissheit über die Dauer der Pflegesituation. Gerade diese

Ungewissheit, dieses »Wie lange?«, birgt die Gefahr in sich, dass Pflegende sich ständig überfordern, mit ihren Kräften nicht richtig haushalten und sich einem enormen seelischen Druck ausgeliefert fühlen. *»Wie viel Zeit bleibt mir noch für gemeinsame Aktivitäten, Gespräche oder ein stilles Zusammensein?«* und *»Wie lange muss ich das alles noch aushalten?«,* sind jene Fragen, die die jeweiligen Extrempunkte auf der Skala belastender Gedanken und Gefühle darstellen. Auf der einen Seite stellen viele pflegende Angehörige angesichts des nahenden Endes ihrer Lieben an sich selbst viele, oft auch allzu hohe Ansprüche. Sie möchten in die noch verbleibende Zeit möglichst viel hineinpacken und fühlen sich doch nur allzu oft wie gelähmt, wenn sie bemerken müssen, wie die Zeit unaufhörlich verrinnt, und sie vielleicht erkennen müssen, dass es für manche Dinge zu spät ist. Diesen Gefühlen und Erfahrungen stehen jene gegenüber, in denen pflegende Angehörige meinen, vor einer nicht enden wollenden Zeitstrecke zu stehen, in der von ihnen ohne Unterbrechung Aufmerksamkeit, Pflege und Da-Sein gefordert werden, etwas, das sie als Anspruch an sich selbst stellen. Oft ist das hohe Ausmaß an Ungewissheit und Unplanbarkeit der Pflegezeit der Auslöser von Angst und Verzweiflung. Anna R. beschreibt dies beispielsweise mit den Worten: *»Wenn ich nur wüsste, wie lange das noch so geht mit Mama, dann könnte ich alles besser ertragen. Manchmal habe ich Angst, sie könnte morgen sterben – dann wieder habe ich Angst, alles könnte noch Jahre dauern. Ich halte es kaum aus!«* Peter W. macht seiner Gereiztheit mit der Bemerkung Luft: *»Wir können gar nichts mehr spontan machen, alles muss geplant und vorbereitet werden und niemand kann uns sagen, wie lange das noch so gehen wird!«* Auch Silvia S. kennt diese Gefühle, sie spricht mit leiser, tränenerstickter Stimme: *»Ich liebe Papa sehr und ich möchte seinen Tod nicht – doch manchmal möchte ich einfach nur wissen, wann es so weit sein wird«,* und ihre Schwester Ulrike fügt ergänzend hinzu: *»Wir können so schlecht damit leben, jeden Tag Abschied zu nehmen, jeden Tag zu denken, dass es der letzte sein könnte – und das jetzt schon viele, viele Monate lang.«* Die Ungewissheit über Ausmaß und Dauer der Pflege ist ein zusätzlicher Belastungsfaktor im gesamten Pflegegeschehen. Vielen pflegenden Angehörigen geht es ähnlich. Wie kann es Pflegenden gelingen, ihre Kraft so zu verteilen, dass die Kraftreserven nicht zu rasch aufgebraucht sind? Und was kann helfen, die eigenen Kraftquellen lebendig zu halten? Ein erster Schritt, die belastende Pflegsituation zu entspannen, liegt in einer bewussten Beschäftigung mit dem Thema »Burn-out« unter dem Aspekt *»Worauf muss ich achten«*. Dadurch kann man als pflegender Angehöriger für erste Alarmzeichen sensibilisiert werden, die es zu beachten gilt und die man ernst nehmen sollte. Es geht darum, die Grenzen der eigenen Belastbarkeit immer wieder neu zu erkennen und geeignete Gegenmaßnahmen einzuleiten. Darüber hinaus können konkrete Impulse und Anregungen helfen, die eine oder andere Kraftquelle ganz bewusst in den Pflegealltag einzubauen und so kleine Inseln der *Regeneration* zu schaffen.

Die Burn-out-Falle im Pflegealltag

Was meint Burn-out eigentlich? Und warum sind pflegende Angehörige so oft davon betroffen? Unter Burn-out versteht man einen chronischen Erschöpfungszustand. Ausgelöst wird er durch lang anhaltenden Belastungsstress. Die Gefahr von Burn-out besteht besonders dort, wo es zu einem drastischen Ungleichgewicht zwischen den realen Belastungen auf der einen Seite und den persönlichen Möglichkeiten, diese Belastungen auch zu bewältigen, kommt. Die Situation kann man gut mit dem Bild einer Waage vergleichen, deren Waagschalen sich nicht in einer ausgewogenen Position befinden. Während die Waagschale, die mit Belastungen und Stress beladen ist, ganz weit nach unten gedrückt wird, fehlt der anderen Waagschale, auf der sich Energie, Kraft und Bewältigungsmöglichkeiten befinden, jegliches Gegengewicht. Driften beide Waagschalen jedoch weit auseinander, können Stresssituationen nicht mehr bewältigt werden und das ganze System droht zu kippen: Man spricht von Burn-out. Dieser Zustand tritt nicht von einem Tag auf den anderen ein, sondern steht am Ende einer Entwicklung, die zunächst mit einem noch eher »harmlosen« Stress beginnt. Merkmale von Stressreaktionen sind u. a. eine Beschleunigung von Herzschlag und Atmung, eine erhöhte Muskelspannung sowie eine geringere Durchblutung von Magen und Darm. Zur Überwindung kurzfristig auftretender Stresssituationen sind diese Reaktionen des Körpers wichtig und sinnvoll. Sie erleichtern den »Kampf« mit den Ursachen von Stress. Ist die Situation geklärt, kann die Erholungsphase einsetzen, alle körperlichen Funktionen können sich wieder normalisieren und die »Waage« pendelt sich wieder ein. Der schrille Signalton »Gefahr« ist abgeschaltet und die Menschen können zu Ruhe kommen. Hält die Stresssituation jedoch länger an oder ist sie mit extremen Belastungen auf allen Ebenen verbunden, dann wird der Schutzmechanismus sinnlos und wendet sich in das Gegenteil. Das Herz schlägt dann nicht nur einige Minuten oder Stunden schneller, sondern kommt gar nicht mehr zu Ruhe und als Folge können Herzrhythmusstörungen und andere Herzprobleme auftreten; die Muskeln sind nicht nur kurze Zeit in erhöhte Spannung versetzt, sondern die Anspannung wird zu einem Dauerzustand mit fatalen Folgen wie Kopfschmerzen, Rückenschmerzen, Verspannungen im Nackenbereich. Die Stresssymptome bleiben meist nicht auf einen Bereich beschränkt, sondern dehnen sich auf andere Bereiche aus, und ohne sich dessen wirklich bewusst zu werden, schlittern viele in ein Burn-out hinein. Was schleichend begann, endet nicht selten in einem völligen Ausgebranntsein und kann im schlimmsten Fall auch zum totalen Zusammenbruch führen, wenn nicht beizeiten Möglichkeiten gefunden werden, den einzelnen Symptomen gegenzusteuern und die Energiereserven wieder neu aufzubauen.

Warum gelten pflegende Angehörige als besonders burn-out-gefährdet? Zum einen bedeutet die Übernahme der Pflege eines Angehörigen einen zusätzlichen Arbeitsaufwand, eine zusätzliche soziale Herausforderung und eine zusätzliche emotionale Belastung. Zum anderen lässt das dicht gedrängte »Alltagsprogramm« nur wenig Zeit und Raum, die eigenen »Batterien« wieder aufzuladen, abzuschalten und darauf zu achten, dass die Kräfte nicht allzu rasch versiegen. Viele Situationsmerkmale, die im Zusammenhang mit Burn-out genannten werden, treffen auf die Pflegesituation zu. Es sind dies beispielsweise: eine hohe Belastung bei geringer Einflussnahme auf die Situation, immer wiederkehrende eintönige Arbeitsabläufe, wenig soziale Anerkennung des persönlichen Engagements oder mangelnde Unterstützung im engeren und weiteren sozialen Umfeld. Doch wie beginnt alles? Der Wunsch, »gut« zu pflegen, die emotionale Nähe zum pflegebedürftigen Menschen, die Erwartungen der Familienangehörigen und der daraus entstehende Druck führen in einer ersten Phase meist zu einem besonders hohen Engagement in der Pflege. Mit verstärktem Einsatz versuchen pflegende Angehörige, der Situation gerecht zu werden, und sind bemüht, sich und allen anderen zu beweisen, dass die Entscheidung zur Übernahme der Pflege richtig oder zumindest »schaffbar« ist. Werden in diesem »Karussell« von Gedanken, Gefühlen und Handlungen die eigenen Bedürfnisse und Wünsche nicht mehr wahrgenommen oder erfüllt, betreten die Pflegenden bereits die gefährliche Welt des Burn-out, in der die Gefahr groß ist, von einer Station zur nächsten zu stolpern und schließlich völlig erschöpft zusammenzubrechen.[28]

Wann ist der Zeitpunkt gekommen, zu dem man die Notbremse ziehen muss? Wann muss man zu sich selbst einfach »Stopp!« sagen? Die Schwierigkeit besteht darin, dass es weder ein einziges »Leitsymptom« gibt, bei dessen Auftreten man unbedingt reagieren muss, noch allgemein gültige Belastungskriterien, die zwangsläufig in ein Burn-out führen. *»Ich habe zu wenig Zeit, um mich der Aufgabe wirklich gut widmen zu können«, »Mir fehlt eine richtige Ausbildung, um die Pflege gut durchführen zu können«, »Ich habe einfach nicht die Energie, mit der Situation fertigzuwerden«, »Ich kann mich nicht mehr erholen und ausruhen«, »Ich bekomme keine Unterstützung von außen«, »Mir macht die Situation Angst«* – Sätze wie diese können beispielsweise ernste Warnsignale sein und die Probleme, die in ihnen zum Ausdruck kommen, sollten nicht auf die leichte Schulter genommen werden. Auch körperliche Veränderungen müssen ernst genommen und als »Wächter der Gesundheit« verstanden werden. Der erste Schritt im Kampf gegen ein Ausbrennen liegt demnach in einem bewussten Hinschauen auf die eigenen Reaktionen, Gefühle und Gedanken. Spätestens dann, wenn man seine eigenen Bedürfnisse wieder und wieder vernachlässigt, ist es an der Zeit, sich Strategien für kleine Zeiten der Ruhe und Erholung zu überlegen. »Nimm dich selbst wichtig und ernst!« – dies ist nicht nur für den persönlichen Umgang mit belastenden Situationen hilfreich, sondern stellt auch die Basis für eine gute Begleitung ganz im Sinne der Bibelworte dar: »Du sollst deinen Nächsten lieben *wie dich selbst*«. Sich selbst ernst zu nehmen und beizeiten nach Möglichkeiten zu suchen, einen guten Ausgleich für das Mehr an Belastungen zu schaffen, tut dem eigenen Körper und der eigenen Seele gut und kann verhindern, dass sich das Tor zur eigenen Lebensfreude unter dem Druck der Pflegesituation schließt. Übersieht man jedoch den Zeitpunkt, auch den eigenen körperlichen, seelischen und sozialen Bedürfnissen nachzukommen und ihnen Aufmerksamkeit zu schenken, ist es nur eine Frage der Zeit, dass sich das Burn-out-Rad weiterdreht. Typischerweise setzen dann Mechanismen ein, die von außen betrachtet wenig spektakulär sind und ein trügerisch harmonisches Bild vermitteln: Anstehende Konflikte werden weit weg geschoben, auftretende Probleme werden geleugnet und die eigenen Werte oftmals beiseitegelassen. Vieles, was schwierig oder belastend ist, wird unter den Teppich gekehrt und die Pflegenden sind oft nicht einmal mehr in der Lage, sich selbst die Schwierigkeiten einzugestehen. Die eigenen Bedürfnisse und Wünsche werden umgedeutet und »entwertet«. So kann aus einem *»Ich möchte wieder einmal mit Freunden zusammen sein«* ein *»Es ist mir nicht so wichtig, mit anderen zusammen zu sein«* werden. Auf reale Belastungen im täglichen Umgang mit dem Pflegebedürftigen wird mit einem verstärkten Druck auf sich selbst reagiert. *»Die Zähne zusammenbeißen«,* sagt sich Karl R., der schon lange aufgehört hat, den eigenen Hobbys nachzugehen und jedem Streit über die Situation ausweicht. *»Da muss ich einfach durch«*, erklärt Anna S., als sie auf den Dauerstress hingewiesen wird, der die Tag- und Nachtbetreuung ihres Schwiegervaters für sie bedeutet. *»Durchhalten!«,* meint Brigitte K. und schiebt gutgemeinte Ratschläge beiseite, doch endlich den Arzt für sich selbst in Anspruch zu nehmen. Wie Karl, Anna und Brigitte überhören viele pflegende Angehörige immer wieder die Signale von Körper, Geist und Seele. Hält diese Situation über einen längeren Zeitraum an, verlieren die Betroffenen nach und nach den Kontakt zur Außenwelt und der innere Rückzug beginnt. Dies bleibt nicht ohne Folgen! Der Körper reagiert schon lange mit chronischen Zuständen der Erschöpfung, mit einem »Müdesein ohne Ende«; es stellen sich Konzentrationsstörungen und verschiedene Symptome ein, die man auch als Hilferufe des Körpers betrachten kann. Die Veränderungen bleiben nicht auf den körperlichen Bereich beschränkt, sondern greifen allmählich auf alle Bereiche des Lebens über, bis schließlich ein Zustand eintritt, in dem die Betroffenen nicht mehr sie selbst sind. Ruhige und ausgeglichene Menschen können dann beispielsweise aufbrausend, jähzornig, intolerant oder aggressiv werden, gelassene Menschen geraten rasch in Panik oder werden streitsüchtig. Und so verblasst langsam das Bild dessen, der sie einmal waren. Sie können keine Kritik ertragen, halten starr und verkrampft an ihren Verhaltensmustern fest und rutschen immer tiefer in einen Zustand der inneren Leere und Depression hinein. Am Ende solch einer dramatischen Entwicklung, die sich oft über Monate und Jahre hinziehen kann, steht oftmals ein Satz wie dieser: *»Ich bin nicht mehr ich selbst – mein Körper ist eine leere Hülle.«*

Burn-out bringt Erschöpfungszustände in folgenden Bereichen mit sich:

- **Körperliche Erschöpfung, die sich wie folgt zeigen kann**: Chronische Müdigkeit, psychosomatische Beschwerden, chronische Kopf- oder Rückenschmerzen, Schlafstörungen, Störungen des Magen-Darmtraktes, Herz-Kreislaufbeschwerden, erhöhte Infekt-Anfälligkeit: *»Ich bin am Ende.«*
- **Emotionale Erschöpfung, die sich wie folgt zeigen kann**: Gefühl der Niedergeschlagenheit und Ausweglosigkeit, Gefühl der inneren Leere und Schwäche, Gefühl, nicht verstanden zu werden, geringe Belastbarkeit: *»Ich kann nicht mehr!«*
- **Soziale Erschöpfung, die sich wie folgt zeigen kann**: Neigung zu Reizbarkeit und Intoleranz anderen gegenüber, Vorwürfe und Schuldzuweisungen anderen gegenüber, kaum Interesse an sozialen Kontakten: *»Ich fühle mich abgestumpft und kraftlos.«*
- **Geistig-mentale Erschöpfung, die sich wie folgt zeigen kann**: Antriebsverlust, verringerte Leistungsfähigkeit, erhöhte Fehleranfälligkeit, Konzentrationsprobleme, geringe Selbstachtung, Verlust des Kompetenzgefühls: *»Ich bin dem allen nicht mehr gewachsen!«*

Aus der Praxis

Als Eva B. immer öfter von stechenden Kopfschmerzen geplagt wurde und kaum eine Nacht durchschlafen konnte, pflegte sie ihre Mutter Dora schon über ein Jahr und sie konnte sich gar nicht mehr so genau erinnern, wie alles begonnen hatte. Wie war das damals?

Als die alte Frau nach einem langen Krankenhausaufenthalt nicht mehr in ihre eigene Wohnung zurückkonnte, stand für Eva B. fest, dass die Mutter zu ihr übersiedeln sollte. Sie wollte die Pflege nicht an eine ihrer Schwägerinnen abgeben und fremde Hilfe kam nicht in Frage. »Das schaffe ich schon!«, sagte sie bei den regelmäßigen Familientreffen. Als es dann mit der Pflege schwieriger wurde und sie dann und wann zaghaft bemerkte, wie belastend es doch sei, sagten ihr alle: »Du schaffst das schon!« Statt um konkrete Unterstützung zu bitten, ging Eva B. dann mit hängendem Kopf nach Hause und stürzte sich mit verstärktem Einsatz in die Aufgabe, ihre Mutter gut zu pflegen. Ihren Vorsatz, das Rauchen aufzugeben, warf sie ebenso über Bord wie den Wunsch, sich etwas mehr Bewegung zu verschaffen und etwas mehr Ruhe zu gönnen. Sie sagte die regelmäßigen Gymnastiktreffen mit Freundinnen ab: »Mutter braucht mich.« Sie fuhr mit ihrem Mann nicht in Urlaub: »Mutter braucht mich.« Sie gönnte sich keine Mußestunden mit Musik und einer Tasse Tee: »Mutter braucht mich.« Eva B. schob die Konflikte mit ihren Freundinnen weit von sich: »Ich kann ja auch zu Hause meine Gymnastik machen – und überhaupt, das ist mir gar nicht so wichtig«, sagte sie zu ihren Sportfreundinnen. Sie schob auch die Streitereien mit ihrem Mann weg, der nicht verstehen konnte, dass kein gemeinsamer Urlaub möglich war: »Warum müssen wir denn jedes Jahr unbedingt Urlaub machen – mir ist das gar nicht so wichtig«, entgegnete sie ihrem Mann. Dass ihr Mann und ihre Freundinnen nur mehr den Kopf schüttelten, leugnete sie ebenso wie die Tatsache, dass ihr Appetit deutlich abnahm und sie nur mehr ein Schatten ihrer selbst war.

Wochen und Monate vergingen. Die Pflege der Mutter wurde immer aufwendiger und körperlich anstrengender, da die alte Frau kaum mehr aufstehen konnte und zunehmend verwirrt war.

Sie unterhielt sich mit längst verstorbenen Menschen, wusste immer seltener, wo sie war, und brauchte oft lange, bis sie ihre Tochter erkannte. Das erschreckte Eva B. Zu diesem Zeitpunkt setzten die Albträume ein, die sie oft noch weit in den Tag hinein begleiteten und sich wie dunkle Wolken auf ihr Gemüt legten. Erzählen wollte oder konnte sie dies niemanden. Als sie einmal im Vorübergehen zufällig einen Blick in einen Spiegel warf, sah sie eine blasse Frau mit hochgezogenen Schultern und einem leicht gehetzten Gesichtsausdruck. »Mein Gott, was ist aus mir geworden!?« Erschrocken wandte Eva B. den Blick ab und griff rasch zu einer Zigarette.

Manchmal wollte sie eine Freundin mit ins Kino nehmen oder mit ihr einfach nur eine Runde um den Häuserblock drehen – doch Eva B. sagte immer ab. Auf die sanften Vorschläge ihres Mannes, sich doch wenigstens einmal pro Woche von einem mobilen Pflegedienst entlasten zu lassen, reagierte sie zornig und aggressiv: »Misch dich da nicht ein. Oder hast du vielleicht den Eindruck, ich kann Mutter nicht gut pflegen?!« Im Familienkreis hatte es sich in der Zwischenzeit herumgesprochen, wie kräfteraubend die Pflegesituation für Eva B. geworden war und wie stark sie sich verändert hatte. Aus einer lebenslustigen und geselligen Frau war eine schweigsame, zurückgezogene und verhärmte Person geworden, die das Lachen verlernt hatte. Eine der Schwägerinnen machte sich Vorwürfe, nicht schon bei den ersten Anzeichen und zaghaften Hilferufen reagiert zu haben. Sie bot ihre Hilfe an. Eva B. reagierte auch auf dieses Angebot aggressiv: »Ja, jetzt plötzlich willst du helfen! Aber jetzt brauch ich keine Hilfe mehr. Nur ich kann Mutter so pflegen, wie sie es braucht.«

Die Situation spitzte sich immer mehr zu. Einerseits brauchte die alte Mutter deutlich mehr Betreuung und Pflege, andererseits verschlechterte sich der Zustand von Eva B. Sie litt unter häufigen Kopfschmerzattacken und die massiven Schlafprobleme führten zu einem Zustand chronischer Müdigkeit. Erst als ihr Immunsystem so geschwächt war, dass sie selbst immer öfter auch das Bett hüten musste und Pflegekräfte von einem mobilen Einsatzteam ihre Mutter betreuten, konnte sie die Augen vor ihrem Zustand nicht mehr verschließen. Doch erst nach vielen und intensiven Gesprächen mit ihrem Hausarzt war sie bereit, sich mit ihrer eigenen Gesundheit zu beschäftigen und auch an eine längerfristige Zusammenarbeit mit der Hauskrankenpflege zu denken. Für Eva B. war es ein langer mühsamer Weg, aus den Abgründen des Burn-out wieder aufzutauchen und ihre Lebensfreude zurückzugewinnen.

Ausgebrannt oder nur ein bisschen müde?

Wichtige Ansatzpunkte im Kampf gegen ein allzu rasches »Ausbrennen« sind ein regelmäßiges Innehalten und Überdenken der eigenen Befindlichkeit sowie das Schaffen kleiner »Erholungsinseln«. In vielen Beratungsgesprächen mit Menschen, die sich leer und ausgebrannt fühlen, werden ganz bestimmte Bereiche immer wieder angesprochen, die sich als Warnsignale herauskristallisiert haben. Wenn beispielsweise der Schlaf nicht mehr eine Zeit der Erholung und des Kräftesammelns ist oder wenn es immer schwerer fällt, sich zu konzentrieren und gegen eine lähmende Müdigkeit anzukämpfen, ist ebenso Handlungsbedarf gegeben wie bei einem deutlichen Rückgang an Sozialkontakten. In der Praxis von Beratung und Therapie werden Fragenkataloge und Fragebögen verwendet, um das Ausmaß an Burn-out-Betroffenheit oder Gefährdung feststellen zu können. Gerade für pflegende Angehörige kann es sehr sinnvoll sein, sich mit den einzelnen Themenbereichen zu beschäftigen, um ein Gefühl dafür zu bekommen, wie es mit ihren Kraftreserven steht. Die nachfolgenden Fragen können dabei eine Orientierungshilfe sein.

Wann ist es Zeit, STOPP zu sagen?

Impulsfragen zur Überprüfung der eigenen Burn-out-Gefährdung.
»Lassen Sie die nachfolgenden Fragen auf sich wirken und überlegen Sie, ob die einzelnen Symptome auch für Sie zutreffen. Wie hat sich Ihr körperlicher und seelischer Zustand in der letzten Zeit verändert? Wie geht es Ihnen im Moment?«

Warnsignal Schlaf/Regenerierungsvermögen

Schlafen Sie schlecht und unruhig?	ja | nein
Haben sich Ihre Schlafgewohnheiten verändert?	ja | nein
Haben Sie das Gefühl, ständig müde zu sein?	ja | nein
Können Sie sich auch im Schlaf kaum erholen?	ja | nein
Wachen Sie in der Frühe oft wie erschlagen auf?	ja | nein
Haben Sie öfter Albträume?	ja | nein
Können Sie schlecht einschlafen oder durchschlafen?	ja | nein
Sind Sie oft erschöpft oder müde?	ja | nein
Leiden Sie unter Schlaflosigkeit?	ja | nein
Haben Sie das Gefühl, die ganze Situation wird Ihnen zu viel?	ja | nein

Warnsignal Leistungsfähigkeit/Antrieb

Können Sie sich schlecht konzentrieren?	ja | nein
Haben Sie den Eindruck, Belastungen kaum mehr auszuhalten?	ja | nein
Lässt Ihre Arbeitsleistung nach (Quantität und Qualität)?	ja | nein
Bemerken Sie an sich eine gesteigerte Vergesslichkeit?	ja | nein
Haben Sie das Gefühl, nichts verändern zu können?	ja | nein
Gehen Ihnen die Ideen aus, um mit der Situation klarzukommen?	ja | nein
Sind Sie oft ratlos und trauen sich nichts mehr zu?	ja | nein
Empfinden Sie die Situation als hoffnungslos?	ja | nein
Möchten Sie oft einfach alles liegen und stehen lassen?	ja | nein

Haben Sie Schwierigkeiten, Neues anzufangen?	ja | nein

Warnsignal Gefühlsveränderungen

Bemerken Sie an sich häufige Stimmungsschwankungen?	ja | nein
Sind sie oft traurig oder resigniert?	ja | nein
Können Sie nur selten Freude empfinden?	ja | nein
Fühlen Sie sich oft depressiv und lustlos?	ja | nein
Fühlen Sie sich oft angespannt und gereizt?	ja | nein
Fühlen Sie sich rast- und ruhelos?	ja | nein
Stellen Sie sich oft die Frage, ob ihr Leben noch einen Sinn hat?	ja | nein
Fühlen Sie sich innerlich leer?	ja | nein
Haben Sie das Gefühl, ständig »unter Strom« zu stehen?	ja | nein
Sind Sie oft gereizt, aufbrausend oder jähzornig?	ja | nein
Reagieren Sie oft überempfindlich?	ja | nein
Fühlen Sie sich manchmal fremd und wie losgelöst von dem Geschehen um sich?	ja | nein

Warnsignal körperliche Veränderungen

Leiden Sie an Schmerzen in der Brustgegend?	ja | nein
Haben Sie einen Bluthochdruck oder Herzrhythmusstörungen?	ja | nein
Ist Ihr Mund oft trocken?	ja | nein
Stellen Sie Veränderungen an Ihrer Haut fest (Rötungen, Juckreiz, schuppende Hautstellen u.Ä.)?	ja | nein
Leiden Sie öfter unter Kurzatmigkeit, Atembeschwerden oder Husten?	ja | nein
Leiden Sie unter Verspannungen im Nackenbereich?	ja | nein
Haben Sie Rückenschmerzen?	ja | nein
Leiden Sie häufig unter Kopfschmerzen oder Schwindel?	ja | nein
Sind Sie häufig erkältet oder besonders anfällig für Krankheiten?	ja | nein

Warnsignal Essen und Verdauung

Haben sie öfter Heißhungerattacken und möchten am liebsten den ganzen Kühlschrank leeren?	ja | nein
Haben Sie öfter als sonst besonderen Hunger auf etwas Süßes?	ja | nein
Bemerken Sie drastische Gewichtsveränderungen (zu viel oder zu wenig Gewicht)?	ja | nein
Haben Sie Verdauungsbeschwerden?	ja | nein
Leiden Sie unter Magenschmerzen?	ja | nein
Haben Sie öfter Sodbrennen?	ja | nein
Wird Ihnen oft übel oder leiden Sie häufig an Magenverstimmungen?	ja | nein

Warnsignal Sozialverhalten

Ziehen Sie sich von sozialen Ereignissen und Aktivitäten zurück?	ja | nein
Meiden Sie den Kontakt zu Freunden und Kollegen?	ja | nein
Vernachlässigen Sie Ihr Äußeres?	ja | nein
Verlieren Sie das Interesse an Hobbys?	ja | nein
Haben Sie das Interesse an anderen Menschen verloren?	ja | nein
Hat Ihr sexuelles Verlangen nachgelassen?	ja | nein
Kapseln Sie sich ab und meiden Gespräche mit anderen?	ja | nein
Haben Sie öfter das Gefühl, ausgenützt zu werden?	ja | nein
Haben Sie Angst, Konflikten nicht gewachsen zu sein?	ja | nein

Warnsignal Drogen

Ist Ihr Zigarettenkonsum gestiegen?	ja | nein
Greifen Sie häufig zu Alkohol, um ihre *Spannungen* loszuwerden?	ja | nein
Verwenden Sie Beruhigungsmittel (Schlafmittel)?	ja | nein
Trinken Sie *regelmäßig* Alkohol?	ja | nein
Nehmen Sie Aufputschmittel, um mit dem Alltag klarzukommen?	ja | nein

Warnsignal Verhalten

Können Sie nur schwer »Nein« sagen?	ja | nein
Möchten Sie immer alles selbst erledigen und können nur schwer Aufgaben an andere abgeben?	ja | nein
Sind Sie besonders streng mit sich selbst und verzeihen sich keinen Fehler?	ja | nein
Fühlen Sie sich für das Wohlbefinden anderer häufig allein verantwortlich?	ja | nein
Gönnen Sie sich nur selten Ruhe?	ja | nein
Übergehen Sie körperliche Beschwerden?	ja | nein
Arbeiten Sie auch dann weiter, wenn sie sich krank fühlen?	ja | nein
Denken Sie selten daran, sich kleine Wünsche zu erfüllen?	ja | nein

Wenn Sie mehr als die Hälfte aller Fragen mit JA beantworten, müssen Sie dringend eine Erholungsphase einlegen. Je nach den auftretenden Symptomen wird entweder ein Arztbesucht oder eine Beratung bei einem Psychologen oder Psychotherapeuten notwendig sein.

Ausgebrannt sein oder einfach nur *ein bisschen* müde? – Diese Frage lässt sich nicht immer leicht beantworten. Viele pflegende Angehörige berichten von unterschiedlich intensiven Phasen in der Pflege und Begleitung ihrer Lieben, von wechselnder Belastbarkeit und einem Auf und Ab der eigenen Kräfte. Manchmal gelingt es leichter, sich auf die Bedürfnisse der Pflegebedürftigen einzustellen, dann wieder fallen Pflegende in ein Loch, sind erschöpft und ratlos. Um einer dramatischen Entwicklung in Richtung Burn-out vorzubeugen, ist es ganz besonders wichtig, kleine überschaubare Zeiteinheiten mit klar festgelegten Zielen zu schaffen, in denen Pflege gelingen kann und das, was zu tun ist, in einem überschaubaren Rahmen bleibt. *»Mutter verwechselt immer öfter die Türen von Bad und Toilette. In den kommenden Tagen werde ich große Schilder anbringen und mit Mutter ›üben‹«*, nimmt sich Sabine R. vor. *»Ich reserviere mir heute eine extra*

Portion Zeit, um Onkel Jan beim Essen zu helfen – es hat ja doch keinen Sinn, ihn alleine zu lassen und dann ein völlig verschmiertes Bettzeug vorzufinden!«, beschließt Johanna und Ernst meint: *»Ich versuche, mir in der kommenden Woche jeden Tag eine halbe Stunde Zeit zu nehmen und meine Frau in der Pflege von Vater abzulösen. Das ist machbar und tut uns allen gut!«* Kleine überschaubare Ziele, die man erreichen kann, sind wichtige Stützen auf dem mühsamen Weg der Pflege eines nahestehenden Angehörigen. Sie bringen Erfolgserlebnisse in den eintönigen Pflegealltag und schaffen ebenso eine positive Atmosphäre wie die Fähigkeit, sich auf das Hier und Heute zu konzentrieren. *Heute* die Dinge ganz bewusst anschauen, die gelungen sind – und nicht an das denken, was morgen vielleicht nicht mehr möglich sein wird! *Heute* Momente der Zufriedenheit wahrnehmen – und sich dieses Gefühl nicht durch trübe Gedanken an die ungewisse Zukunft nehmen lassen! Vielleicht ist es hilfreich, sich jeden Tag aufs neue mit dem Gedanken zu befassen, ob man – ganz im Sinne des bekannten Beispiels vom »halbleeren oder halbvollen« Glas – in der Lage ist, auf jene Momente im Pflegealltag zu schauen, die *gelungen* sind.

Um möglichst oft positive Erfahrungen machen zu können und die Pflegesituation für alle Beteiligten gut zu gestalten, wird es immer notwendig sein, die eigenen Kraftreserven zu erneuern und zu ergänzen. Auf der Suche nach den geeigneten Kraftquellen muss man sich mit der Frage beschäftigen: *»Was gibt mir persönlich Kraft, um mit der Situation gut umgehen zu können? Welche Kraftquellen kann ich nützen? Welche Anregungen sind für mich hilfreich?«* Einige konkrete Impulse sollen im Folgenden Denkanstöße geben und Mut machen, sich auf die Suche nach den persönlichen Kraftquellen zu begeben.

Kraftquellen neu entdecken: Anregungen für pflegende Angehörige

Was gibt Menschen die Kraft, über viele Wochen und Monate hinweg einen nahestehenden Verwandten zu begleiten, zu pflegen und auf seiner letzten Lebensstrecke an seiner Seite zu bleiben? Eine allgemein gültige Antwort wird es auf diese Frage ebenso wenig geben wie auf die Frage, welchen Stellenwert diese Zeitspanne im Leben der Pflegebedürftigen und von deren Begleiter hat und welche Aspekte im Vordergrund des persönlichen Erlebens stehen. Was kann die Zeit der Pflege alles bedeuten?

Pflegezeit – Zeit der Belastung *und* Zeit der Freude.
Pflegezeit – Zeit der Begegnung *und* Zeit des Rückzugs.
Pflegezeit – Zeit der Sinnsuche *und* Zeit der Sinnfindung.

Damit Pflege gelingen kann, damit sich die bereichernden und positiven Facetten der »Pflegezeit« in der Praxis auch umsetzen lassen und lebbar werden, ist ein Rückbesinnen auf kraftspendende Lebens- und Erlebensbereiche notwendig. Was hat in anderen schwierigen Lebenssituationen schon einmal geholfen, Hürden zu überwinden, Belastungen zu bestehen oder sich neu zu motivieren? Während die einen sich eher zurückziehen und in der Stille der Natur, in langen Spaziergängen, in einem stillen Gebet oder im Verfassen von Gedichten zu ihrer eigenen »Mitte« finden, suchen andere nach Gesprächen, nach gemeinsamen Aktivitäten mit Menschen, die Ähnliches erleben, oder möchten durch verschiedene Ablenkungsmanöver den Kopf wieder freibekommen. Ein Richtig oder Falsch gibt es dabei nicht. Ziel aller Bemühungen muss es lediglich sein, den »Kräfterucksack« mit nährendem Proviant zu füllen. Körper, Seele und Geist sollten dabei gleichermaßen bedacht werden.

Kraft tanken: Impulse und Anregungen

Lesen Sie die nachfolgenden Anregungen durch und wählen Sie aus jedem Bereich eine aus, die Sie gerne ausprobieren wollen. Vielleicht fallen Ihnen auch Dinge ein, die Sie schon lange wieder einmal machen wollten? Gönnen Sie sich JEDEN Tag eine kurze Zeit der Erholung! Machen Sie EINMAL pro WOCHE etwas, das Ihnen wirklich Freude bereitet! Planen Sie EINMAL pro MONAT etwas Besonderes zum Auftanken Ihrer Kräfte!

Bereich Bewegung, Meditation, Entspannung, Wohlfühlen

- Regelmäßige Kurzspaziergänge (»einmal um den Häuserblock«)
- Wandernd die nähere Umgebung entdecken (bewusst auf die Suche nach Neuem gehen)
- »Nur gehen« (z. B. 70-minütiger »Mönchsgang«, bei dem die Aufmerksamkeit im Wahrnehmen des Augenblicks liegt)
- Walking (»freizeitsportliches Gehen«)
- Ausgleichssport (z. B. Schwimmen, Radfahren, Fußball, Skifahren, Tischtennis)
- Gymnastik (vor allem Rücken, Schultern)
- Wandern (allein, mit Freunden, in Gruppen)
- Gartenarbeit (Achtung: Schonender Umgang mit dem eigenen Rücken!)
- Tanzen (allein oder mit Partner; in Gruppen)
- Sich zu Musik bewegen, mitschwingen, sich im Rhythmus wiegen
- Regelmäßiges Meditieren
- Körperübungen, Körperwahrnehmung, Körpertherapie (z. B.: Yoga, Feldenkrais)
- Aufsuchen von »Stilleorten« (z. B. besonderer Platz in der Natur, »Kraftbaum«, Kirche)
- Gebete
- Wiederholen einer spirituellen Silbe (Mantra)
- Fantasiereisen (z. B.: in Gedanken an einen Ort gehen, an dem man sich sehr wohl fühlt; Orte der Kindheit aufsu-

chen, an denen man sich geborgen fühlte; in Gedanken ein Schiff besteigen und sich an wunderbare Orte treiben lassen)

- »Fünf Minuten stillsitzen«
- Bewegungsmeditation, z. B. der »Sonnengruß«
- Textmeditationen (Gedichte, Psalmvers/Bibelvers)
- Arbeit mit Mandalas (z. B.: Anlegen eines Monatsmandalas, an dem man dann jeden Tag einige Minuten arbeitet)
- Tagesrückschau unter dem Aspekt *»Was ist mir heute gelungen?«*
- Tagesrückschau unter dem Aspekt *»Wofür bin ich heute dankbar?«*
- Einem Hobby nachgehen (»Zeit für mich!«, z. B. lesen, fotografieren, Rätsel auflösen, stricken, gärtnern, Sport, Beschäftigung mit Tieren)
- Mindestens einmal pro Woche sich selbst eine Freude machen
- Entspannungsübungen (Selbstanleitung, allein mit Hilfe von CDs, in Gruppen)
- Einige Minuten »bewusst atmen«: tiefes Einatmen mit der Vorstellung verbinden, viel Sonne und Energie einzuatmen – langes Ausatmen mit der Vorstellung verbinden, Stress und Anspannung wegzuschicken
- Duftlampen mit einem Duftöl (ätherische Öle), das ausgleichend, anregend oder entspannend wirkt (z. B.: Lavendel, Rose, Sandelholz, Orange, Ylang-Ylang)
- Entspannungsbad (»Wohlfühlbad« mit gutem Duft)
- Warme Dusche und der Gedanke: »Das Wasser spült alle Anspannung des Tages weg«
- Warmes Fußbad unter Verwendung eines Badezusatzes (keine Seife!), nicht länger als 20 Minuten
- Körperpflege mit gut duftender Creme
- Fußmassage

16: »Mein Kraftbaum«

Bereich Gesundheit (Ernährung, Schlaf)

- Regelmäßiges Einnehmen von Mahlzeiten
- Bewusst und mit Freude essen (Zeit nehmen!)
- »Gesunde« Ernährung
- Fünf kleine Portionen Obst/Gemüse über den Tag verteilt essen
- Sich mit einem Lieblingsgericht verwöhnen (lassen)
- Ausreichend und abwechslungsreich trinken (ungesüßten Tee, Obst- und Gemüsesäfte, Wasser, ca. 1,5–2,5 Liter/Tag)
- Mit Freunden kochen und gemeinsam essen
- Manchmal in einem Gasthaus essen (mit dem Partner, mit der Familie, mit Freunden)
- Nicht zu viel Kaffee (und nicht am späten Nachmittag)
- Kontrolle über den Konsum von Alkohol (ein »Genussviertel« ist besser als ein Glas zur Spannungsabfuhr hinunterschütten!)
- Kontrolle über den Tabakkonsum (wenn Sie rauchen: lieber dann und wann eine »Genusszigarette« mehr als ein hastiges »Abrauchen« der zusätzlichen Zigarette)
- Regelmäßige Schlafzeiten (mindestens 6 Stunden pro Tag)
- Auf den persönlichen Schlaf-/Wachrhythmus achten (gerade auch bei der Organisation von Fremdhilfe und diesbezüglicher Zeiteinteilungen. Die Fremdbetreuung Ihrer pflegebedürftigen Angehörigen sollte für Sie eine Zeit der Erholung sein!)
- »Licht tanken«: bewusstes Aufnehmen von Sonnenstrahlen (besonders wichtig in der dunklen Jahreszeit!), »Lichtduschen«
- Kurze Erholungsphasen einschalten (z.B. 10 Minuten »nichts« tun außer auf einem Sofa sitzen und die Beine hochlegen; 10 Minuten auf dem Balkon sitzen und die Augen schließen; 10 Minuten in einem gemütlichen Stuhl sitzen und nur auf ein regelmäßiges Ein- und Ausatmen achten; 10 Minuten in einer Hängematte dösen – man kann sich diese Hängematte auch nur in Gedanken vorstellen)

- Abendrituale (z. B.: »Kerzenschein«, Tasse Tee, »Abendgespräch« mit dem Partner, Tagesbilanz, lesen, Fernsehnachrichten anschauen)
- Eine angenehme Atmosphäre im Schlafzimmer schaffen (z. B.: Blumen, Duftkerzen, Lieblingsbettwäsche)
- Sorgen und Probleme vor der Schlafzimmertür symbolisch in eine Truhe geben und den Deckel fest verschließen
- Vor dem Einschlafen noch einmal frische Luft ins Zimmer lassen und diese bewusst aufnehmen
- Einschlafrituale entwickeln (z. B. »Einschlafmusik«, Entspannungsübung, Gebet)

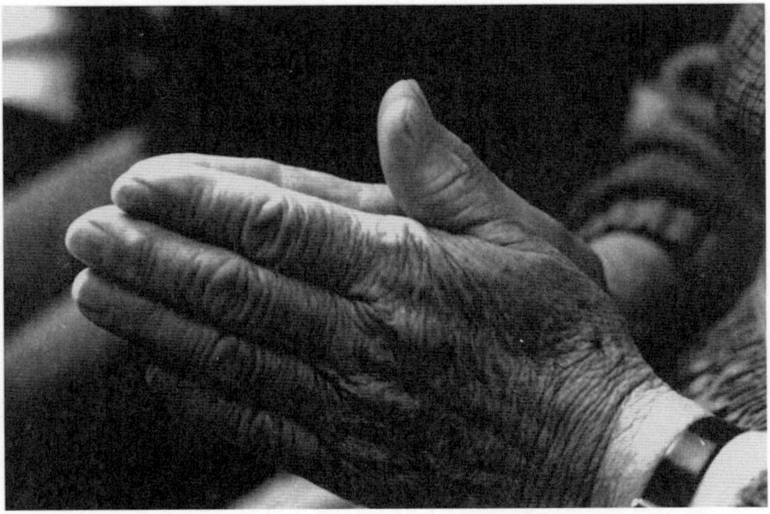

17: Abendgebet

Bereich Musik, Text, Kreatives

- Regelmäßiges Anhören der persönlichen Lieblingsmusik
- Anlegen einer kleinen Sammlung persönlicher Lieblingsmusikstücke
- Auswahl zusammenstellen: »Meine Musik, wenn ich fröhlich/traurig bin«
- Lautes Mitsingen, Mitsummen (allein, mit anderen, im Chor)
- Ein Instrument spielen (allein, mit anderen)
- In ein Konzert gehen (allein, mit anderen; hin und wieder oder ein Abo)
- »Singen, tanzen, spielen«
- Rhythmisches Begleiten von Musikstücken (z. B. klopfen, trommeln, klatschen)
- Liedtexte auswendig lernen
- Gedichte laut (vor-) lesen
- Gedichte/Texte schreiben
- Nach Texten/Gedichten suchen, die einen berühren, tröstlich stimmen, Kraft geben u. Ä.: »Mein Lieblingsgedicht«, »Meine Lieblingsgeschichte«
- Lesen: Sachbücher, Erlebnisromane, Krimis, Historische Berichte, Autobiografien, Erzählungen, Reiseberichte, Zeitgeschichte u. a. unter dem Aspekt: *»Was macht mich neugierig, was kann mir Anregungen bringen oder was lenkt mich ab und bringt mich auf ganz andere Gedanken?«*
- Tagebuch schreiben
- »Sich alles von der Seele schreiben« (kann auch in einem kleinen Ritual anschließend verbrannt werden)
- Leitsprüche für den Tag (die Aufgabe, die Begleitsituation u. Ä.) suchen, die Kraft geben können
- Geschichten, Märchen, Parabeln lesen und Bezug zur eigenen Person/Situation herstellen
- Brief an Freunde, Familienmitglieder, Schutzengel, Gott schreiben (zum Wegschicken, zum Aufheben oder – für ein Ritual: »dem Feuer übergeben«, »den Wellen des Meeres

anvertrauen«, »in die Erde vergraben« oder »in einem Luftballon mit dem Wind wegschicken«)

- »Zukunftsbrief«: Stellen Sie sich vor, drei Jahre sind vergangen. Sie schreiben sich gleichsam aus der Zukunft heraus selbst einen Brief. Was haben Sie alles erlebt, was haben Sie gelöst, verändert, bewältigt. Welchen guten Rat können Sie sich selbst geben?
- Fotografieren (»Auf der Suche nach Motiven«: z. B.: Fotos, in denen meine jetzige Situation gut zum Ausdruck kommt; Fotos, die mir Kraft geben; Fotos über den Tag hinaus)
- Malen, zeichnen, gestalten (gegenständlich, abstrakt; situationsbezogen, frei)
- »Mein Lebensbaum« (malen, fotografieren)
- Malen der persönlichen »Lebenslandkarte« (Elemente können beispielsweise sein: Höhen und Tiefen, Berge und Täler, schattige und sonnige Landstriche, negative und positive Lebensereignisse, Flüsse und Seen, lebenspendendes Nass und Licht, Wüstenstriche, Oasen u. v. a. m)
- Darstellen der eigenen Gefühle (»welche Farben passen zu meinen Gefühlen?«)
- Collagen (Aufkleben verschiedener Elemente wie Zeitungsausschnitte, Stoffreste, Gegenstände aus der Natur: themenbezogen oder als Ausdruck der augenblicklichen Stimmung)
- Mandala ausmalen/selbst entwerfen
- »Mein Ressourcenteppich«: Schreiben Sie auf verschiedenfarbigen Karten/Papierstreifen alles auf, was Ihnen Freude bereitet, was Sie gut können und was andere Menschen (wer?) an Ihnen schätzen. Legen Sie die Karten auf den Boden zu einer Art Teppich zusammen, stellen Sie sich mit beiden Füßen auf Ihren Ressourcenteppich, der Sie trägt!
- Anlegen von Fotoalben
- Anlegen eines Erinnerungsbuches über die Zeit, in der Sie einen pflegebedürftigen Angehörigen begleiten und pflegen (Gedanken, Gesprächsnotizen, Erinnerungen, Fotos u. Ä.)

18: Für das Erinnerungsbuch: »Mamas Krücken«

Bereich Natur, Kultur, Soziales

- Täglich einige Minuten bewusst die jeweilige Jahreszeit wahrnehmen
- Das Auge schulen (z. B. ein kleines Stück Wiese genau betrachten; einem Schmetterling nachschauen; ein Stück Waldboden beobachten; Wildtiere beobachten)
- Dem Kreislauf der Jahreszeiten bewusst folgen (z. B. einen Baum über die Jahreszeiten hinweg beobachten, malen, fotografieren oder einfach nur aufsuchen)
- Bewegung in der Natur (Stadtpark, Wald, Wiese, Berg, See, Fluss, Meer, Sand)
- Einen Spaziergang bei Vollmond machen
- Den Sternenhimmel beobachten
- Barfuß über taufeuchte Wiesen, einen Waldweg, warme Steine u. Ä. laufen
- Einen Regenspaziergang machen und die Regentropfen auf der Haut spüren
- Die frische Luft am Morgen bewusst einatmen
- Die Sonnenstrahlen auf der Haut spüren
- Den Sonnenuntergang beobachten und die Verfärbung des Himmels
- Naturbilder (z. B. in Fotobüchern, Zeitschriften, Katalogen) finden, die einem guttun
- Orte in der Umgebung finden, die zu Kraftorten werden können (z. B. ein bestimmter Weg, ein bestimmter Baum, eine bestimmte Wiese, ein Fluss)
- »Die Natur in die Wohnung holen« (z. B.: Blumen, Gräser, Steine, Wurzeln)
- Sich mit einem Haustier beschäftigen (z. B. Katzen streicheln, mit Hunden spazieren gehen, Fischen zuschauen, Vögel beobachten)
- Besuch einer kulturellen Veranstaltung (Theater, Oper, Konzert, Ballett)
- Kabarett (Live-Veranstaltungen, CD, Comics, Fernsehen)
- Kinobesuch
- Filmabend zu Hause

- Lesen (vorlesen, vorgelesen bekommen, selbst lesen)
- Regelmäßiges Treffen mit Freunden (z.B. Sportrunde, Spielrunde, soziale Aktivitäten)
- Gemeinsames Fröhlichsein: »Lachen darf sein!«
- »Alles Spiel«: Gesellschaftsspiele
- Rätsel lösen (Kreuzworträtsel, Sudoku, Bilderrätsel u. Ä.)
- Manchmal mit kleinen Kindern von Freunden/Bekannten Zeit verbringen, ihren Fragen zuhören, mit ihnen spielen und lachen
- Kontakt zu Menschen mit ähnlichen Interessen (persönliche Treffen, Telefon, E-Mail-Kontakte)
- Einen Stadtbummel machen (allein, mit anderen)
- Kontakt zu Menschen mit ähnlichem Schicksal (z.B. Selbsthilfegruppen)
- Austausch mit Nachbarn
- Andern Menschen eine kleine Freude machen
- Beratungsgespräche in Anspruch nehmen (Information, Beratung, Supervision, Therapie)

19: Das Auge schulen: Die Wunder der Natur

Wie die oben angeführten Beispiele deutlich machen, gibt es viele Möglichkeiten, Kraft zu tanken und die eigenen inneren Batterien wieder aufzuladen. Im Wesentlichen geht es darum, den anhaltenden Stress immer wieder für eine gewisse Zeit zu durchbrechen und für Körper, Seele und Geist Erholungsphasen bereitzustellen. Dabei ist es besonders wichtig, wirklich ganz bei der Sache zu bleiben und nicht mit den Gedanken vorauszueilen. So kann sich der belastende Druck von Dauerstress und Zeitmangel lösen und eine gewisse »Entschleunigung« kann einsetzten. Das ist für alle Beteiligten angenehm und wohltuend! Möge es vielen pflegenden Angehörigen immer wieder gelingen, ganz »bei sich zu sein« und aus diesem Gefühl heraus voll konzentriert jeweils das zu tun, was gerade zu tun ist, wie es in der Geschichte von einem weisen alten Mann beschrieben wird.

Ein weiser Mann wurde einmal gefragt, warum er trotz seiner vielen Aufgaben immer so glücklich sein könne.
Da sagte der Mann:
Wenn ich stehe, dann stehe ich,
wenn ich gehe, dann gehe ich,
wenn ich sitze, dann sitze ich,
wenn ich esse, dann esse ich,
wenn ich liebe, dann liebe ich …
Da fielen ihm die Fragesteller ins Wort und sagten:
Aber das tun wir doch auch! Was aber machst du darüber hinaus?
Der Mann antwortete nur:
Wenn ich stehe, dann stehe ich,
wenn ich gehe, dann gehe ich,
wenn ich sitze, dann sitze ich,
wenn ich esse, dann esse ich,
wenn ich liebe, dann liebe ich …
Wieder sagten die Leute: Das tun wir genauso!
Da entgegnete ihnen der Mann:
Nein!
Wenn ihr sitzt, dann steht ihr schon,
wenn ihr steht, dann lauft ihr schon,
wenn ihr lauft, dann seid ihr schon am Ziel.

20: »Ich bleibe bei dir – bis zuletzt«

Anhang

Anmerkungen

1 Vgl. u. a. Baltes, Eckensberger 1997, Lindenberger, Brandstädter 2007
2 Erikson 2008
3 Petzold 2004
4 Rosenmayr 1997
5 Vgl. u. a. Stieler 2008, Zedlitz-Herpertz 2004
6 Vgl. Lindenberger, Brandstädter 2007
7 Vgl. Böhm 2009, Grond 2008, Klessmann 2006
8 Vgl. u. a. Buijssen 2008, Niemann-Mirmehdi 2003
9 Vgl. u. a. Zander-Schneider 2008, Snellman 2003
10 Vgl. u. a. Bleckwedel 2008
11 Vgl. u. a. Abedi 2006, Bley 2006, Nilsson 2008
12 Vgl. Specht-Tomann 2008
13 Satir 2008
14 Watzlawick et al. 2007
15 Schulz von Thun 2007
16 Frankl 2008
17 Petzold 2003, Specht-Tomann 2009
18 Vgl. u. a. Ruhe 2007, Steinwender 2008, Specht-Tomann 2009
19 Böhm 2009
20 Specht-Tomann 2009
21 Pessoa 2006
22 Fuchs 2000
23 Vgl. u. a. Canacakis 2008, Kast 2008a, Specht-Tomann, Tropper 2007
24 Vgl. u. a. Dahlke 2007, Rüegg 2007
25 Vgl. Kast 2008b
26 Kübler-Ross 2001
27 Saunders 2002
28 Vgl. u. a. Freudenberger, North 1994, Burisch 2005, Schröder 2008

Literaturverzeichnis

Abedi, I.: Abschied von Opa Elefant: Eine Bilderbuchgeschichte über den Tod. Ellermann, Hamburg 2006.

Albrecht, E., Orth, C., Schmidt, H.: Hospizpraxis: Ein Leitfaden für Menschen, die Sterbenden helfen wollen. Herder, Freiburg i. Br. 2006.

Arnold, K., Hedtke-Becker, A.: Angehörige pflegebedürftiger alter Menschen – Experten im System häuslicher Pflege. Lambertus, Freiburg i. Br. 2000.

Ausländer, R.: Mein Atem heißt jetzt. Gedichte. Fischer, Frankfurt a. M. 1995.
Ausländer, R.: Gelassen atmet der Tag. Fischer, Frankfurt a. M. 2005a.
Ausländer, R.: Hinter allen Worten. Fischer, Frankfurt a. M. 2005b.
Badey-Rodriguez, C., Vonk, R.: Wenn alte Eltern schwierig werden: Für einen entspannten Umgang miteinander. Patmos, Düsseldorf 2007.
Baltes, P. B., Eckensberger, L. H. (Hrsg.): Entwicklungspsychologie der Lebensspanne. Klett-Cotta, Stuttgart 1997.
Baltes, P. B., Mittelstraß, J., Staudinger, U. M. (Hrsg.): Altern und Alter: Ein interdisziplinärer Studientext zur Gerontologie. de Gruyter, Berlin 1994.
Bejick, U.: Texte, Gedichte, Unveröffentlichtes. Karlsruhe 2009a.
Bejick, U.: Zwischen Tür und Angel: Orientierung in den Wechseljahren. Patmos, Düsseldorf 2009b.
Biberti, I.: Hilfe, meine Eltern sind alt: Wie ich lernte, Vater und Mutter mit Respekt und Humor zu begleiten. Ullstein Tb., Berlin 2008.
Bleckwedel, J.: Systemische Therapie in Aktion: Kreative Methoden in der Arbeit mit Familien und Paaren. Vandenhoeck & Ruprecht, Göttingen 2008.
Bley, A.: Und was kommt nach tausend? Eine Bilderbuchgeschichte vom Tod. Ravensburger Buchverlag, Ravensburg 2006.
Böhm, E.: Verwirrt nicht die Verwirrten: Neue Ansätze geriatrischer Krankenpflege. Psychiatrie-Verlag, Bonn 2009.
Buber, M.: Hundert chassidische Geschichten. Manesse, Zürich 2003.
Buijssen, H.: Demenz und Alzheimer verstehen: Erleben – Hilfe – Pflege: ein praktischer Ratgeber. Beltz, Weinheim 2009.
Burisch, M.: Das Burnout-Syndrom: Theorie der inneren Erschöpfung. Zahlreiche Fallbeispiele. Hilfen zur Selbsthilfe. Springer, Berlin 2005.
Camus, A.: Der Mythos des Sisyphos. Rowohlt, Reinbek b. Hamburg 2000.
Canacakis, J.: Ich sehe deine Tränen: Lebendigkeit in der Trauer. Kreuz-Verlag, Stuttgart 2008.
Dahlke, R.: Krankheit als Symbol: Handbuch der Psychosomatik. Symptome, Be-Deutung, Bearbeitung, Einlösung. C. Bertelsmann, München 2007.
Dörner, K.: Der gute Arzt: Lehrbuch der ärztlichen Grundhaltung. Schattauer, Stuttgart 2003.
Dörner, K.: Leben und sterben, wo ich hingehöre: Dritter Sozialraum und neues Hilfesystem. Paranus-Verlag, Neumünster 2007.
Domin, H.: Gesammelte Gedichte. Fischer, Frankfurt a. M. 1987.
Domin, H.: Der Baum blüht trotzdem. Fischer, Frankfurt a. M. 2006.
Erikson, E. H.: Identität und Lebenszyklus: Drei Aufsätze. Suhrkamp (stw 16), Frankfurt a. M. 2008.
Frankl, V. E.: Der Mensch vor der Frage nach dem Sinn: Eine Auswahl aus dem Gesamtwerk. Piper, München 2008.
Freudenberger, H., North, G.: Burn-out bei Frauen: Über das Gefühl des Ausgebranntseins. Fischer, Frankfurt a. M. 1994.
Fried, E.: Gesammelte Werke. 4 Bde. Wagenbach, Berlin 2006.
Fuchs, S.: Arbeitshilfen für die Bildungsarbeit mit pflegenden Angehörigen. Brigitte Kunz Verlag, Hagen 2000.

Graf, J.: Familienteam – das Miteinander stärken. Das Geheimnis glücklichen Zusammenlebens. Herder, Freiburg i. Br. 2008.

Grimm, J., Grimm, W.: Grimms Kinder- und Hausmärchen. Manesse, Zürich 2008.

Grond, E.: Die Pflege verwirrter und dementer alter Menschen: Demenzkranke und ihre Helfer im menschlichen Miteinander. Lambertus, Freiburg i. Br. 2008.

Guardini, R.: Die Lebensalter. Matthias-Grünewald-Verlag, Ostfildern 2008.

Handke, P.: Drei Versuche. Versuch über die Müdigkeit – Versuch über die Jukebox – Versuch über den geglückten Tag. Suhrkamp, Frankfurt a. M. 2007.

Härtling, P.: Alter John. Beltz, Weinheim 2008.

Hesse, H.: Jedem Anfang wohnt ein Zauber inne: Lebensstufen. Suhrkamp, Frankfurt a. M. 2007.

Hölderlin, F.: Gesammelte Werke. Fischer, Frankfurt a. M. 2008.

Homer: Die Odyssee. Rowohlt, Reinbek b. Hamburg 2008.

Jury, M., Jury, D.: Gramp – Ein Mann altert und stirbt. Die Begegnung einer Familie mit der Wirklichkeit des Todes. Dietz, Bonn 1991.

Kaléko, M.: Mein Lied geht weiter: Hundert Gedichte. dtv, München 2007.

Kallwass, A.: Das Burnout-Syndrom. Kreuz-Verlag, Stuttgart 2005.

Kast, V.: Trauern. Kreuz-Verlag, Stuttgart 2008a.

Kast, V.: Sich einlassen und loslassen: Neue Lebensmöglichkeiten bei Trauer und Trennung. Herder, Freiburg i. Br. 2008b.

Klessmann, E.: Wenn die Eltern Kinder werden und doch die Eltern bleiben: Die Doppelbotschaft der Altersdemenz. Huber, Bern 2006.

Kübler-Ross, E.: Interviews mit Sterbenden. Droemer/Knaur, München 2001.

Kübler-Ross, E.: Verstehen, was Sterbende sagen wollen: Einführung in ihre symbolische Sprache. Droemer/Knaur, München 2008.

Lamp, I., Küpper-Popp, K.: Abschied nehmen am Totenbett: Hilfen und Rituale für die Praxis. Gütersloher Verlagshaus, Gütersloh 2006.

Lindenberger, U., Brandtstädter, J.: Entwicklungspsychologie der Lebensspanne: Ein Lehrbuch. Kohlhammer, Stuttgart 2007.

Müller, M.: Dem Sterben Leben geben: Die Begleitung sterbender und trauernder Menschen als spiritueller Weg. Güterloher Verlagshaus, Gütersloh 2004.

Niemann-Mirmehdi, M.: Alzheimer. Was tun, wenn die Krankheit beginnt?: Alles über Diagnose und Therapie. Wie sie sich auf ein verändertes Leben einstellen. Ein einfühlsamer Ratgeber für Betroffene und Angehörige. Trias, Stuttgart 2003.

Nilsson, U.: Adieu, Herr Muffin. Beltz, Weinheim 2008.

Pessoa, F.: Das Buch der Unruhe des Hilfsbuchhalters Bernardo Soares. Fischer, Frankfurt a. M. 2006.

Petermann, F., Wiedebusch, S.: Emotionale Kompetenz bei Kindern. Hogrefe, Göttingen 2008.

Petzold, H. G.: Lebensgeschichten erzählen. Biographiearbeit – Narrative Therapie – Identität. Junfermann, Paderborn 2003.

Petzold, H. G.: Integrative Therapie. Junfermann, Paderborn 2004a.

Petzold, H. G.: Mit alten Menschen arbeiten. Teil 1: Konzepte und Methoden sozialgerontologischer Praxis. Pfeiffer bei Klett-Cotta, Stuttgart 2004b.

Petzold, H. G.: Mit alten Menschen arbeiten. Teil 2: Lebenshilfe – Psychotherapie – Kreative Praxis. Pfeiffer bei Klett-Cotta, Stuttgart 2005.

Philemon und Baucis. In: Stoll, H. W.: Die Sagen des klassischen Altertums. Magnus-Verlag, [Essen] o. J. [1984], S. 238 f.
Recheis, K. et al.: Weisheit der Indianer. Vom Leben im Einklang mit der Natur. Sonderausgabe. Orbis Verlag, München 1995.
Rilke, R. M.: Bleiben ist nirgends. Über Alter, Verlust und Schmerz. Insel-Verlag, Frankfurt a. M. 2006a.
Rilke, R. M.: Die Gedichte. Insel-Verlag, Frankfurt a. M. 2006b.
Rilke, R.M.: Briefe an einen jungen Dichter. Insel-Verlag, Frankfurt a. M. 2007.
Rosenmayr, L.: »Vor Greisengrau steh auf«. Alte Menschen im Spiegel der Geschichte und Kulturen. Funkkolleg Altern, Studieneinheit 2, Studienbrief 1, Tübingen 1997.
Rüegg, J. C.: Gehirn, Psyche und Körper. Neurobiologie von Psychosomatik und Psychotherapie. Schattauer, Stuttgart 2007.
Ruhe, H. G.: Methoden der Biografiearbeit: Lebensspuren entdecken und verstehen. Juventa, Weinheim 2007.
Sachs, N.: Fahrt ins Staublose. Gedichte. Suhrkamp, Frankfurt a. M. 2005.
Sachs, N.: Gedichte. Suhrkamp, Frankfurt a. M. 2008.
Salisch, M. v.: Emotionale Kompetenz entwickeln: Grundlagen in Kindheit und Jugend. Kohlhammer, Stuttgart 2002.
Satir, V.: Mein Weg zu dir. Kontakt finden und Vertrauen gewinnen. Kösel, München 2008.
Saunders, C.: Hospiz und Begleitung im Schmerz. Herder, Freiburg i. Br. 2001.
Saunders, C.: Brücke in eine andere Welt. Was hinter der Hospizidee steht. Herder, Freiburg i. Br. 2002.
Schlippe, A. v., Schweitzer, J.: Lehrbuch der systemischen Therapie und Beratung. Vandenhoeck & Ruprecht, Göttingen 2003.
Schröder, J.: Wege aus dem Burnout: Möglichkeiten der nachhaltigen Veränderung. Cornelsen Scriptor, Berlin 2008.
Schulz von Thun, F.: Miteinander reden: Fragen und Antworten. Rowohlt, Reinbek b. Hamburg 2007.
Schuster, W.: Unveröffentlichte Gedichte. Stuttgart 2009.
Schwab, G.: Sagen des klassischen Altertums. Thienemann, Stuttgart 2007.
Seidensticker, B., Wessels, A.: Mythos Sisyphos: Texte von Homer bis Günter Kunert. Reclam, Leipzig 2001.
Seul, M.: Ein Abschied in Würde: Sterbebegleitung, Hospiz, Palliativbetreuung. Knaur, München 2007.
Snellman, A.: Zeit der Haut. Btb, München 2003.
Specht-Tomann, M., Tropper, D.: Zeit des Abschieds: Sterbe- und Trauerbegleitung. Patmos, Düsseldorf 2007.
Specht-Tomann, M.: Wenn Kinder traurig sind – wie wir helfen können. Patmos, Düsseldorf 2008.
Specht-Tomann, M.: Biografiearbeit in der Gesundheits-, Kranken und Altenpflege. Springer, Heidelberg 2009.
Steinwender, L.: Die biografische Arbeit als Pflegemaßnahme – Lebensspuren entdecken und verstehen. Grin, München 2008.
Stieler, M.: Handling und integrierte Rehabilitation in Therapie und Pflege:

Aktivierende Betreuung von älteren und bewegungsbehinderten Menschen. Pflaum-Verlag, München 2008.
Stutz, P.: Meditationen zum Gelassenwerden. Herder, Freiburg i. Br. 2001.
Terzani, T.: Noch eine Runde auf dem Karussell: Vom Leben und Sterben. Droemer/Knaur, München 2007.
Tönnies, I.: Abschied zu Lebzeiten: Wie Angehörige mit Demenzkranken leben. Balance Buch + Medien, Bonn 2007.
Watzlawick, P.: Anleitung zum Unglücklichsein/Vom Schlechten des Guten. Piper, München 2009.
Watzlawick, P., Beavin, J. H., Jackson, D. D.: Menschliche Kommunikation: Formen, Störungen, Paradoxien. Huber, Bern 2007.
Yalom, I. D.: In die Sonne schauen: Wie man die Angst vor dem Tod überwindet. Btb, München 2008.
Zander-Schneider, G.: Sind Sie meine Tochter?: Leben mit meiner alzheimerkranken Mutter. Rowohlt, Reinbek 2006.
Zedlitz-Herpertz, S. v.: Aktivierende Förderung mit älteren Menschen. E. Reinhardt, München/Basel 2004.
Zeyfang, A., Hagg-Grün, U., Nikolaus, T.: Basiswissen Medizin des Alterns und des alten Menschen. Springer, Berlin 2007.
Zeyher, R., Mohr, G.: Getröstet und geborgen: Geschichten und Gebete der Bibel und Handreichung für die Praxis in Altenpflegeheim und Altenseelsorge. Deutsche Bibelgesellschaft, Stuttgart 2009.

Quellennachweis

Ausländer, R.: Mein Atem heißt jetzt. Die beiden letzten Absätze aus »Mein Atem«. Aus: dies., Ich höre das Herz des Oleanders. Gedichte 1977–1979. © S. Fischer Verlag GmbH, Frankfurt am Main 1984 – S. 117.
Ausländer, R.: Noch bist du da. Aus: dies., Ich höre das Herz des Oleanders. Gedichte 1977–1979. © S. Fischer Verlag GmbH, Frankfurt am Main 1984 – S. 92.
Bejick, U.: Nachtgedanken. Unveröffentlichte Gedichte, Karlsruhe 2008. © U. Bejick – S. 57.
Bejick, U.: Vertreibung. Unveröffentlichte Gedichte, Karlsruhe 2008. © U. Bejick – S. 52 f.
Domin, H.: Bitte (Wir werden eingetaucht …). Aus: dies., Gesammelte Gedichte. © S. Fischer Verlag GmbH, Frankfurt am Main 1987 – S. 145.
Domin, H.: Unterricht. Aus: dies., Gesammelte Gedichte. © S. Fischer Verlag GmbH, Frankfurt am Main 1987 – S. 179.
Fried, E.: Bevor ich sterbe. Aus: ders., Lebensschatten. © Verlag Klaus Wagenbach, Berlin 1981 – S. 128.
Fried, E.: Rast. Aus: ders., Am Rande unsere Lebenszeit. © Verlag Klaus Wagenbach, Berlin 1987 – S. 165.
Grimm, J., Grimm, W.: Der alte Großvater und der Enkel. Aus: dies., Grimms Kinder- und Hausmärchen. Manesse, Zürich 2008 – S. 21 f.

Hesse, H.: Stufen. Aus: ders., Sämtliche Werke, Bd. 10. © Suhrkamp Verlag, Frankfurt 2002 – S. 19.
Hölderlin, F.: Die Linien des Lebens. Aus: ders., Gesammelte Werke. © S. Fischer Verlag GmbH, Frankfurt am Main 2008 – S. 113.
Kaléko, M.: Ein sogenannter schöner Tod. Aus: dies., In meinen Träumen läutet es Sturm. © 1977 Deutscher Taschenbuch Verlag, München – S. 171.
Östliche Weisheit: Quelle unbekannt S. 211.
Rilke, R. M .: Abschied. Aus: ders., Die Gedichte. © Insel-Verlag, Frankfurt am Main 2006 – S. 132.
Rilke, R. M.: … und ich möchte Sie bitten … Aus: Briefe an einen jungen Dichter. Insel-Verlag, Frankfurt am Main 2007 – S. 142.
Rilke, R. M.: Ende des Herbstes. Aus: ders., Die Gedichte. Insel-Verlag, Frankfurt am Main 2006 – S. 24.
Sachs, N.: Weine. Aus: dies., Fahrt ins Staublose. © Suhrkamp, Frankfurt 2005 – S. 144.
Satir, V.: Ich glaube das größte Geschenk … Aus: dies., Mein Weg zu dir. Kösel-Verlag in der Verlagsgruppe Random House, München 2008 – S. 95.
Schuster, W.: Hoffnung. Unveröffentlichter Text, Stuttgart 2009, © W. Schuster – S. 177.
Schuster, W.: Der Clown. Unveröffentlichter Text. Stuttgart 2009, © W. Schuster – S. 29.
Schuster, W.: Wie wenig. Unveröffentlichter Text, Stuttgart 2009, © W. Schuster – S. 123.
Schwab, G.: Ovid: Philemon und Baucis. Aus: ders., Metamorphosen. Sagen des klassischen Altertums. Thienemann, Stuttgart 2007 – S. 68 f.
Stutz, P.: Gelassenheit. Aus: ders., Meditationen zum Gelassenwerden. © Herder Verlag GmbH, Freiburg im Breisgau 2001 – S. 80.

Abbildungsverzeichnis

Bildnachweis

Fotos 1, 3, 13, 14, 16, 18: Felix Specht, Klagenfurt/Österreich.
Fotos 2, 4, 7, 12, 15, 17: Monika Specht-Tomann, Graz/Österreich.
Fotos 5, 19, 20: Werner Specht, Graz/Österreich.